entwickeln	■■■	Vorschläge und Maßnahmen vorstellen, die zu einer weiterführenden oder anderen Betrachtung eines Sachverhalts beitragen.
erarbeiten	■■	Aus Texten und Bildern Sachverhalte herausfinden, die nicht klar benannt sind, und Zusammenhänge zwischen ihnen herstellen.
erklären	■■	Ursachen und Folgen bestimmter Sachverhalte in einen Zusammenhang bringen und deuten.
erläutern	■■	Sachverhalte auf der Grundlage verschiedener Informationen verdeutlichen.
erörtern	■■■	Einen Sachverhalt unter Abwägen von Pro- und Kontra-Argumenten klären und abschließend eine eigene begründete Meinung entwickeln.
interpretieren	■■■	Materialien (Texte, Karten, Bilder) auswerten, Zusammenhänge verdeutlichen, den Sinn erfassen und Schlussfolgerungen ziehen.
lokalisieren	■	Finden eines Raumbeispiels (Stadt, Staat) auf einer Karte und Beschreibung der Lage (z. B. Himmelsrichtung auf einem Kontinent, in der Nähe großer Flüsse oder Gebirge).
nennen, benennen	■	Sachverhalte oder Informationen ohne Erklärung wiedergeben.
prüfen, überprüfen	■■■	Aussagen auf der Grundlage eigener Kenntnisse oder mithilfe zusätzlicher Materialien auf ihre Angemessenheit und Richtigkeit hin untersuchen.
Stellung nehmen	■■■	Auf der Grundlage von Fachkenntnissen und der Analyse von Materialien einen Sachverhalt einschätzen und eine sachlich begründete eigene Meinung darlegen.
vergleichen	■■	Gemeinsamkeiten und Unterschiede zwischen zwei oder mehreren Sachverhalten oder Räumen erfassen und verdeutlichen.

Das ist dein Geographiebuch

Die folgenden Hinweise helfen dir bei deiner Arbeit mit dem Geographiebuch.

METHODE — Hier erhältst du Hinweise, wie du schrittweise Erkenntnisse gewinnen kannst.

Alles klar? — Hier kannst du dein Wissen und deine Kompetenzen überprüfen.

ORIENTIERUNG — Hier kannst du dein topografisches Wissen überprüfen.

Info — Hier erhältst du Zusatzinformationen und Begriffserläuterungen.

M — So sind alle Materialien (Fotos, Grafiken, Übersichten usw.) benannt. Die Nummerierung erfolgt doppelseitenweise.

Fachbegriff — Fachbegriffe sind im Text blau hervorgehoben. Sie werden im Minilexikon erklärt.

www.heimatundwelt.de HW-210 — Durch Eingabe des Web-Codes unter der Adresse www.heimatundwelt.de gelangst du auf die passende Doppelseite im aktuellen Atlas „Heimat und Welt“. Dort erhältst du Hinweise zu ergänzenden Atlaskarten mit Informationen zu den Karten sowie weiterführende Materialien.

ÜF — Die beiliegende Überhangfolie soll dich bei deiner Arbeit mit diesem Buch unterstützen. Sie ist sehr vielfältig einsetzbar. Aufgaben, die du mit der Überhangfolie bearbeiten musst, sind mit „(ÜF)“ gekennzeichnet.
Wichtig: Nutze dazu einen abwischbaren Folienstift oder einen Bleistift.
Du kannst die Überhangfolie:

- über die Texte der einzelnen Seiten legen und dann mit dem Stift wichtige Wörter oder Sätze unterstreichen,
- über verschiedene Aufgaben im Buch legen und sie dann lösen,
- über Übungskarten legen und sie nach unterschiedlichen Schwerpunkten bearbeiten.

Wenn du deine Arbeit beendet hast, radiere die Folie aus. Nun steht sie dir für die nächste Aufgabe zur Verfügung.

Bio — Hier wirst du auf fächerübergreifendes Arbeiten hingewiesen. Auf die folgenden Fächer wird verwiesen: Biologie (Bio), Geschichte (Ge), Englisch (Engl), Religion (Re) und Chemie (Che).

Inhaltsverzeichnis

Afrika – zwischen Armut und Hoffnung 96

Doppelkontinent Amerika 134

Australien, Ozeanien und Polargebiete 164

Anhang 182

Orientierung auf der Erde

Satellitenbild der Erde. Orientierung auf der Erde mittels Karte, Kompass und GPS.

M1 Der Untergang der Titanic am 15. April 1912

Hilfe … wir sinken!

Die Titanic war zu Beginn des 20. Jahrhunderts mit einer Kapazität von 2 400 Passagieren das größte Schiff der Welt. In der Nacht vom 14. auf den 15. April 1912 rammte die Titanic einen Eisberg. Daraufhin entsandte man einen Notruf. Das Schiff Carpathia war ungefähr vier Stunden von der Titanic entfernt und empfing gegen Mitternacht den folgenden Notruf: *„Hilfe. STOP. Wir sinken. STOP. Die Koordinaten lauten: 42 Grad nördliche Breite und 50 Grad westliche Länge. STOP."*
Die Mannschaft der Carpathia konnte von den etwa 2 200 Menschen an Bord 700 retten.

M2 Schiffswrack der Titanic

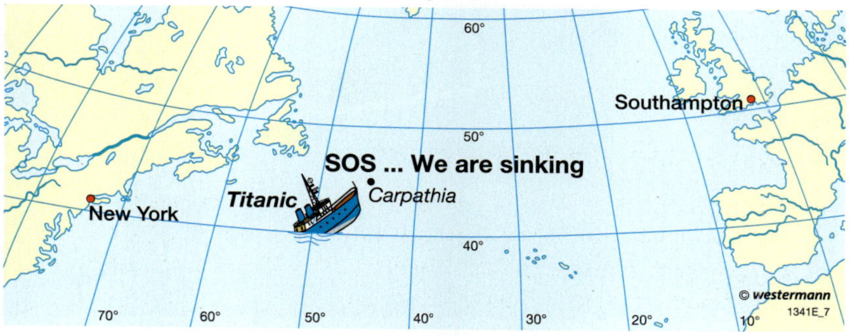

M3 Der Unglücksort des Untergangs der Titanic

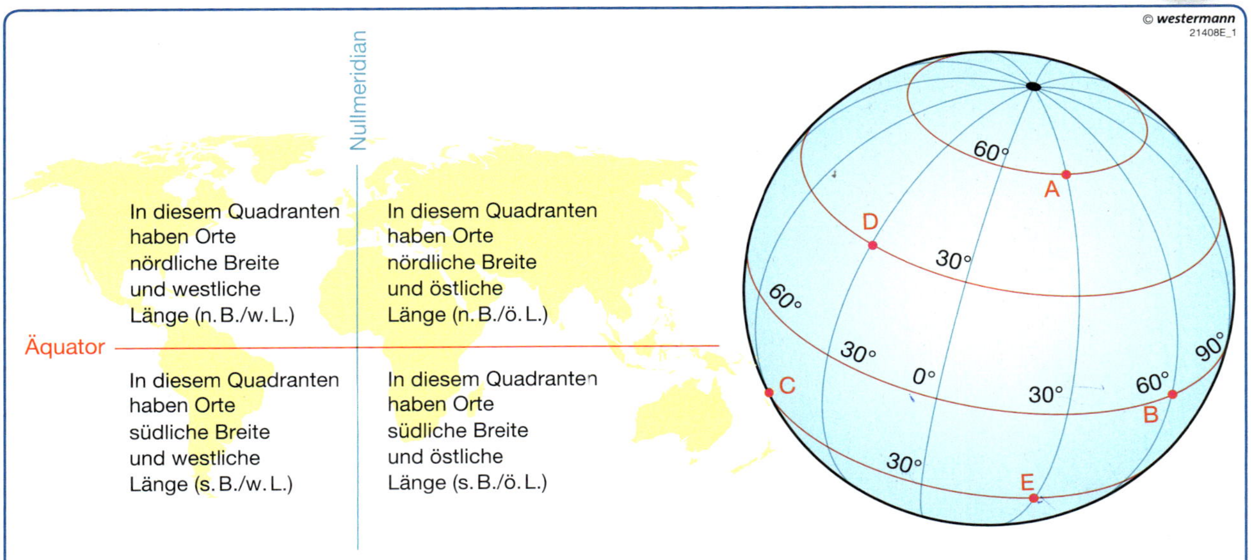

Breitenkreise
- verlaufen parallel zueinander;
- haben immer den gleichen Abstand voneinander (111 km);
- sind unterschiedlich lang

Längenkreise
- führen über beide Pole;
- haben nicht immer den gleichen Abstand zueinander;
- sind gleich lang

Lagebestimmung
- Breiten- und Längenkreise bilden ein Koordinatensystem;
- die Breiten- und Längenkreise stehen senkrecht aufeinander

M4 Das Gradnetz und seine Bestandteile

Das Gradnetz der Erde

Auf Atlaskarten findet sich ein Netz aus nahezu waagerecht und senkrecht verlaufenden Linien. Diese Linien werden als das Gradnetz der Erde bezeichnet. Das Gradnetz setzt sich aus Breiten- und Längenkreisen zusammen. Halbe Längenkreise bezeichnet man als Meridiane. Sie bilden ein Koordinatensystem. Für die Lagebestimmung eines Ortes ist immer eine Breiten- und Längenangabe notwendig.
Alle Orte auf der Erde lassen sich mit den Bezeichnungen südliche Breite (s.B.), nördliche Breite (n.B.), östliche Länge (ö.L.) und westliche Länge (w.L.) angeben.

Info

Bogenminute und Bogensekunde

Für die genaue Ortsbestimmung wird ein Grad in 60 Bogenminuten und eine Bogenminute (′) in 60 Bogensekunden (′′) unterteilt.
Eine Lageangabe könnte zum Beispiel lauten: 23° 6′ 45′′. Man spricht: 23 Grad, 6 Bogenminuten, 45 Bogensekunden.

Grundbegriffe

- **Breitenkreis**
- **Längenkreis**
- **Meridian**

Aufgaben

1 Ermittle die Lage des Starthafens der Titanic (M3, Atlas).

2 Bestimme die genaue Lage der Punkte A – E (M4).

3 Nenne die Namen der Städte, die auf folgenden Koordinaten liegen (Atlas).
a) 36° N / 140° O
b) 0° / 78° W
c) 40° N / 33° O

4 Benenne folgende Länder (Atlas).
a) 19° N – 37° N / 9° W – 11° O
b) 5° N – 11° S / 95° O – 141° O
c) 30° S – 35° S / 52° W – 58° W

Rotation, Zeit, Zeitzonen

M1 Tag und Nacht auf der Erde

M4 Zur selben Zeit auf der Erde

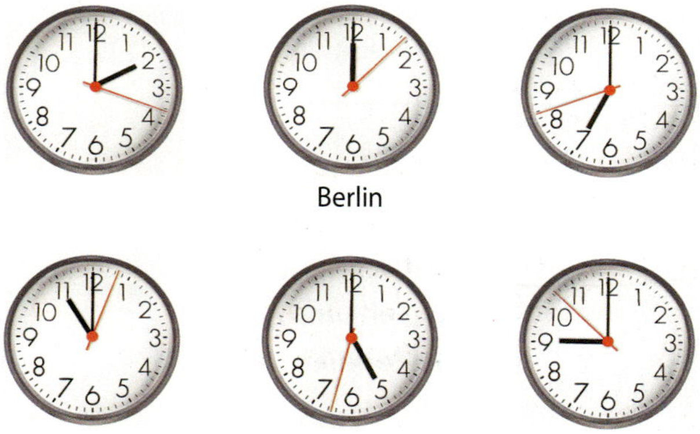

M2 Verschiedene Uhrzeiten zum selben Zeitpunkt

Die Rotation der Erde

In 24 Stunden dreht sich die Erde einmal um ihre eigene Achse. Diese Bewegung wird als Rotation bezeichnet. Dabei dreht sich die Erde von West nach Ost. Wir sehen die Sonne in östlicher Richtung morgens aufgehen und abends in westlicher Richtung untergehen. In Wirklichkeit bewegt sich aber nicht die Sonne, sondern die Erde.
Bei einer Umdrehung ist immer eine Hälfte der Erde der Sonne zugewandt, die andere Hälfte von der Sonne abgewandt. So entsteht der Wechsel von Tag und Nacht.

Unterschiedliche Zeiten

Der Sonnenhöchststand überquert scheinbar in 24 Stunden alle 360 Meridiane. In einer Stunde sind dies 15 Meridiane. Der Zeitunterschied zwischen zwei Meridianen beträgt vier Minuten. So hat jeder Ort seine eigene Zeit, die wahre Ortszeit. Erreicht die Sonne in einem Ort ihren höchsten Stand, dann ist es 12.00 Uhr wahrer Ortszeit. Orte, in denen es bereits 12.00 Uhr war, liegen weiter östlich. Dagegen befinden sich Orte, in denen der höchste Stand der Sonne noch nicht erreicht ist, weiter westlich. So mussten die Menschen ständig ihre Uhren verstellen, wenn sie zwischen verschiedenen Orten hin und her reisten. Aus diesem Grund wurde im Jahr 1884 die Erde in 24 Zeitzonen gegliedert.

Die Zeitzonen der Erde

Zeitzonen sind Gebiete auf der Erde, in denen dieselbe Zeit gilt. Bei der Einteilung der Zeitzonen werden Ländergrenzen berücksichtigt. Kleine Staaten liegen in einer Zeitzone, während sich Länder mit einer großen Ost-West-Ausdehnung über mehrere Zeitzonen erstrecken. Die Grundlage für die Einteilung der Zeitzonen bildet die Ortszeit des Nullmeridians, der durch Greenwich verläuft. Universal Time Coordinated (UTC) ist die offizielle Bezeichnung für die Weltzeit. Ausgehend von der UTC erfolgt die Einteilung der anderen Zeitzonen. Vom Nullmeridian in westlicher Richtung werden die Stunden subtrahiert, in östlicher Richtung die Stunden addiert. In Deutschland gilt die Mitteleuropäische Zeit (MEZ).

M3 Verschiedene Zeiten auf der Erde

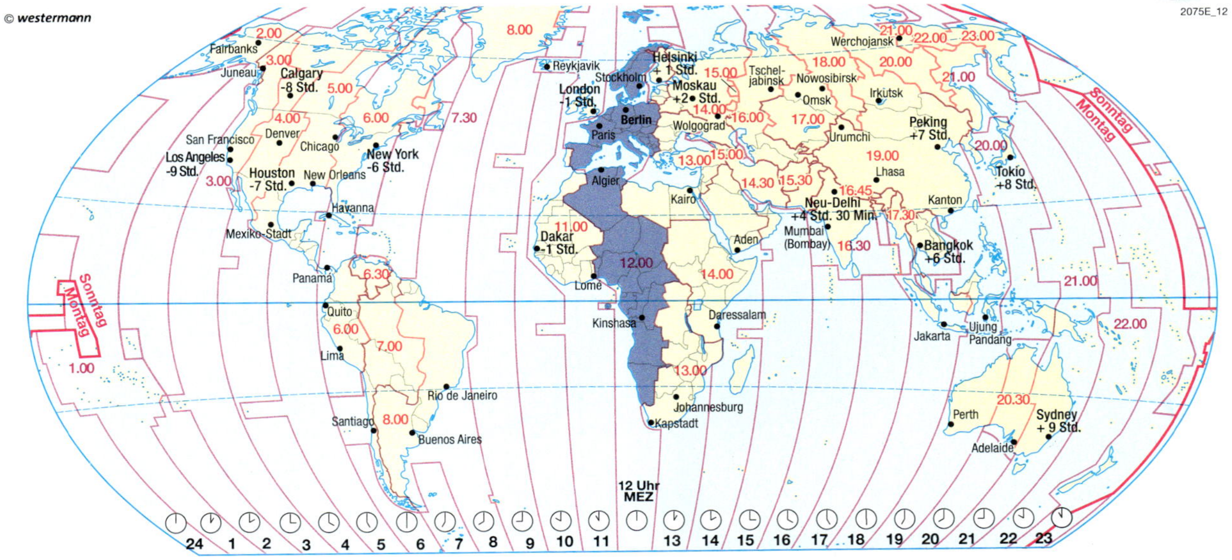

Länder, die der MEZ angehören | Zonenzeit | 13.00 Zwischenzeit mit direkter Angabe der Uhrzeit | Datumsgrenze

M5 Die 24 Zeitzonen der Erde

Datumsgrenze

Bei einer Umrundung der Erde in östlicher Richtung müsste ein Weltreisender seine Uhr entsprechend der Zonenzeit 24-mal vorstellen. In westlicher Richtung dagegen stellt er die Uhr zurück. Bei der Rückkehr an den Ausgangspunkt wäre der Reisende in Richtung Ost dem Kalender um einen Tag voraus. Umgekehrt würde er einen Tag „verlieren".

Um das Problem zu lösen, wurde die Datumsgrenze festgelegt. Sie verläuft etwa entlang des 180. Meridians durch den Pazifik. Überquert man diese Linie von West nach Ost, muss das bisherige Datum einen weiteren Tag beibehalten werden. Reist man dagegen von Ost nach West, überspringt der Reisende einen Tag im Kalender.

Grundbegriffe

- **Rotation**
- **Ortszeit**
- **Zeitzone**
- **Datumsgrenze**

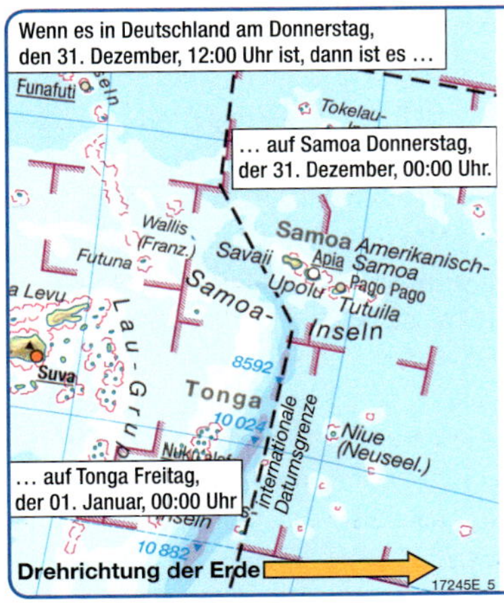

M6 Samoas neue Zeitrechnung

Samoa übersprang einen Tag

Samoa hat den 30. Dezember 2011 aus dem Kalender gestrichen und ging vom 29. Dezember auf den 31. Dezember 2011 über. So wechselte das Land auf die andere Seite der Datumsgrenze. Durch diesen Wechsel wurden die Wirtschaftsbeziehungen mit Asien, Australien und Neuseeland erleichtert.

Aufgaben

1 Erkläre M1 und M4.

2 Ergänze passende Großstädte zu den Uhren, wenn es in Berlin 12.00 Uhr ist (M2, M5, Atlas, ÜF).

3 Im Zeitalter des Internets ist es wichtig zu wissen, wie spät es am anderen Ende der Welt ist.

a) Erkläre, was M1 und M3 mit den Zeitzonen zu tun haben.

b) Ermittle die Zeitunterschiede zwischen Berlin, Moskau, Peking, New York und San Francisco (M5, Atlas).

Revolution und Jahreszeiten

M1 Die Landschaft im Wandel der Jahreszeiten

Die Revolution der Erde

Unsere Erde bewegt sich mit etwa 30 Kilometern pro Sekunde auf einer elliptischen Bahn um die Sonne. Diese Bewegung bezeichnet man als Revolution. Für einen Umlauf benötigt die Erde 365 Tage und 6 Stunden. Weil ein Kalenderjahr aber nur 365 Tage lang ist, wird alle vier Jahre ein zusätzlicher Tag, der 29. Februar, eingefügt. Man spricht von einem Schaltjahr.

Die Erdachse ist um 23,5° gegenüber der Senkrechten zur Erdachse geneigt. Beim Umlauf der Erde um die Sonne bleibt ihre Neigungsrichtung annähernd gleich. Im Laufe eines Jahres verändern sich die Sonneneinstrahlung und die Tageslängen. Zwischen dem 21.03. und 23.09. wird die Nordhalbkugel stärker bestrahlt, zwischen dem 23.09. und 21.03. die Südhalbkugel.

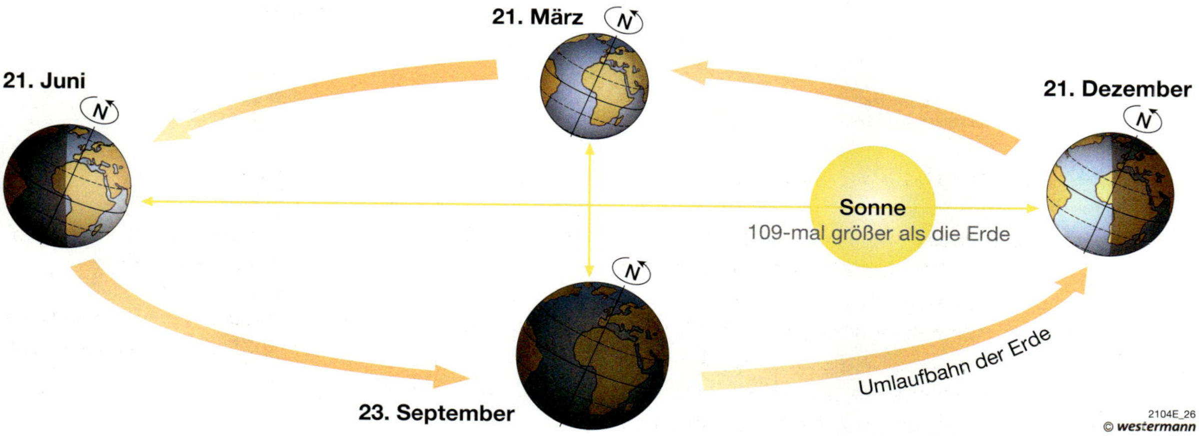

M2 Die Entstehung der Jahreszeiten

M3 Die Savanne in der Regen- und Trockenzeit

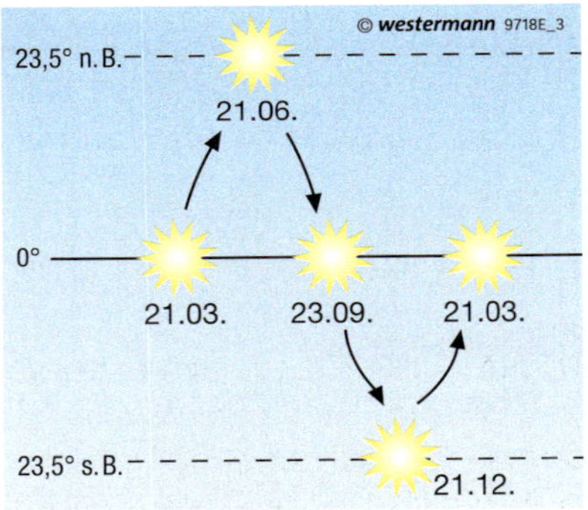

M4 Zenitstände der Sonne

Die Entstehung der Jahreszeiten

In der gemäßigten Beleuchtungszone (S.14, M2) gibt es thermische Jahreszeiten. Wie entstehen sie?
Die Erde dreht sich im Verlauf eines Jahres um die Sonne (Revolution). Die Erdachse ist gegenüber der Erdbahnebene (Umlaufbahn um die Sonne) geneigt. Ihre Stellung bleibt im All immer gleich. Im Nordsommer (Beginn 21.06.) ist die Nordhalbkugel dadurch mehr der Sonne zugeneigt, im Nordwinter (Beginn 21.12.) ist die Südhalbkugel der Sonne stärker zugeneigt. Dadurch wird im halbjährlichen Wechsel einmal die nördliche und einmal die südliche Halbkugel stärker bestrahlt. So entstehen die thermischen Jahreszeiten. Thermisch bedeutet die Temperatur betreffend.

Grundbegriffe

- **Revolution**
- **Polarkreis**
- **Wendekreis**
- **Zenit**

Info

Polartag, Polarnacht und hygrische Jahreszeiten

In den Polarregionen nördlich und südlich der Polarkreise (66,5° N und 66,5° S) herrschen Polartag und Polarnacht. Direkt am Nord- bzw. Südpol ist es ein halbes Jahr dunkel, das andere halbe Jahr geht die Sonne nicht unter.
In den Tropen zwischen den Wendekreisen (23,5° N und 23,5° S) bestimmen nicht die Temperaturen, sondern die Niederschläge die Jahreszeiten. Es entstehen Regen- und Trockenzeiten, hygrische Jahreszeiten. Dort, wo die Sonne ihren Zenitstand hat, befinden sich die Niederschlagsmaxima.

Aufgaben

1 Beschreibe die Bewegung der Erde um die Sonne (M2).

2 a) Erläutere die drei Bedingungen für die Entstehung der Jahreszeiten (M2, M4).
b) Erkläre die unterschiedlichen Tageslängen im Verlauf eines Jahres (M2, M4).

M1 Sonnenwanderung im Nordpolargebiet im Juni

Beleuchtungszonen und Klima

Die Sonne erwärmt die Oberfläche der Erde. Jedoch erhält nicht jeder Ort zu jeder Zeit die gleiche Energiemenge.
Ursache dafür ist die Kugelgestalt der Erde, ihre Bewegung um die Sonne und die Neigung der Erdachse: Der Einfallswinkel der Sonnenstrahlen nimmt vom Äquator zu den Polen hin ab. Dadurch entstehen drei Beleuchtungszonen.
Durch die Neigung der Erdachse kommt es zu einer scheinbaren Wanderung der Sonne: Am 21.06. steht die Sonne bei 23,5° n. B., dem nördlichen Wendekreis, im Zenit (senkrecht). Danach wendet die Sonne scheinbar ihren Lauf und steht am 21.12. bei 23,5° s. B., dem südlichen Wendekreis, im Zenit. Jetzt wendet die Sonne ihren Lauf scheinbar wieder nach Norden.
Auf ihrem Weg zwischen den Wendekreisen steht sie am 21.03. und am 23.09. jeweils über dem Äquator im Zenit (S. 13 M4).

Grundbegriff

- **Tropen**

Aufgaben

1 Erkläre die Entstehung der Beleuchtungszonen (M2).
2 Vergleiche die Beleuchtungszonen nach folgenden Kriterien: Einfallswinkel der Sonnenstrahlen, Jahreszeiten, Temperaturen, Besonderheiten in der Länge von Tag und Nacht. Lege dazu eine Tabelle an.
3 Frühling, Sommer, Herbst und Winter gibt es nur in der gemäßigten Beleuchtungszone. Begründe.
4 Erkläre die Entstehung von Polartag und -nacht in der Polarzone (M1, M2).
5 Beschreibe Klimaunterschiede in den drei Beleuchtungszonen.

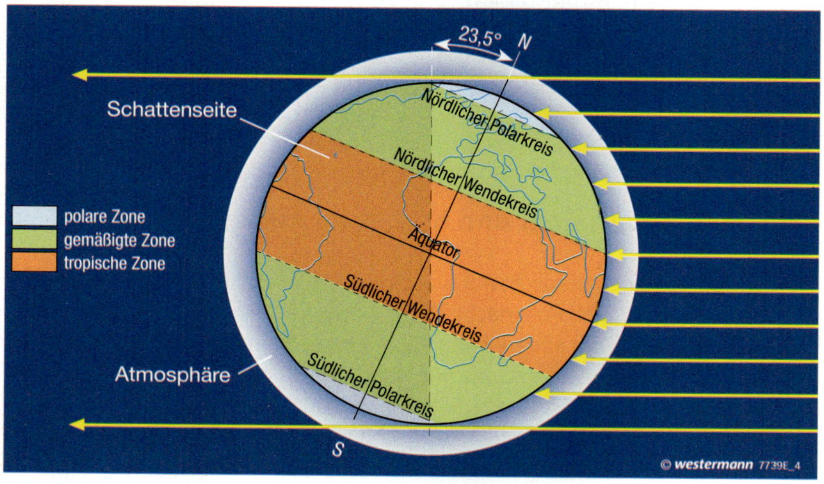

M2 Beleuchtungszonen der Erde am 21.6.

Die polare Beleuchtungszone

Die Polarzone erstreckt sich jeweils zwischen 66,5 ° nördlicher bzw. südlicher Breite und den beiden Polen. In ihr herrschen aufgrund des geringen Einfallswinkels der Sonnenstrahlen sehr niedrige Temperaturen. Hier treten Polartag und Polarnacht auf, die an den Polen jeweils ein halbes Jahr andauern. Der Niederschlag fällt zumeist als Schnee, der über viele Jahrtausende zur Gletscherbildung führt.

Am nördlichen Polarkreis

Die gemäßigte Beleuchtungszone

Diese breitet sich auf beiden Halbkugeln zwischen 23,5° und 66,5° nördlicher bzw. südlicher Breite aus. In der gemäßigten Zone gibt es ausgeprägte thermische Jahreszeiten. Mit zunehmender Entfernung von den Wendekreisen werden die Sommer kürzer und kühler und die Winter länger und kälter.
Wenn die Sonne am 21.06. am nördlichen Wendekreis im Zenit steht, beginnt in Deutschland der Sommer.

Sommer auf der Insel Rügen

Die tropische Beleuchtungszone

Die tropische Zone (Tropen) erstreckt sich beiderseits des Äquators zwischen den Wendekreisen.
Durch die intensive Sonneneinstrahlung herrschen ganzjährig hohe Temperaturen. Hier gibt es hygrische Jahreszeiten: Regen- und Trockenzeiten. Am Äquator fallen durch eine intensive Verdunstung täglich gewittrige Niederschläge. Sie nehmen in Richtung der Wendekreise ab.

Zenitalschatten am Äquator

M1 Schüler einer Klasse in New York

Kulturell unterschiedlich geprägte Räume

Re

Neben der natürlichen Gliederung der Erde in Kontinente und Ozeane gibt es auf der Erde auch kulturell unterschiedlich geprägte Großräume. In der Vergangenheit wurden diese unter dem Begriff „Kulturräume" zusammengefasst. Heute sieht man diese Einteilung der Welt jedoch kritisch, da sie unter anderem auf einer Einordnung hinsichtlich der äußerlichen Merkmale der Menschen beruht. Die Großräume, die aus dieser Einteilung hervorgehen, sind länderübergreifend und haben gleiche oder ähnliche Merkmale. Sie teilen beispielsweise die gleiche Religion, Sprache, Wirtschaftsform sowie die Art der Wohnstätte oder ähnliche Sitten und Gebräuche. Zu den kulturell unterschiedlich geprägten Großräumen unserer Erde gehören: Angloamerika, Lateinamerika, Europa, Russland, Südasien, Südostasien, Ostasien, Nordafrika und Westasien, Afrika südlich der Sahara und Australien / Ozeanien. Die Lebensgewohnheiten der Menschen lassen sich aus der Kenntnis der kulturellen und natürlichen Merkmale heraus verstehen. So bauen die Menschen in Afrika südlich der Sahara aufgrund der tropischen Bedingungen andere Früchte an als Bauern in der gemäßigten Zone. In Südasien wird das Leben stark durch den Monsunregen geprägt. Im Raum Nordafrika und Westasien hingegen dominiert das trockene Klima die Lebensweise der Menschen. Kulturell sind verschiedene Religionen verbreitet: zum Beispiel in Südasien der Hinduismus und in Nordafrika der Islam.

M2 Weltreligionen

www.heimatundwelt.de
HW-183

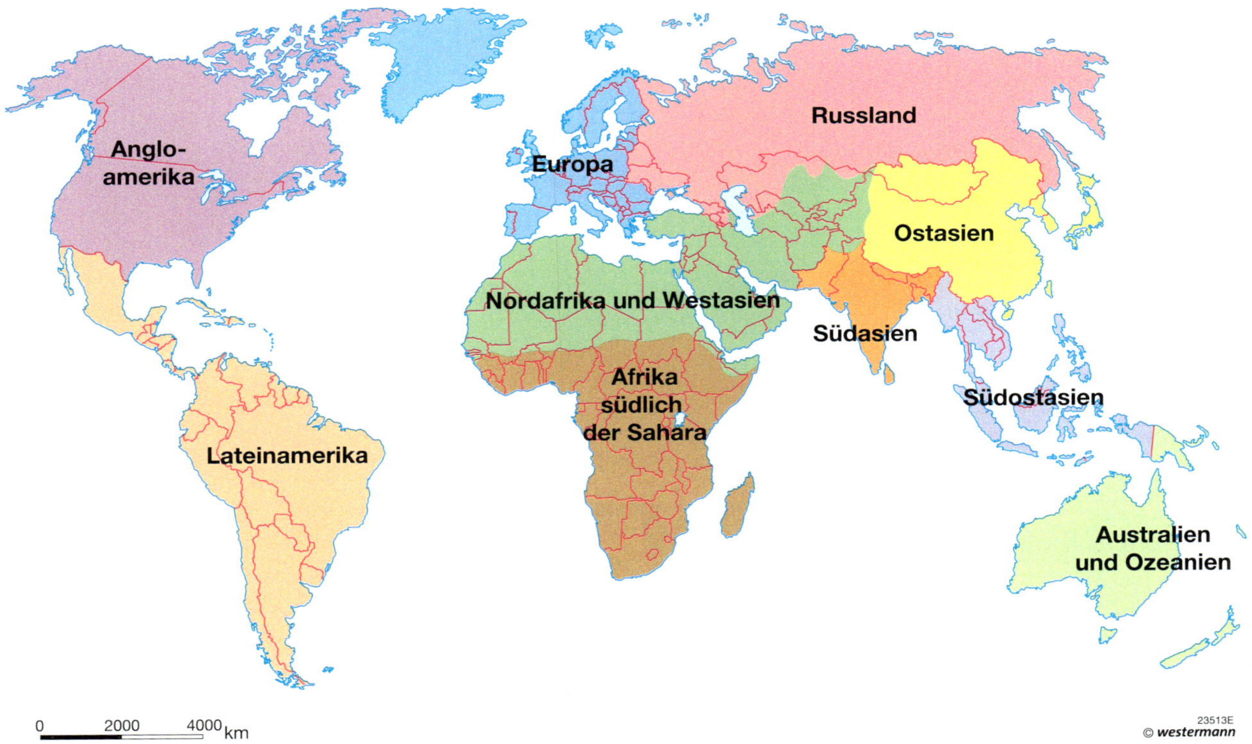

M3 Kulturell unterschiedlich geprägte Großräume der Erde

Ich lebe in Tunesien

Ich bin Aischa und wohne in Hazoua am Rande der Sahara. Bei uns in Tunesien leben viele Muslime. Zur Zeit des Ramadan, dem Fastenmonat, soll zwischen Sonnenaufgang und -untergang kein Tropfen Wasser die Lippen der Gläubigen benetzen. Und das bei Tagestemperaturen von bis zu 40°C. Ich besuche die Grundschule, die bei uns 9 Jahre dauert und die wir mit einem „Diplom der Grundstudien" verlassen. Zusammen mit meinen Eltern lebe ich in einem kleinen Haus. Dieses hat nur winzige Fenster, damit es im Sommer im Haus möglichst kühl bleibt.

Grundbegriff

- **Kulturraum**

Aufgaben

1 Nenne Merkmale, anhand derer sich die kulturellen Großräume der Erde unterscheiden lassen (M3).

2 Lege eine Tabelle an und ordne den Kontinenten die kulturellen Großräume der Erde zu (M3).

3 Auf dieser und den beiden folgenden Seiten findest du Informationen zu verschiedenen kulturell geprägten Großräumen. Wähle vier aus und fertige eine Mindmap an (S. 17 – 19, S. 71).

4 Erläutere anhand von M1, den heute kritischen Umgang mit dem Begriff „Kulturraum".

Vielfalt der Erde

Ich lebe in Japan

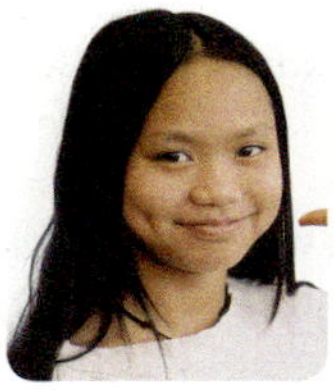

Ich heiße Miyuku und lebe mit meinen Eltern in einer kleinen Wohnung in Tokio. Japan ist ein sehr modernes Land, aber an unseren alten Traditionen halten wir gern fest. Bestimmt kennt ihr Sudoku, Sumo, Mangas, Kalligraphie oder das Kirschblütenfest. Ich lerne sehr viel, denn eine gute Bildung zu besitzen, wird von uns Japanern als höchster Wert angesehen.

Ich lebe in Kamerun

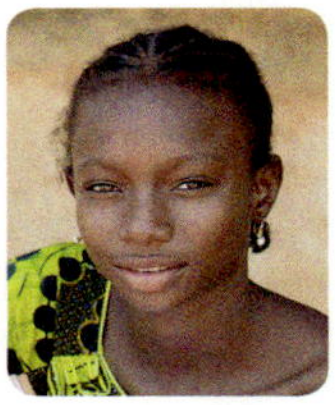

Mein Name ist Sasive. Ich lebe in Douala. Zusammen mit meinen Eltern und meinen sechs älteren Geschwistern wohnen wir in einer kleinen Hütte. Meine Mutter ist für Hausarbeit, Feldarbeit und Kindererziehung verantwortlich. Ich möchte später aber nicht so leben, sondern Arbeit und eine eigene Wohnung haben. Ich freue mich riesig, dass ich als erste unserer Familie zur Schule gehe.

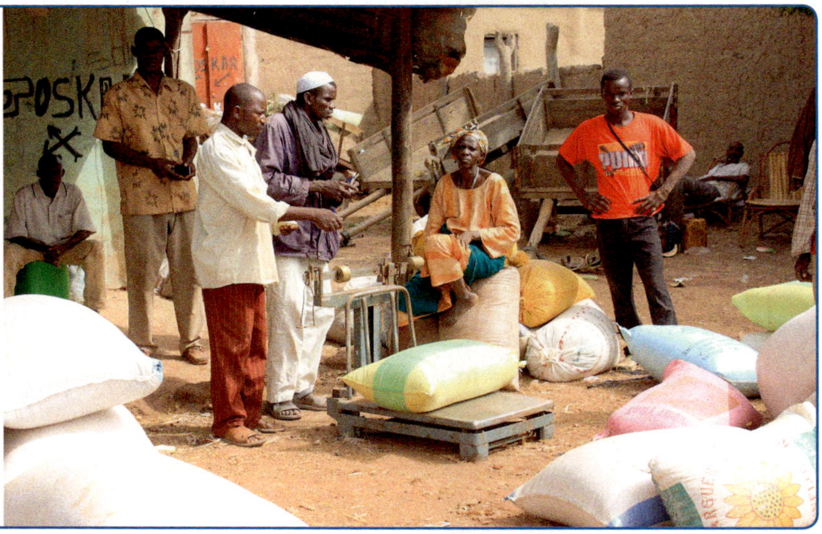

Ich lebe in Bolivien

Mein Name ist Amaya und ich bin eine Nachfahrin der indianischen Ureinwohner Lateinamerikas. Mit einfachen Mitteln bestellen unsere Familien die kargen Felder. Die Erträge an Kartoffeln und Mais ernähren uns aber kaum. Unsere Väter arbeiten deshalb auf den Feldern der Großgrundbesitzer oder in der Stadt. Ein Schulbesuch ist oft nicht möglich, da es kaum Landschulen gibt oder wir Kinder mitarbeiten.

Wir leben in Sibirien

Wir Brüder Igor und Jewgeni sind in Jakutien am Fluss Lena zu Hause. Unser Vater arbeitet in den Wäldern der Taiga. Da durch die langen, kalten Winter das Holz nur langsam wächst, ist es sehr hart. Unser großer Bruder Pjotr hat Forstwirtschaft studiert und setzt sich für die Aufforstung ein. Wir gehen regelmäßig in unsere russisch-orthodoxe Kirche.

Ich lebe auf der Insel Bali

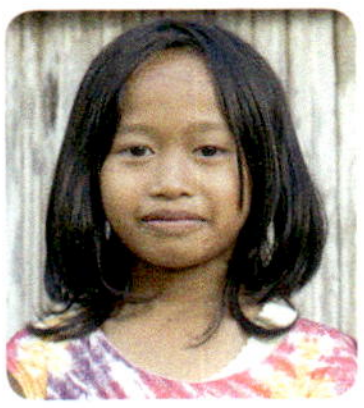

Mein Name ist Luh und mein Heimatland ist Indonesien. Es besteht aus Tausenden Inseln mit Bergen, Sandstränden und tropischem Klima. Meine Familie lebt vom Reisanbau. Mit anderen Bauern arbeiten wir das ganze Jahr über auf unseren Terrassenfeldern. Damit der Reis gut wächst, ist Bewässerung notwendig. An kleinen Hindu-Tempeln legen wir täglich Gaben für die Götter nieder.

Ich lebe in Australien

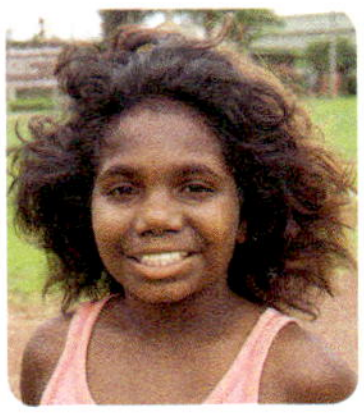

Mein Name ist Goona-gulla, das bedeutet „Himmel". Ich bin eine Nachfahrin der Ureinwohner. Mein Stamm wohnt im trockenen Zentrum des Kontinents. Der Uluru ist unser heiliger Berg, ihr Weißen nennt ihn Ayers Rock. Mein Vater arbeitet als Parkranger und informiert über unsere Kultur. Jährlich kommen viele Touristen hierher. Wir sehen es gar nicht gern, wenn sie den Berg besteigen.

Gewusst – gekonnt

1 Unterstreiche die richtige Antwort (ÜF).

Die parallel zum Äquator verlaufenden Linien heißen

a) Längenkreise
b) Wendekreise
c) Breitenkreise
d) Meridiane

Die Sonne steht am 21. Juni senkrecht (das heißt in der Fachsprache im Zenit) über dem

a) nördlichen Wendekreis
b) nördlichen Polarkreis
c) südlichen Wendekreis
d) Äquator

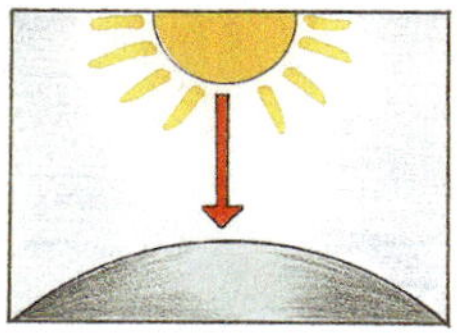

Die Datumsgrenze verläuft

a) durch den Atlantischen Ozean
b) entlang des Nullmeridians
c) durch den Pazifischen Ozean
d) entlang des Äquators

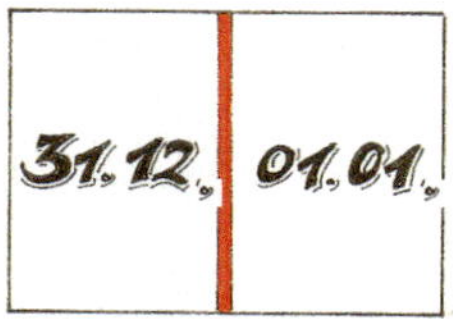

2 Bestimme die Orte.

a) Nenne fünf Länder, durch die der Nullmeridian verläuft (Atlas).

b) Nenne fünf Länder, durch die der Äquator verläuft (Atlas).

c) Bestimme die Länder, in denen sich folgende Koordinaten befinden (Atlas, ÜF):

20° N/100° W

____

20° S/140° O

____

0°/60° W

____

3 Ein Piratenschiff ist gesunken (ÜF).

In letzter Minute konnten die Piraten ihren Schatz bergen, verstecken und eine Schatzkarte zeichnen.

Die Karte hat ein Forscher gefunden. Er befindet sich auf der Insel mit den Koordinaten: 7° N/109° O.

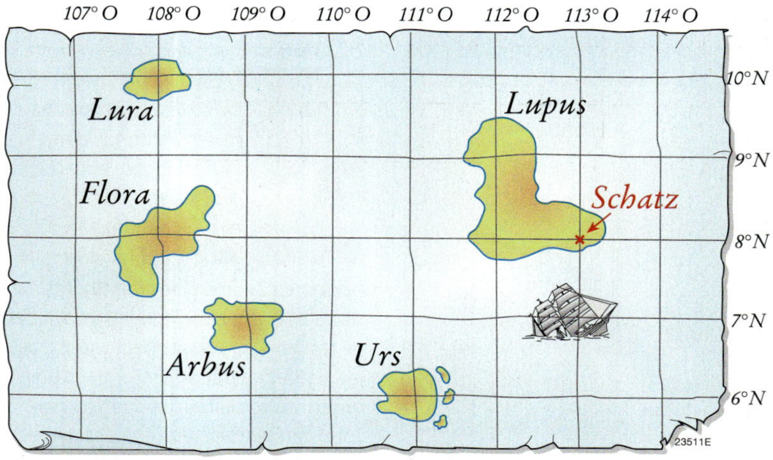

a) Ermittle, auf welcher Insel sich der Forscher befindet.

____

b) Gib die Koordinaten an, wo sich der Schatz befindet und wo das Piratenschiff gesunken ist.

____

c) Bestimme die Richtung, in die der Forscher segeln muss, um den Schatz zu finden.

____

4 Bilde aus den Silben zehn Begriffe und ergänze sie (ÜF).

brei – da – de – dian – gen – gren – kreis – kreis – kreis – län – lu – me – ne – nit – pen – re – ri – ro – ta – ten – tion – tion – tro – tums – vo – wen – ze – ze – zeit – zo

1. ____________________
2. ____________________
3. ____________________
4. ____________________
5. ____________________
6. ____________________
7. ____________________
8. ____________________
9. ____________________
10. ____________________

5 Löse das Rätsel und finde das Lösungswort (Ä = AE, ÜF).

1 Anbaukultur Ozeaniens

4 Zelt der Indianer

11 Gotteshaus in Ost- und Südostasien

6 Hauptnahrungsmittel in Asien

2 Wurfgerät der australischen Ureinwohner

5 Heiliges Tier der Hindus

9 Wahrzeichen New Yorks

12 Islamisches Gotteshaus

3 Gläubige im Islam
7 Heilige Schrift des Islam
8 Sitz des Papstes in Rom

10 Traditionelle Wohnstätte der Inuit

Die Erde – ein unruhiger Planet

Dieser Vulkanausbruch auf Hawaii bietet einen Blick ins Erdinnere.

Schalenbau der Erde

M1 Jules Vernes Reise zum Mittelpunkt der Erde

Ein Blick ins Erdinnere

Unsere Erde entstand vor etwa fünf Milliarden Jahren. Seit vielen Jahrhunderten erforschen die Menschen die Entstehung der Erde und ihren inneren Aufbau. Besonders das Erdinnere ist für die Wissenschaft immer noch faszinierend und voller Geheimnisse.

So schrieb bereits 1864 der Schriftsteller Jules Verne in seinem Roman „Die Reise zum Mittelpunkt der Erde" darüber, wie Menschen in das Innere der Erde eindringen. Nach dem Entschlüsseln einer alten Geheimschrift stiegen sie in einen Vulkankrater auf Island und konnten über eine Höhle am Kraterboden in die Tiefe vordringen. So gelangten sie bis zum Erdmittelpunkt, der als ein großes Meer beschrieben wird. Auf ihrer Reise ins Erdinnere bestehen sie viele Abenteuer. Schließlich kommen sie durch den Ausbruch eines Vulkans auf der italienischen Insel Stromboli wieder an die Erdoberfläche.

Dass diese Geschichte nicht der Wahrheit entsprechen kann, weiß heute jeder. Neueste geowissenschaftliche Forschungsergebnisse erlauben aber zunehmend genauere Aussagen über die innere Struktur der Erde.

Info

Tiefenrekorde der Erde

Die tiefste Bohrung wurde 1989 mit 12 262 m auf der Halbinsel Kola in Russland erreicht. In Deutschland bohrte man 1995 in Windisch-Eschenbach (Oberpfalz) bis in eine Tiefe von 9 101 m.

Der höchste Vulkan auf dem Festland ist mit 6 880 m Höhe der Ojos des Salado in den Anden. Mit 8 848 m Höhe ist der Mount Everest der höchste Berg der Erde.

Bei - 11 034 m erreicht man im Marianengraben im Pazifik den tiefsten Punkt auf der Erde.

Die Erforschung des Erdinneren

Über Bohrungen in der Erdkruste, Aufzeichnungen von Messgeräten (Seismografen) bei Erdbeben sowie durch Materialanalysen nach Vulkanausbrüchen und Sprengungen erhalten die Wissenschaftler Informationen über Stoffe, aus denen das Erdinnere besteht sowie über den Schalenbau der Erde. So können sie Rückschlüsse auf Temperaturen und Druckverhältnisse im Erdinneren ziehen. Es ist auch möglich, Aussagen über die vorhandenen Strömungen des Materials im Erdmantel zu machen oder zu erfahren, ob der Erdkern aus festen oder flüssigen Stoffen besteht. Die Prozesse im Inneren der Erde sind sehr kompliziert und auf vielfältige Art und Weise miteinander verbunden. Ständig gibt es neue Erkenntnisse. Diese auszuwerten und zu bewerten, wird noch viele Wissenschaftler beschäftigen.

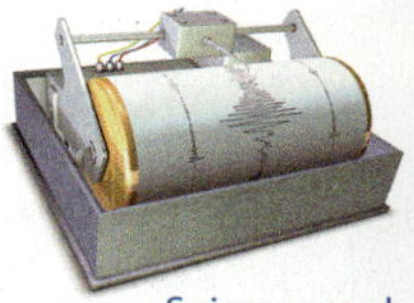

Seismograph

Tiefbohrturm

Ausbruch des Ätna

M2 „Blicke in das Erdinnere"

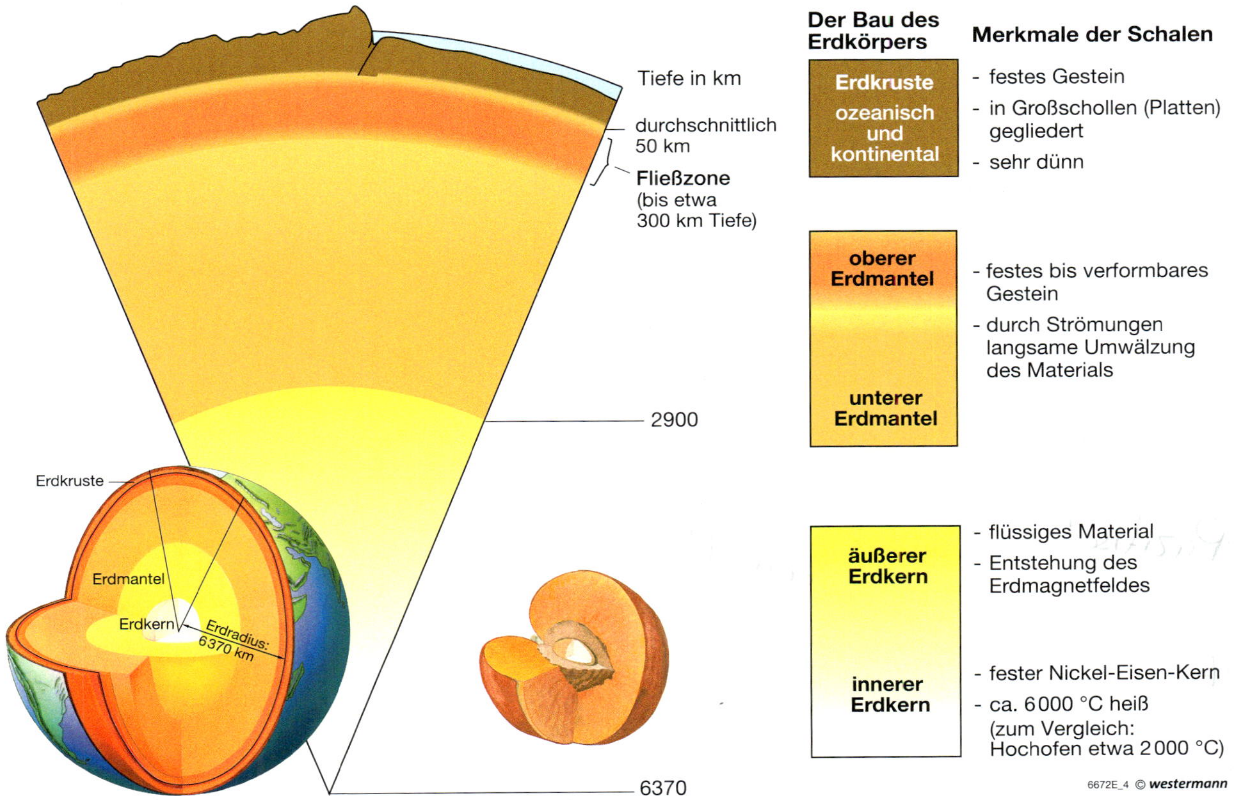

M3 Schalenbau der Erde

Schalenbau der Erde

Der Erdkörper gliedert sich in mehrere Schalen (Schalenbau). Die äußere dünne Haut der Erde ist die Erdkruste. Unter den Gebirgen auf dem Festland erreicht die Erdkruste ihre größte Mächtigkeit, unter dem Ozeanboden ist sie dagegen am dünnsten.

Der Erdmantel besteht aus festem Gestein, dass ähnlich wie Knete, verformbar ist. Seine oberste Schicht bildet zusammen mit der Erdkruste die feste Gesteinshülle der Erde, die Lithosphäre. Diese ist in verschiedene Platten gegliedert. Das Material des Mantels ist fließfähig, sodass es zwischen der Erdkruste und dem Erdkern zu einer Zirkulation kommt. Im oberen Mantel befindet sich die Fließzone, auf der sich die Platten der Lithosphäre bewegen.

Der Erdkern besteht aus einem inneren und äußeren Bereich. Man vermutet, dass der äußere Teil flüssig, der innere Kern aufgrund des enormen Drucks fest ist. Der Erdkern besteht vorwiegend aus Eisen.

Grundbegriffe

- **Schalenbau**
- **Gesteinshülle**
- **Fließzone**

Aufgaben

1. Beschreibe den Aufbau der Erde (M3).
2. Erkläre, inwiefern der Aufbau der Erde mit dem eines Pfirsichs vergleichbar ist (M3).
3. Ergänze folgende Sätze (M3, ÜF):
   Die Erde hat einen Radius von ______________ km.
   Der __________________________ ist flüssig. Unter der Erdkruste befindet sich der ______________________.
   Er gliedert sich in den ______________________ und den ____.
   Die __________________________ ist maximal 50 km mächtig.
4. Erläutere, weshalb selbst die tiefste Bohrung der Welt die Erde bisher nur „angeritzt" hat (Info).

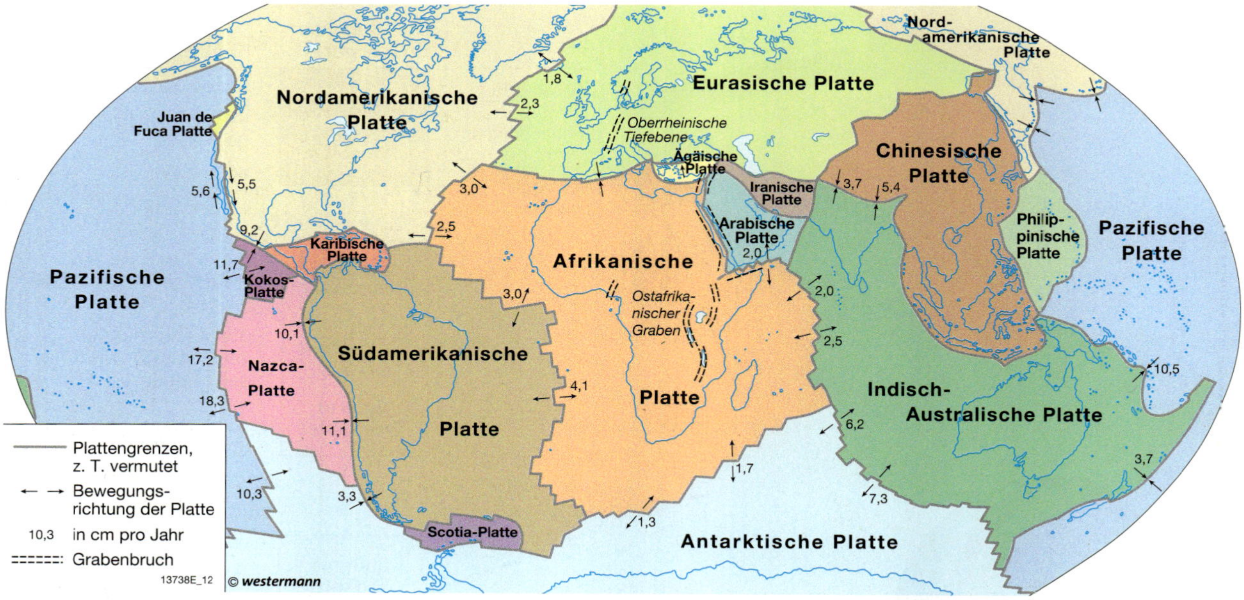

M1 Die Lithosphärenplatten

Platten und ihre Bewegung

Die Erdkruste und der obere Teil des Erdmantels bilden zusammen die Lithosphäre. Das Material der Lithosphäre ist fest. Sie ist gegliedert in sieben große und viele kleine Platten, die sich auf der Fließzone bewegen. Diese Vorgänge bezeichnet man als Plattentektonik.
Die Theorie der Plattentektonik war lange unter den Wissenschaftlern nicht bekannt. Mit der grundlegenden Erforschung des Meeresbodens seit den 1960er-Jahren erkannte man, dass sich der Meeresboden ausbreitete. Je weiter man von einem untermeerischen Gebirgszug, einem mittelozeanischen Rücken, entfernt ist, desto älter ist er. Die Bewegung des Meeresbodens ist ein Teil der Plattenbewegung. Heute kann man mit moderner Satellitentechnik die Bewegung der Lithosphärenplatten gut verfolgen und liefert so einen gültigen Beweis für diese Bewegungen.

Station	Verlagerung pro Jahr / Richtung
Potsdam (Deutschland)	2 cm nach Nordosten
Osterinseln (Chile)	7 cm nach Osten
Galapagos (Equador)	5 cm nach Osten
Melbourne (Australien)	6 cm nach Norden
Neu-Delhi (Indien)	5 cm nach Nordosten
Mombasa (Kenia)	3 cm nach Osten
Hawaii (USA)	6 cm nach Nordwesten

M2 Forschungsstationen und ihre jährliche Verlagerung

Ursachen dafür sind die Druck- und Temperaturunterschiede zwischen dem Erdkern und der Erdkruste. Durch diese Unterschiede kommt es zu Ausgleichsbewegungen, den Konvektionsströmen, im Erdmantel. Diese Umwälzprozesse laufen sehr langsam ab. Durch die Konvektionsströme bewegen sich die Platten. Sie „schwimmen“ auf der Fließzone wie Korken auf Sirup. Bewegt sich das Magma in der Fließzone, werden die Platten wie auf einem Förderband mitgeschleppt.

Eine weitere Kraft ist der Rückenschub bzw. -druck. In den Riftzonen der mittelozeanischen Rücken steigt Magma auf und lagert sich an den Rändern ab. Wegen ihres großen Gewichtes rutschen die dadurch neu entstandenen Plattenteile die Rücken herunter. Beim Plattenzug sinkt die Platte in die Subduktionszone ab.

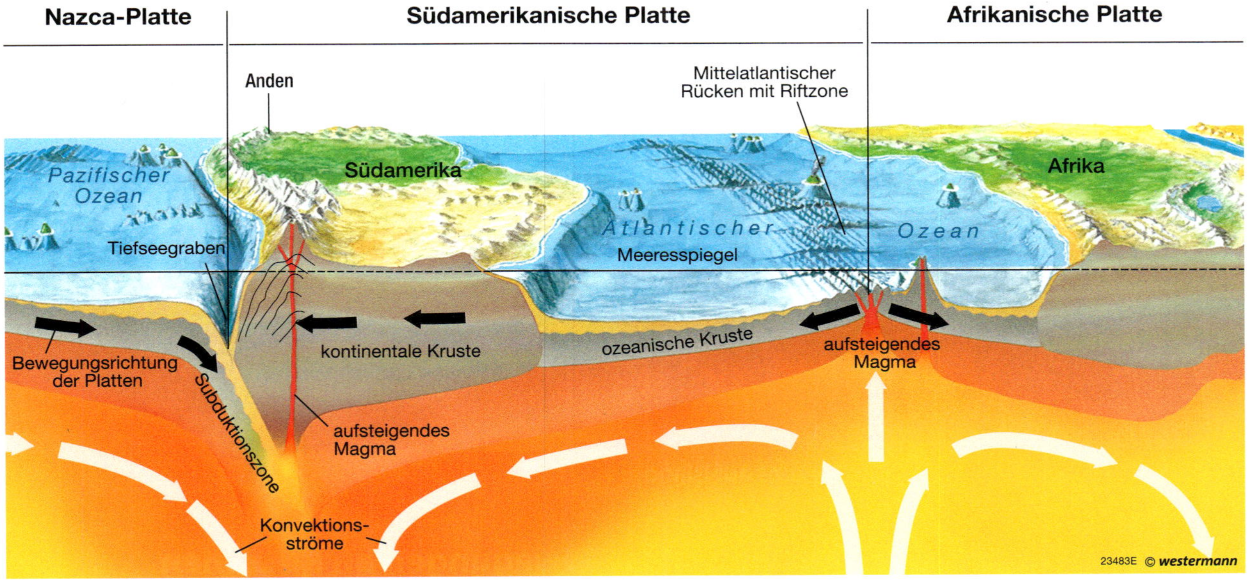

M3 Die Lithosphärenplatten und ihre Bewegungsrichtungen

Die Bewegungen an Plattengrenzen

Die Platten bewegen sich auf der Fließzone wenige Zentimeter im Jahr. Ihre Bewegungsrichtung ist unterschiedlich. Man unterscheidet:

- Bewegungen an Riftzonen – Platten bewegen sich voneinander weg
- Bewegungen an Subduktionszonen/Verschluckungszonen – Platten bewegen sich aufeinander zu
- Transformstörungen – Platten bewegen sich aneinander vorbei.

Folgen der Plattenbewegung

Heute ist die Theorie der Plattentektonik allgemein anerkannt. Viele Veränderungen der Erdoberfläche können mit dieser Theorie erklärt werden. So sind Gebirgsbildungen, Erd- und Seebeben, Vulkanismus sowie weiträumige Senkungen und Hebungen der Lithosphäre Folgen plattentektonischer Prozesse. Dadurch kann z. B. die Entstehung des Himalaya, der Alpen und auch des Ostafrikanischen Grabenbruches erklärt werden.

Plattengrenzen	**Subduktionszone**	**Riftzone**	**Transformstörung**
Bewegung der Platten	Platten bewegen sich aufeinander zu		
Beispiel		Südamerikanische und Afrikanische Platte	
Oberflächenformen	Tiefseegraben		Verwerfung (S. 29)
Skizze	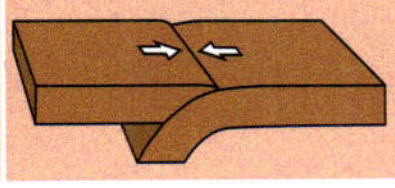	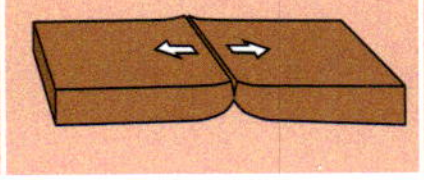	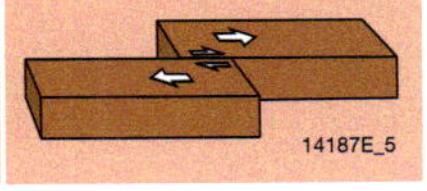 14187E_5

M4 Vorgänge an Plattengrenzen

Grundbegriffe

- **Platten**
- **Subduktionszone / Verschluckungszone**

Aufgaben

1 Beschreibe die Plattenstruktur der Erde (M1, Atlas).

2 Nenne für drei Lithosphärenplatten die dazugehörigen Kontinente und Ozeane (M1).

3 Ergänze die Tabelle M4 (M1, M3, ÜF).

Vorgänge an Plattenrändern

M1 Luftbild des Mittelatlantischen Rückens auf Island

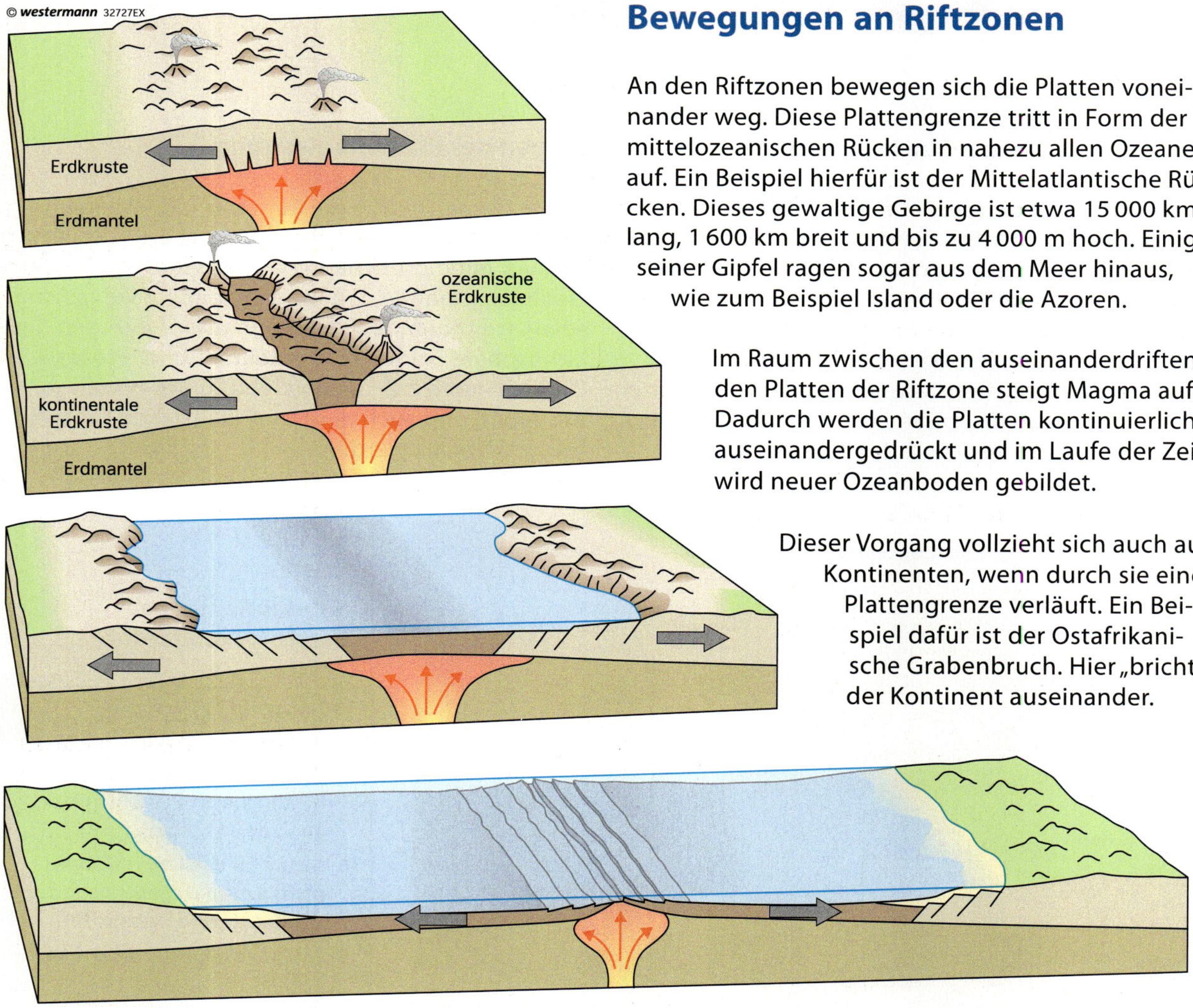

M2 Vorgänge an Riftzonen

Bewegungen an Riftzonen

An den Riftzonen bewegen sich die Platten voneinander weg. Diese Plattengrenze tritt in Form der mittelozeanischen Rücken in nahezu allen Ozeanen auf. Ein Beispiel hierfür ist der Mittelatlantische Rücken. Dieses gewaltige Gebirge ist etwa 15 000 km lang, 1 600 km breit und bis zu 4 000 m hoch. Einige seiner Gipfel ragen sogar aus dem Meer hinaus, wie zum Beispiel Island oder die Azoren.

Im Raum zwischen den auseinanderdriftenden Platten der Riftzone steigt Magma auf. Dadurch werden die Platten kontinuierlich auseinandergedrückt und im Laufe der Zeit wird neuer Ozeanboden gebildet.

Dieser Vorgang vollzieht sich auch auf Kontinenten, wenn durch sie eine Plattengrenze verläuft. Ein Beispiel dafür ist der Ostafrikanische Grabenbruch. Hier „bricht" der Kontinent auseinander.

M3 Studenten bilden den Verlauf der San-Andreas-Verwerfung

M5 San-Andreas-Verwerfung

Transformstörungen – Gefahr in Kalifornien

Im Westen Kaliforniens kann man Augenzeuge einer geologischen Besonderheit werden. Hier driften seit Millionen von Jahren zwei Erdplatten, die Pazifische und die Nordamerikanische, aneinander vorbei. Das Interessante daran ist, dass man die Plattengrenze über 1 500 Kilometer an der Erdoberfläche verfolgen kann. Diese Nahtstelle ist die San-Andreas-Verwerfung.
Die Transformstörung führt durch kleine Ortschaften und große Städte, verläuft unter Staudämmen und quert Pipelines und Schnellstraßen.
Die Plattenverschiebung vollzieht sich nicht gleichmäßig. Die Ränder verhaken sich und dabei werden gewaltige Spannungen aufgebaut. Bei größeren Bewegungsschüben entladen sich diese Spannungen ruckartig und die Erde bebt.
Bei dem großen Erdbeben im Jahre 1906 war die Pazifische Platte über eine Strecke von 400 km in nur einer Minute sechs Meter vorwärts gerückt.

Grundbegriff
- **Verwerfung**

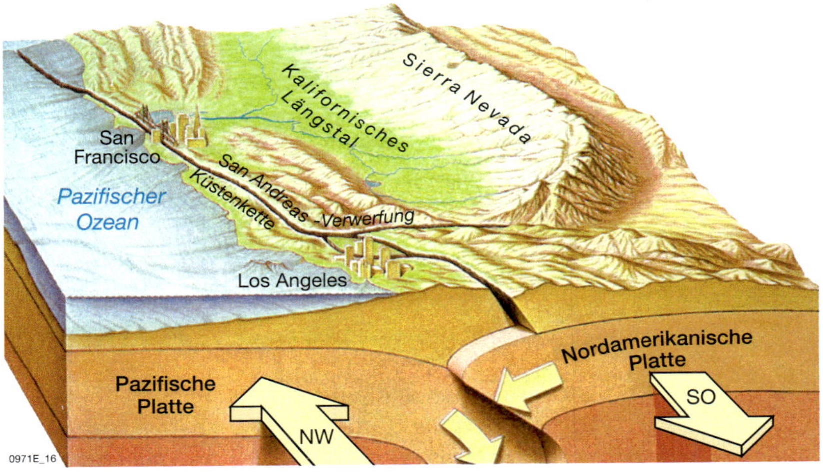

M4 Bewegung der Platten entlang der San-Andreas-Verwerfung

Aufgaben

1 Nenne Beispiele für Riftzonen (M1, S. 26 M1, Atlas).

2 Erläutere Vorgänge an Riftzonen (M2).

3 Die Lücke im Zaun in M3 entstand durch eine Verschiebung von Platten entlang der San-Andreas-Verwerfung.
a) Erkläre den Vorgang (M4).
b) Schätze, wie viel Meter Versatz es sind.

M1 Im Himalaya

M3 Gesteinsfalten im Himalaya

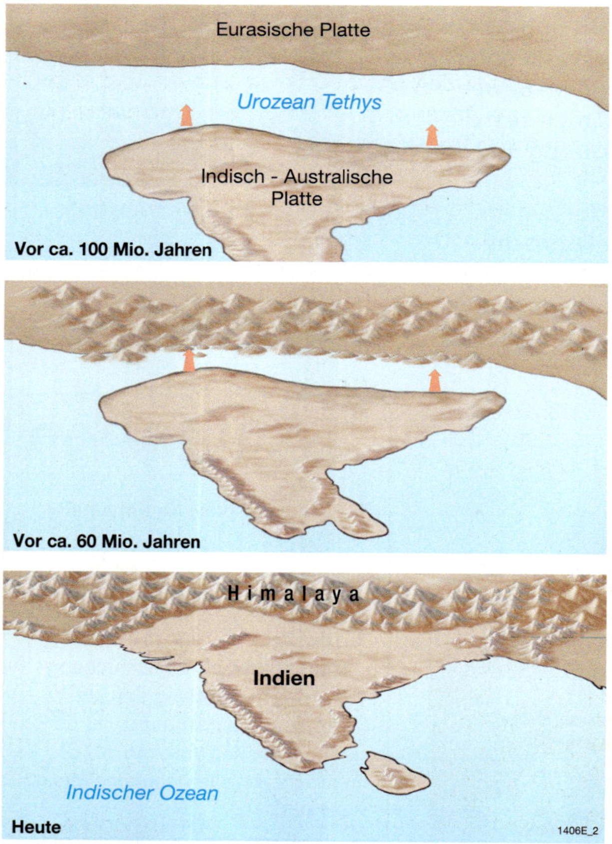

M2 Entstehung des Himalaya

Vorgänge an Subduktionszonen

Der Himalaya ist das Ergebnis des Zusammenstoßes zweier Platten.

Vor 200 bis 50 Mio. Jahren
Vor etwa 200 Mio. Jahren zerbricht der Urkontinent Pangäa. Seitdem driftet die Indische Platte nordwärts in Richtung Eurasischer Platte. Zwischen ihnen befindet sich zunächst ein Ozean. Dieser wird immer weiter eingeengt, da die ozeanische Kruste in einer Subduktionszone wieder in den Erdmantel versinkt. Die im Ozean abgelagerten Sedimente werden zusammengeschoben und gefaltet.

Vor 50 Mio. Jahren bis heute
Es kommt zum frontalen Zusammenstoß der kontinentalen Krustenteile beider Platten. Dabei wird der Südrand der Eurasischen Platte stark angehoben. Er bildet heute das Hochland von Tibet. Wie eine Ziehharmonika falten sich die übrigen Gesteinsschichten beider Platten zusammen und werden als Faltengebirge empor gepresst.

Das Vordringen der Indischen gegen die Eurasische Platte dauert bis heute an und auch das Gebirge wächst weiter. Heftige Erdbeben sind die Folge.

M4 Der Vulkan Fujisan – Wahrzeichen Japans

M6 Inselbögen im Pazifik

Inselbögen entstehen

Das Abtauchen einer Platte unter eine andere ist ein langer und komplizierter Prozess. Die abtauchende Platte kann dabei den Rand der anderen Platte mit in die Tiefe ziehen. So entstehen Tiefseegräben.
In Spalten dringt Magma bis an die Plattenoberfläche vor und baut Vulkane auf. Taucht eine Platte weit vor der Küste eines Kontinents unter eine andere, findet der vulkanische Aufbau zunächst unter dem Meeresspiegel statt.

Im Laufe der Zeit erscheinen viele vulkanische Inseln an der Meeresoberfläche, die dann zu einem großen Inselbogen zusammenwachsen.
Dazu gehören unter anderem die Japanischen Inseln, die Philippinen und die Sunda-Inseln.
Heute sind Subduktionszonen Schauplätze gewaltiger Vulkanausbrüche. Auch Erd- und Seebeben treten an diesen Plattenrändern auf.

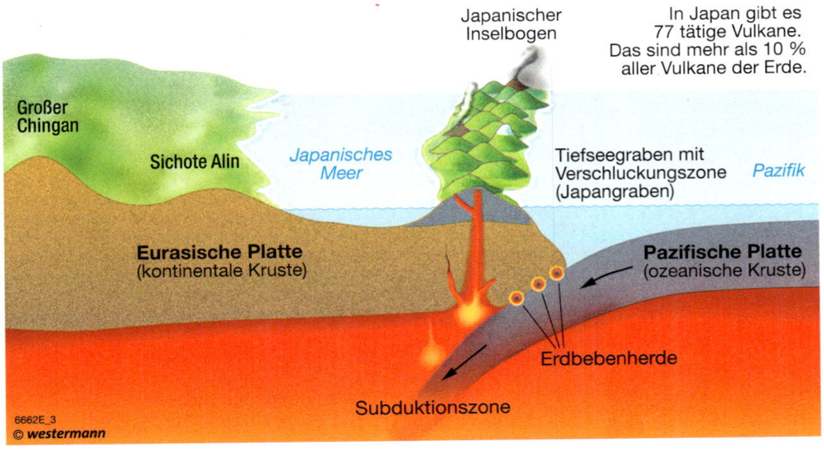

M5 Die Entstehung von Inselbögen: Beispiel Japanische Inseln

Grundbegriff

- **Tiefseegraben**

Aufgaben

1. Beschreibe die Entstehung des Himalaya (M1 – M3).
2. Erkläre die Entstehung von Inselbögen (M4 – M6).
3. Kennzeichne Tiefseegräben und Inselbögen (M6, ÜF).
4. Erkläre das Erdbeben in Nepal im April 2015 (Internet).

M1 Tsunami bei Natori (Japan/März 2011)

Tsunami – eine Wand aus Wasser

Tsunami – das Wort kommt aus dem Japanischen und bedeutet „große Welle im Hafen". Geprägt haben den Begriff japanische Fischer, die eines Tages bei der Rückkehr in den Heimathafen ihre Dörfer zerstört vorfanden. Auf hoher See hatten sie die großen Wellen nicht bemerkt.

Ein Tsunami wird durch ein Seebeben oder einen Vulkanausbruch am Meeresboden ausgelöst. Er entsteht direkt am Seebebenherd, dem Epizentrum. Das Wasser wird dabei in heftige Bewegungen versetzt. An der Wasseroberfläche bildet sich eine Art Berg, von dem sich die Meereswellen kreisförmig ausbreiten. In deren Folge kann sich das Wasser zunächst vom Land zurückziehen.

Auf dem offenen Meer sind die Riesenwellen kaum zu erkennen. An der Küste aber bremst sie der flacher werdende Meeresboden ab. Hinter der ersten Welle stauen sich dann die folgenden auf und bilden eine große Mauer aus Wasser. Sie erreicht oft eine Höhe von bis zu 30 m. Ein Tsunami kann mehrere Kilometer in das Landesinnere eindringen und auch dort verheerende Zerstörungen anrichten.

M2 Satellitenbild der Siedlung Yuriage (Japan) vor und nach dem Tsunami vom März 2011

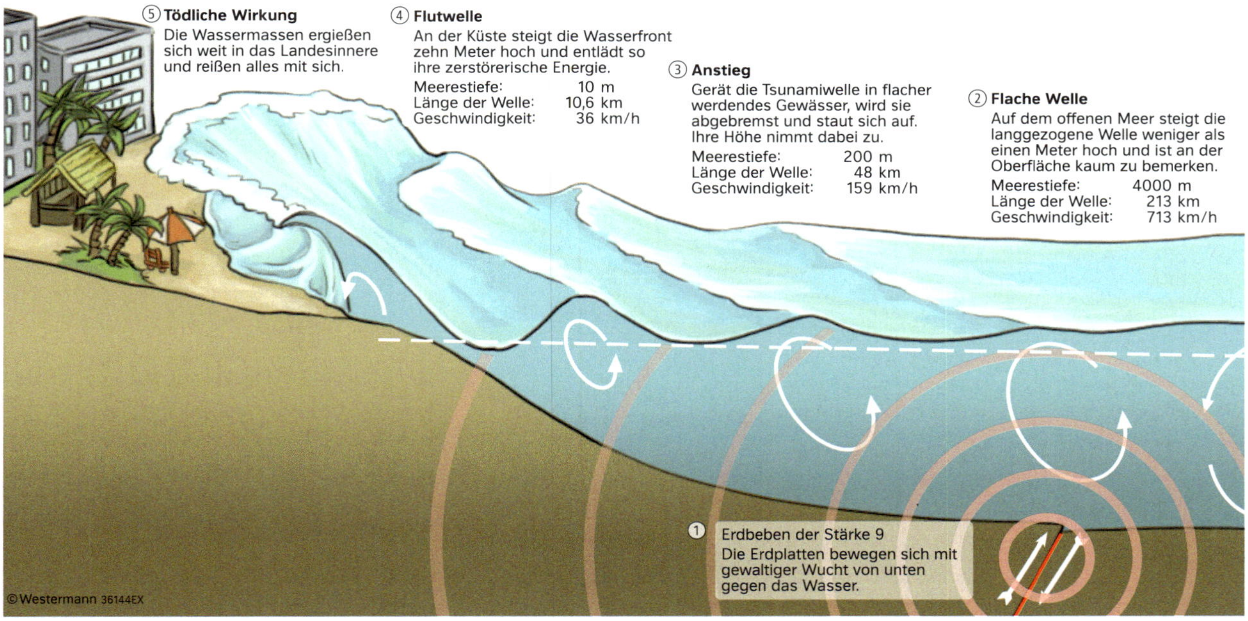

M3 Entstehung eines Tsunamis

26.12.2004 Im Indischen Ozean vor Indonesien ereignete sich ein schweres Seebeben. Durch dieses Beben wurde ein Tsunami ausgelöst, eine Riesenwelle, die sich über den gesamten Indischen Ozean ausbreitete und verheerende Zerstörungen anrichtete.
Weil die zehnjährige Tilly Smith die Anzeichen des Tsunami richtig deutete, hat sie ihrer Familie und etwa 100 Touristen das Leben gerettet. Die Schülerin erkannte die Gefahr, als sich das Meer plötzlich zurückzog. Sie hatte vor Wochen erst über die Wirkung von Flutwellen im Unterricht erfahren. Sie und ihre Eltern warnten die Urlauber im Hotel auf der Insel Phuket. Der Strand wurde daraufhin sofort geräumt. Minuten später kam das Wasser und zerstörte alles auf seinem Weg.

(Quelle: Neue Osnabrücker Zeitung, 03.01.2005)

M4 Tsunami in Thailand (Dezember 2004)

Vor der Ostküste Japans taucht eine Erdplatte unter eine andere, wobei sich beide ineinander verhaken. Wird die Spannung zu groß, entlädt sie sich durch ruckartige Bewegungen der Erdkruste. Dies passierte vor der Küste der japanischen Hauptinsel Honshu. Das damit verbundene Beben erreichte den Wert von etwa 9,0 auf der Richterskala und war somit das Stärkste in der Geschichte Japans. Es entstand ein zehn Meter hoher Tsunami. Mit großer Geschwindigkeit drang die Welle kilometerweit ins Landesinnere vor und riss alles mit, was sich ihr in den Weg stellte.

M5 Schweres Erdbeben vor Japans Küste (März 2011)

Grundbegriff

- **Tsunami**

Aufgaben

1. **Erkläre die Entstehung eines Tsunamis (M3).**
2. **Tsunamis richten schwere Zerstörungen an und bringen den Menschen viel Leid. Erläutere (M1 – M5).**
3. **Informiere dich über die Richterskala (Internet).**

M1 Elbehochwasser bei Fischbeck, Sachsen-Anhalt (2013)

Naturkräfte beeinflussen das Leben der Menschen

Durch die Riesenwellen eines Tsunamis können große Zerstörungen hervorgerufen werden. Ebenso bei Erdbeben, die in wenigen Sekunden ganze Städte auslöschen. Kleine Beben gibt es weltweit täglich über einhundert Mal. Selbst starke Beben kommen jährlich etwa zehnmal vor. Sie treffen die Menschen meist unvorbereitet.

Auch Vulkanausbrüche sind gewaltige Naturkatastrophen, die furchtbare Folgen haben können. Explosionen, Ascheregen, Lavaströme und Schlammlawinen bedrohen die Menschen sowie ihre Siedlungen.

Tropische Wirbelstürme richten durch hohe Windgeschwindigkeiten und Flutwellen an den Küsten verheerende Zerstörungen an. Viele Gebäude werden verwüstet und viele Menschen verlieren ihr Leben.

Große Überschwemmungen verursachen weltweit riesige Schäden und bringen Tausenden von Menschen den Tod. Auch bei uns in Deutschland traten Überschwemmungen in großem Ausmaß auf, wie beim Hochwasser der Elbe 2002 und 2013.

25.04.2015

Im April und Mai 2015 ereigneten sich folgenschwere Erdbeben in Nepal. Das erste große und stärkste Beben am 25. April 2015 erschütterte auch Nord- und Nordostindien, Tibet, China, Pakistan und Bangladesch. Das zweitstärkste Erdbeben traf Nepal am 12. Mai. Es folgten weitere Nachbeben. Mehr als 8 600 Menschen starben, bedeutende Kulturgüter wurden zerstört. Viele Menschen wurden unter Trümmern von einstürzenden Häusern oder unter Geröllawinen begraben. Auch in den Nachbarländern wird von Opfern berichtet. Am Mount Everest kamen 18 Bergsteiger durch eine vom Erdbeben ausgelöste Lawine ums Leben. Die Vereinten Nationen gehen davon aus, dass über acht Millionen Menschen von dem Erdbeben betroffen sind.

M2 Erdbeben in Nepal 2015

30.09.2014
Der japanische Vulkan Ontake brach [am 27.09.2014] urplötzlich aus. Zu der tödlichen Falle kam es vermutlich, weil Wasser mit Magma in Berührung kam. [...] Die Wanderer auf dem japanischen Vulkan Ontake sind am Samstag völlig überrascht, als sie schlagartig von einer Wolke aus Asche, herabstürzenden Steinen und heißen Gasen eingehüllt werden, die aus dem Berg schießt. [...] 36 Menschen sterben, 60 sind verletzt – sei es, weil sie Vulkanasche oder giftige Gase einatmen oder weil sie von Gesteinsbrocken getroffen werden.

(Quelle: Titz, Sven: Vulkanausbruch in Japan. www.tagesspiegel.de, 30.09.2014)

M3 Ausbruch des Vulkan Ontake in Japan 2014

10.09.2014
In Indien und Pakistan treten bereits seit Längerem ergiebige Monsun-Regen auf. Als Folge traten zahlreiche Flüsse über die Ufer. Mindestens 465 Menschen starben durch Überschwemmungen und Erdrutsche. Über zwei Millionen Menschen sind auf der Flucht. Die Behörden versuchen in kürzester Zeit möglichst viele Dörfer und Städte zu evakuieren. In den Gebieten Punjab und Kaschmir ist es besonders schlimm. Hier sind bereits über eine Million Menschen geflohen. Pakistan wurde schon in den vergangenen Jahren von katastrophalen Überschwemmungen getroffen. Die Regierung wird immer wieder kritisiert, nicht genügend für den Überschwemmungsschutz von Ortschaften und Feldern zu tun.

M5 Flut in Pakistan 2014

05.05.2015
Nach dem bisher heißesten Tag des Jahres sind schwere Unwetter über Norddeutschland gezogen. Am schlimmsten traf es die Kleinstadt Bützow im Landkreis Rostock: Ein Tornado fegte durch den 7 800-Einwohner-Ort. Die Dächer vieler Häuser wurden teilweise abgedeckt, darunter das Dach einer Kirche. Auch ein Krankenhaus und ein Pflegeheim waren betroffen. [...] Das Rathaus wurde demoliert, in den Straßen standen zerstörte Autos, abgeknickte Verkehrsschilder, ausgerissene Bänke. [...] Nach Angaben des Landrats, Sebastian Constien, wurden 30 Menschen durch umherfliegende Trümmerteile verletzt. [...] Es gebe „schwere Schäden“, sagte ein Polizeisprecher. [...]

(Quelle: Unwetter in Bützow. www.spiegel.de, 06.05.2015)

M4 Tornado in Bützow 2015

Aufgaben

1 Berichte, wie Naturkräfte das Leben der Menschen beeinflussen und bedrohen können (M1 – M5).

2 Einige Naturkatastrophen hängen mit dem Bau der Erde zusammen, andere mit Prozessen in der Lufthülle.
a) Unterscheide und ordne zu (M1 – M5).
b) Begründe deine Zuordnung.

3 a) Recherchiere zu einer aktuellen extremen Naturkatastrophe (Internet, Zeitung).
b) Präsentiere dein Ergebnis auf einer Wandzeitung.

4 Fertige eine Übersicht über Schutzmöglichkeiten an, die es vor Naturkatastrophen gibt (Internet).

1 Der Fehlerteufel war da.

In jedem Satz steckt ein Fehlerteufel. Schreibe die Sätze richtig auf (ÜF).

1. Das japanische Wort „Tsunami" bedeutet auf deutsch: „zerstörerischer Wind".
2. Die äußere Schicht des Erdkörpers nennt man Erdmantel.
3. Im Inneren der Erde wird es mit zunehmender Tiefe immer kälter.
4. Erdbeben kommen vor allem in der Mitte einer Platte vor.
5. Das geschmolzene Material im Erdinneren nennt man Lava.

2 Finde die acht Begriffe (ÜF).

T	N	H	A	E	A	E	L	O	E	C	A	K	O	E
O	I	N	E	B	E	B	D	R	E	M	H	O	M	Y
A	N	E	S	V	W	C	D	H	G	H	Z	N	E	J
Q	Y	E	F	L	A	K	R	A	F	C	C	K	G	L
X	W	A	U	S	R	I	M	W	H	N	Q	V	X	Z
K	C	M	L	U	E	H	T	P	I	A	T	L	F	L
H	V	U	S	A	Z	E	G	M	J	K	T	Q	L	I
Z	R	T	X	U	M	X	G	G	L	L	S	G	I	M
L	E	Z	S	L	N	I	S	R	O	U	U	D	E	M
V	S	K	R	R	B	D	H	N	A	V	E	T	S	K
V	T	T	U	L	D	C	M	U	B	B	U	G	S	K
W	O	R	G	K	B	W	R	Z	V	I	E	G	Z	R
X	W	G	A	X	A	W	E	U	R	J	W	N	O	P
F	A	L	T	E	N	G	E	B	I	R	G	E	N	T
P	Z	A	L	W	G	D	M	W	F	S	R	X	E	K

3 Probiere es aus.

Erdbeben kann man auch selbst erzeugen. Dazu brauchst du:
- zwei Styropor- oder Pappplatten mit unregelmäßigem Rand
- mehrere Häuser, Zäune und Figuren (kleine Pappschachteln, Holzklötzchen oder Ähnliches)

Beschrifte die Platten mit den Begriffen „Pazifische Platte" und „Nordamerikanische Platte". Stelle auf jede Platte mehrere Häuser, Figuren und anderes. Die unregelmäßigen Plattenränder bilden die San-Andreas-Verwerfung.

Schiebe beide Platten aneinander vorbei. Was stellst du fest?

4 Wortsuche

Ergänze die richtigen Begriffe (ÜF).

A	B	C	D	E	F	G	H	I	J	K	L	M	N	O	P	Q	R	S	T	U	V	W	X	Y	Z
4													14				11		21	19					

_	U	_	_	A	N
2	19	9	6	4	14

_	R	_	_	_	R	N
25	11	24	6	25	11	14

T	_	U	N	A	_	_
21	15	19	14	4	13	1

_	R	_	_	A	N	T	_	_
25	11	24	13	4	14	21	25	9

_	A	_	T	_	N	_	_	_	_	R	_	_
8	4	9	21	25	14	7	25	18	1	11	7	25

_	A	_	_	A
13	4	7	13	4

_	_	A	T	T	_	N	_	_	R	_	_	_	_	_	_	U	N	_
16	9	4	21	21	25	14	2	25	11	15	23	26	1	25	18	19	14	7

5 Naturkatastrophen

Ordne den Fotos jeweils das richtige Ereignis zu. Erläutere, was bei den jeweiligen Naturkatastrophen passiert.

6 Schüttelwörter

Bringe die durcheinandergeratenen Buchstaben in die richtige Reihenfolge (ÜF).

Ergänze das Lösungswort.

1	2	3	4	5	6	7	8	9

LAPTET				8									
VKNUAL				4									
NUSMIAT			6										
DEEBERNB		2	3										
BAHNEASUCL						9							
NEEGITBERFASE			1					5					
SGSETNIEHÜLEL			7										

Vulkan Bromo (2 329 m) auf der indonesischen Insel Java, einer der aktivsten Vulkane auf dieser Insel

M1 Portrait des alten Marco Polo

Unterwegs in Asien mit Marco Polo

Bereits in der Antike begaben sich Menschen auf Reisen. Später waren es vor allem Pilgerreisen von Christen, Muslimen oder Hindus zu ihren heiligen Stätten. In der Vergangenheit reisten die Menschen oftmals aber auch, um Handel zu treiben und etwas Neues zu entdecken.

Ende des Jahres 1271 segelte der erst 17-jährige Marco Polo mit seinem Vater und seinem Onkel von Venedig aus ins östliche Mittelmeer. In Asien wollten die Kaufleute unter anderem in Indien und China Handel treiben.

Der erste Reiseabschnitt führte sie zum Hafen von Akkon nahe Haifa im heutigen Israel. In den Straßen und auf den Basaren der Stadt wimmelte es von Menschen und Händlern aus verschiedenen Ländern Asiens. Gehandelt wurden hier Teppiche aus Persien, arabisches Rosenwasser und Gewürze aus Indien. Marco Polo und seine Gefährten änderten ihren Reiseplan. Sie reisten nun auf dem Landweg durch Innerasien zum Hof des Kublai Khan im heutigen Peking. Unendliche Steppen, Wüsten und die höchsten Bergländer der Welt lagen vor ihnen.

Reiseroute

ausgewählte Stationen:

D 1291 startete Marco Polo seine Rückreise in Kanton. Einen Teil der Reise legte er auf dem Seeweg zurück (Straße von Malakka, Jaffa, Mumbai, Hormus).

S In Kerman kaufte sich Marco Polo die für die Weiterreise besser geeigneten Kamele.

E In Akkon (Nähe Haifa) betrat Marco Polo Asien.

R Er zog an Erzurum vorbei. Danach segelte er über das Schwarze Meer und Mittelmeer in seine Heimatstadt, die er 1295 erreichte.

I Da er an der Straße von Hormus keine seetüchtigen Schiffe bekam, musste er an Land weiterreisen.

Lösungswort: _ _ _ _ E _ _ _ _

E Zwei Jahre nach seinem Aufbruch stand Marco Polo vor den Ruinen der Stadt Balch (einer Stadt in Afghanistan), die von Dschingis Khan zerstört worden war.

E Einen Teil der Reise absolvierte er wieder auf dem Landweg (Kerman, Täbris).

R 1271 bricht Marco Polo als 17-Jähriger in einer mächtigen Handelsstadt, die für ihre Kanäle bekannt ist, zu einer Reise nach China auf.

N Marco Polo erreichte sein Ziel: Xanadu, die Sommerresidenz des Mongolenherrschers Kublai Khan, nördlich von Peking.

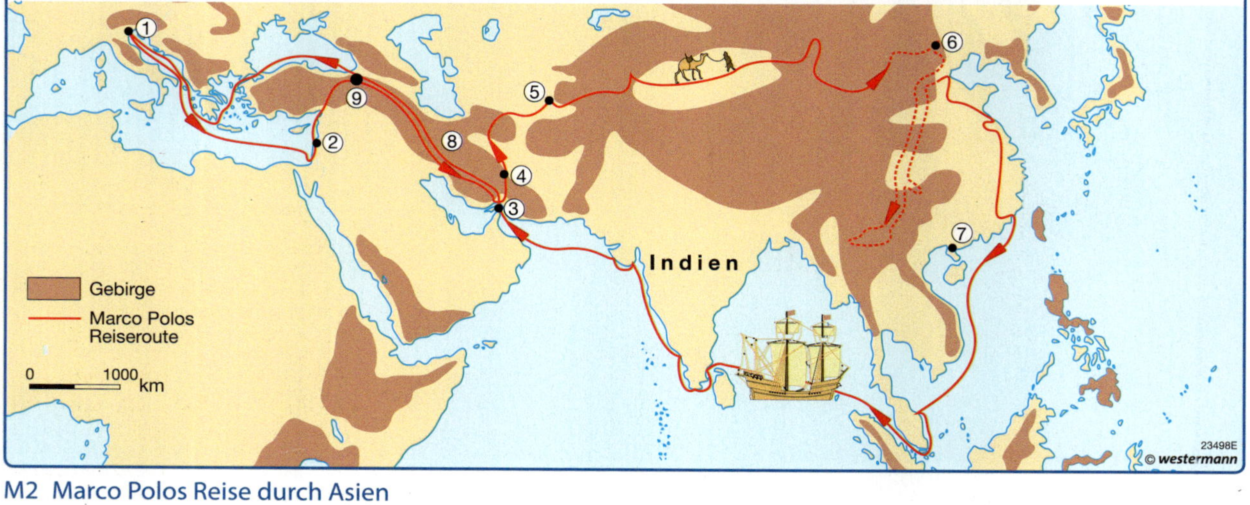

M2 Marco Polos Reise durch Asien

M3 Ausgewählte Reisestationen Marco Polos heute (die Ziffern entsprechen den Stationen der Karte M2)

M4 Kontinente im Vergleich

M5 Asiens Großregionen

Aufgaben

1 Vergleiche die Kontinente hinsichtlich ihrer Fläche und Bevölkerung. Stelle jeweils eine Rangliste auf (M4).

2 a) Ordne die Stationen der Reise Marco Polos den Punkten 1–9 in der Karte zu (M2, M3).

b) Ermittle das Lösungswort (M2).

3 Nenne Großregionen Asiens, durch die Marco Polo reiste (M5).

4 Ermittle die Länge der Strecke, die Marco Polo auf seiner Reise zurücklegte (M2, Atlas).

Asien – Größe und Grenzen

Asien ist mit ca. 44,4 Mio. km² der flächengrößte Kontinent und bildet mit Europa die größte zusammenhängende Landmasse der Erde. Diese Landmasse wird als Eurasien bezeichnet. Das asiatische Gebiet umfasst zehn Zeitzonen der Erde. Die Grenze zwischen Asien und Europa verläuft von Nord nach Süd am Ostrand des Uralgebirges, entlang des Unterlaufs des Uralflusses bis zum Kaspischen Meer, an dessen Nordufer Richtung Westen bis zur Mündung der Kuma (ca. 200 km südlich von Astrachan), durch die Manytschniederung bis zum Asowschen Meer, an dessen Küste entlang zur Straße von Kertsch durch das Schwarze Meer, durch den Bosporus und entlang der Dardanellen schließlich bis zum Ägäischen Meer.

a) Der Aralsee – dort ereignete sich eine der größten Umweltkatastrophen der Erde. Welche Zuflüsse brachten dem See ursprünglich das Wasser?

b) Das Tote Meer gilt mit 408 m unter dem Meeresspiegel als tiefster Punkt des Festlandes der Erde. In welchen Staaten liegt es?

Russland ist das flächengrößte Land der Erde und erstreckt sich über Asien und Europa auf einer Fläche von 17 Mio. km². Davon befinden sich 13,1 Mio. km² in Asien.

M1 Größter Staat

Der Baikalsee ist mit 1 642 m der tiefste See der Erde. In ihm ist ein Fünftel der flüssigen Süßwasserreserven der Erde gespeichert. Sein Volumen ist mit ca. 23 000 m³ größer als das der Ostsee (ca. 20 000 m³).

M2 Tiefster See

Obwohl Oimjakon, im Nordosten Russlands, in der Sprache der Jakuten „heiße Quelle“ bedeutet, gilt er als der kälteste bewohnte Ort der Erde (-67,8 °C) .

M3 Kältester Ort der Nordhalbkugel

Bangladesch ist der am dichtesten besiedelte Flächenstaat der Welt. Hier leben auf 147 569 km² 143 Mio. Menschen. Die Bevölkerungsdichte ist dort viermal so hoch wie in Deutschland.

M4 Größte Bevölkerungsdichte

I größtes Flussdelta der Erde
II größte Halbinsel der Erde
III größter Ozean der Erde
IV höchstes Gebirge der Erde
V größter See der Erde
VI größtes und höchstes Hochland der Erde

M5 Weitere Rekorde Asiens

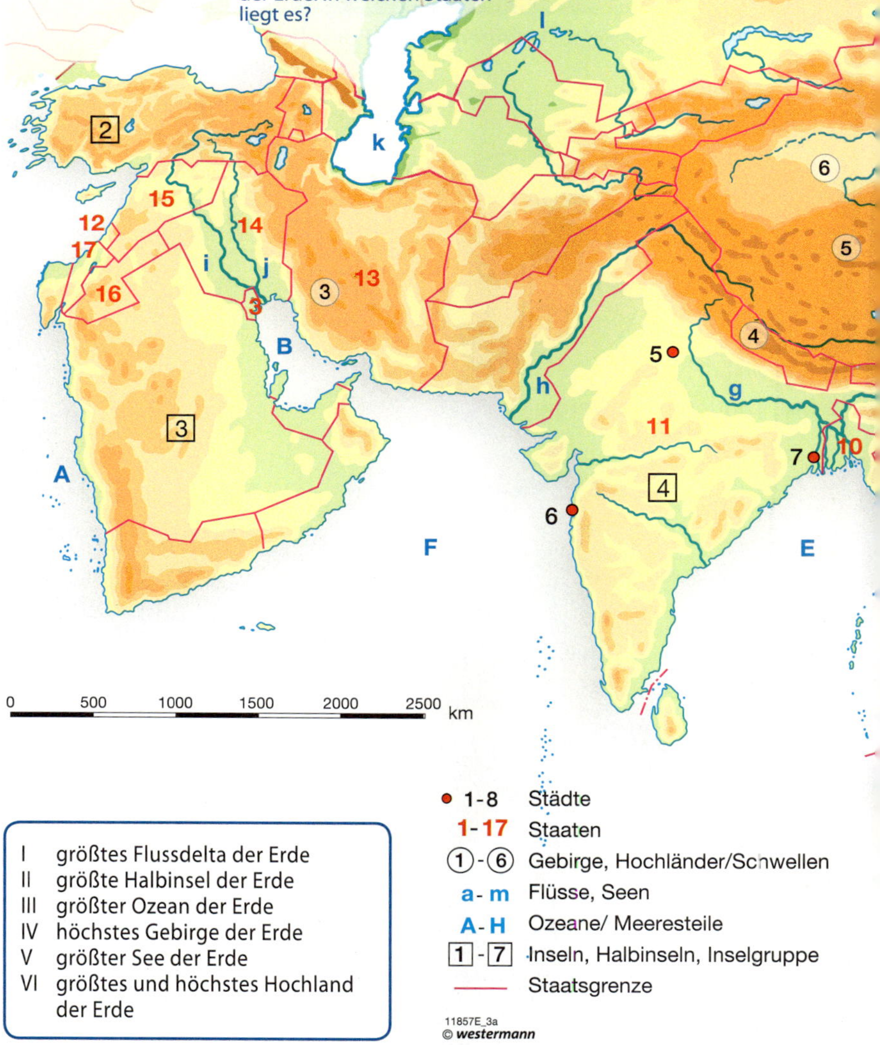

M6 Übungskarte Asien

www.heimatundwelt.de
HW-57, 100

c) Kamtschatka - Heimat der größten Braunbären Eurasiens. Über welche ehemalige Landverbindung und heutige Meeresenge verbreitete sich diese Tierart vor der letzten Eiszeit nach Nordamerika?

d) Eingang zur „Verbotenen Stadt" im Zentrum der Hauptstadt Chinas. Wie heißt die Hauptstadt?

e) Shanghai. In welchem Land liegt die Stadt?

f) Auf dem Weg zum höchsten Berg der Erde. Wie heißt er und wie hoch ist er?

Aufgaben

1 Finde die im Text beschriebene Grenzlinie zwischen Asien und Europa und zeichne sie auf der Karte nach (M6, Atlas, ÜF).

2 Trage Asiens Rekorde in die topografische Karte ein (M1 – M5, Atlas, Internet, ÜF).

3 a) Lokalisiere die beschriebenen Orte a – f (M6, Atlas, ÜF).

b) Beantworte die Fragen a – f.

4 Bearbeite die Karte (M6, Atlas).

Landschaften Asiens

M1 Profil Asiens

Lage, Größe und Gliederung Asiens

Asien befindet sich, bis auf einige der Sundainseln, fast ausschließlich auf der Nordhalbkugel der Erde. Die Küstenlinie des Kontinents ist durch große Halbinseln, Inseln und Inselgruppen stark gegliedert und fast zweimal so lang wie der Äquator. Außerdem werden Randmeere durch Halbinseln und Inseln von den Ozeanen abgetrennt.
Der Kontinent Asien macht ein Drittel der Festlandsfläche der Erde aus. Er besteht aus vielen Großlandschaften, die sich hinsichtlich Relief, Boden, Klima und Vegetation unterscheiden. Der Gürtel junger Faltengebirge, den du bereits aus Europa kennst, setzt sich in Asien fort (Eurasischer Faltengebirgsgürtel). Gewaltige Flüsse durchqueren den Norden und Süden des Kontinents. Im Inneren Asiens gibt es große Trockengebiete.
In Asien gibt es Länder, die sich durch ihre Flächengröße stark voneinander unterscheiden. Neben den großen Staaten, wie Russland und China, gibt es sehr kleine, wie Singapur oder den Inselstaat der Malediven, der nur knapp ein Drittel der Fläche Rügens hat.
Aufgrund seiner Größe kann man auf diesem Kontinent auf einer Reise von Nord nach Süd viele Klimazonen und von West nach Ost viele Zeitzonen passieren.

Das Westsibirische Tiefland erstreckt sich zwischen dem Uralgebirge im Westen und dem Fluss Jenissej im Osten. Die Karasee bildet die nördliche Grenze. Die südliche Begrenzung ist die Kasachische Schwelle. Auf einer Fläche von ca. 2,5 Mio. km² erstrecken sich eines der größten Tiefländer und die größten Aufschüttungsebenen der Welt. Die großen Flüsse Ob, Irtysch, Pur, Tas und Jenissej durchfließen weite Sumpfflächen.

M2 Westsibirisches Tiefland

Im Grenzgebiet zwischen Kasachstan, der Mongolei und China befindet sich das Altaigebirge, dessen höchste Erhebung der Belucha (4 506 m) ist. Seine ganzjährig schneebedeckten Gipfel, Gletscher und Wasserfälle bieten für Yaks, Bären, Schneeleoparden u. a. Wildtiere eine einzigartig ursprüngliche Natur. Landschaft, Pflanzenwelt und Kultur des Altai locken viele Bergsteiger an. Ein Teil des Naturschutzgebietes gehört zum Unesco-Weltnaturerbe.

M3 Altai

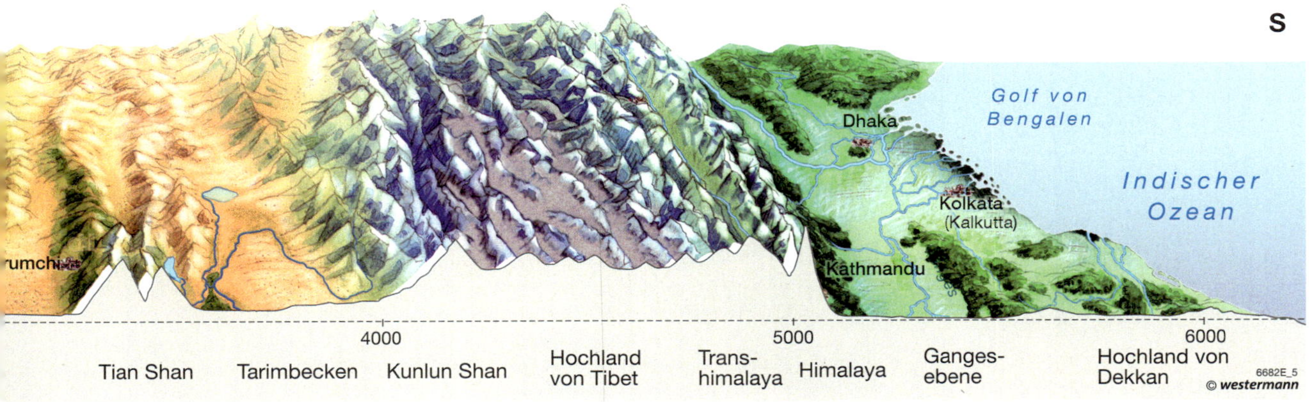

Eingebettet in das Hochgebirgsmassiv Zentralasiens befindet sich das Tarimbecken. Es wird im Norden vom Tian Shan, im Westen vom Pamir und im Süden vom Kunlun Shan begrenzt. Richtung Osten öffnet es sich nach China. In dem abflusslosen Becken herrscht ein trockenes Kontinentalklima vor. Die Wüste Takla Makan prägt das Landschaftsbild.

M4 Tarimbecken

Die Ebene des Ganges zählt mit seinen 300 km Breite und 1 200 km Länge zu den dicht besiedelten Gebieten Südasiens. Sie folgt dem Verlauf des heiligen Flusses zwischen dem Himalaya im Norden und dem Hochland von Dekkan im Süden. Das sehr fruchtbare Ackerland wird für den Anbau von Reis, Weizen, Ölsaaten und Baumwolle genutzt.

M6 Gangesebene

Der Himalaya zählt zu den jüngsten Gebirgen der Erde und ist das höchste Gebirge der Welt. Er bildet den südlichen Abschluss des zentralasiatischen Gebirgsmassivs. Noch heute wächst das Faltengebirge, weil die Indische Platte an die Eurasische Platte drückt und somit die Hebung des Gebirges um 1,25 cm pro Jahr vorantreibt.
Im Himalaya befinden sich zehn der 14 Achttausender der Erde, deren höchster Berg der Mount Everest ist.

M5 Himalaya

Aufgaben

1 **Ein Flugzeug startet in Dikson und landet in Kolkata. Verfolge die Flugroute entlang des 85. Längengrades und benenne die überflogenen Staaten (M1, Atlas).**

2 **Beschreibe die Oberflächengestalt Asiens (M1).**

3 **Die Oberflächengestalt Asiens ist vielfältig. Wähle eine Großlandschaft aus (M2 – M6) und charakterisiere sie nach (Atlas):**
  - **a) Lage / Ausdehnung,**
  - **b) Oberflächengestalt (Relief) / Gewässer,**
  - **c) Klima, Tierwelt und Vegetation.**

4 **Ordne die Landschaftsbilder M2 – M6 Staaten Asiens zu (Atlas).**

Gewässer Asiens

M1 Lösshochebene am Huang He

Asiens Gewässernetz

Der Kontinent Asien besitzt ein ausgedehntes Gewässernetz mit gewaltigen Flüssen und großen Seen. Viele der Flüsse entspringen in den Gebirgsmassiven Zentralasiens, durchströmen die Berg- und Tiefländer und münden in die angrenzenden Meere.
Sie transportieren viel Schlamm, der sich in den Aufschüttungsebenen und Deltamündungen ablagert und für die Landwirtschaft fruchtbare Böden bildet.
Es gibt aber auch abflusslose Gebiete in Zentralasien, wie das Tarimbecken, die Wüste Gobi und das Tiefland von Turan. Hier münden die Flüsse in Endseen, bilden ein Binnendelta und versickern im Boden oder verdunsten.
Im Unterschied zu vielen Flüssen Europas weisen viele asiatische Flüsse starke Schwankungen in ihrer Wasserführung auf. Das Quellgebiet vieler Flüsse liegt in Regionen, die während der Regenzeit ihr Niederschlagsmaximum haben und auch durch die Schneeschmelze im Frühjahr mit sehr viel Wasser gespeist werden.
Flüsse sind wichtige Lebensadern, denn sie dienen der Versorgung der Menschen mit Trinkwasser, der Bewässerung in der Landwirtschaft, der Energiegewinnung und als Transportweg.

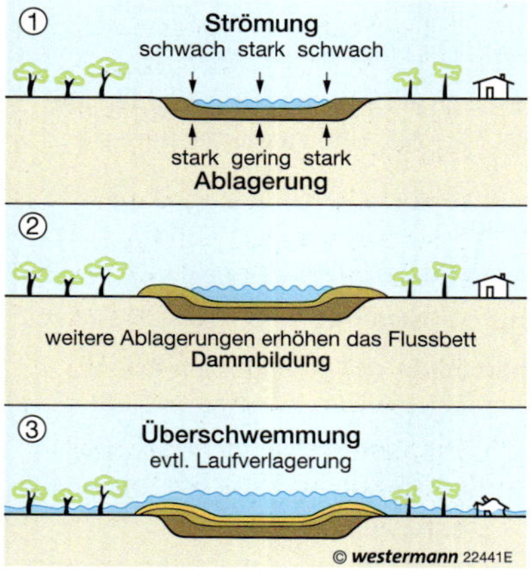

M2 Entstehung eines Dammflusses

Asien		Europa	
Fluss	Länge (km)	Fluss	Länge (km)
Jangtsekiang	6380	Wolga	3530
Huang He	4845	Donau	2850
Mekong	4500	Ural	2428
Lena	4300	Rhein	1233
Jenissej	3487		
See	Fläche (km²)	See	Fläche (km²)
Kaspisches Meer	386000	Ladogasee	17700
Baikalsee	31500	Onegasee	9720
Aralsee	18800	Vänersee	5519
Balchaschsee	18400	Bodensee	536
		Müritz	113

M3 Gewässer Asiens und Europas im Vergleich

www.heimatundwelt.de
HW-100

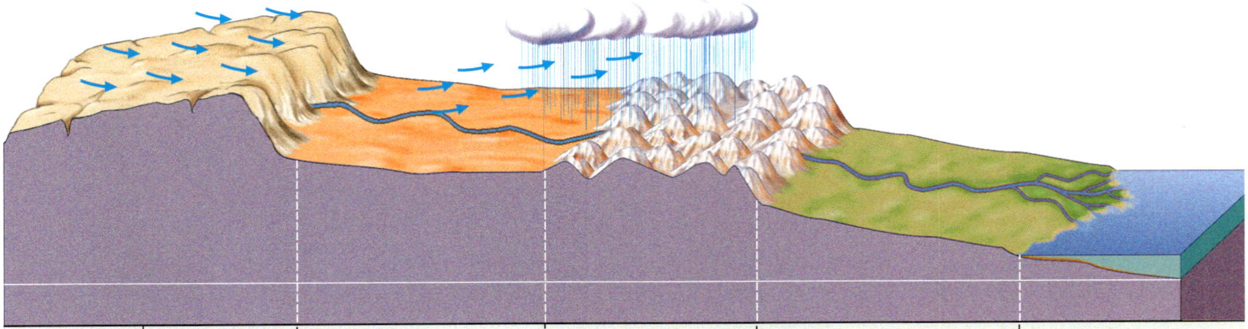

	Quellen	Oberlauf	Mittellauf	Unterlauf	Mündung
Abtragungs- bzw. Ablagerungsräume	Kunlun-Shan-Gebirge	Lössbergland der Inneren Mongolei	Mittelgebirge Ordos	Große Ebene	Gelbes Meer
Art der Verfrachtung	Auswehung von Gesteinsstaub (Fluglöss)	bis zu 100 m mächtige Lössablagerungen, starke Erosion	an Lee-Seiten noch Lösspakete	Flussablagerungen (Schwemmlöss), häufig Überschwemmungen	starke Verlandung des küstennahen Bereichs

6680E_6

M4 Abtragungs- und Ablagerungsräume entlang des Huang He

Huang He – Gelber Fluss

Der Huang He ist der zweitlängste Strom Chinas. Wegen seiner gewaltigen Schlammfracht, die sein Wasser und das von ihm gespeiste „Gelbe Meer" gelbbraun färbt, wird er „Gelber Fluss" genannt. Mit dem Eintritt des Flusses in die Große Ebene verringert sich die Fließgeschwindigkeit und die Schlammteilchen lagern sich im Flussbett ab. So erhöht sich die Flusssohle ständig und liegt heute drei bis vier Meter über dem angrenzenden Land. Einen solchen Fluss nennt man Dammfluss. Tritt der eingedeichte Fluss bei Hochwasser über die Ufer, breitet sich der fruchtbare Schwemmlöss in der Ebene aus. Der Huang He sorgt bei Überschwemmungen für Obdachlose, Ernteausfälle und Hungersnöte. Er trägt aber auch Wasser in dürregefährdete Gebiete, lagert fruchtbaren Löss ab und segnet China so mit Neuland.

Info

Löss

Löss ist ein gelbliches, kalkhaltiges, staubfeines Material, das durch Ablagerung entsteht und sich zu Gestein verfestigt. Es ist das Ausgangsmaterial für fruchtbare Böden.
Es gibt zwei Formen von Löss:
Fluglöss (vom Wind transportiertes Material) und Schwemmlöss (vom Fluss umgelagerter Löss).

Aufgaben

1 Beschreibe das Gewässernetz Asiens (S. 42 / 43, Atlas).

2 a) Vergleiche die Gewässer Asiens mit denen Europas (M3).

b) Beschreibe die Mündungsarten der Flüsse Asiens (Atlas).

3 Erkläre die Entstehung eines Dammflusses (M2).

4 Weite Teile Chinas sind durch Lössablagerungen geprägt.
a) Erläutere die Entstehung von Flug- und Schwemmlöss (M4).

b) Erkläre, warum das Delta des Huang He ständig wächst.

5 Erläutere, warum der Huang He als Kummer und Segen Chinas bezeichnet wird.

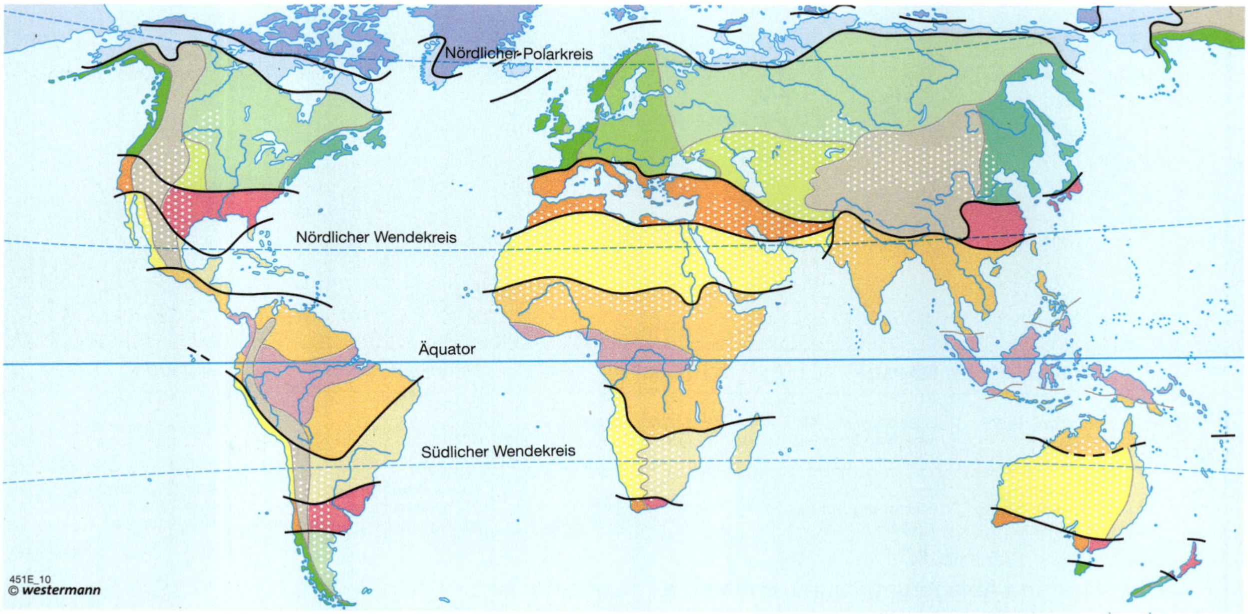

I polare Klimazone
- Polarklima

II subpolare Klimazone
- subpolares Klima

III gemäßigte Klimazone
- 1 ozeanisches Klima
- 2 Übergangsklima
- 3 kühles Kontinentalklima
- 4 sommerheißes Kontinentalklima
- 5 Ostseitenklima

IV subtropische Klimazone
- 1 Winterregenklima der Westseiten
- 2 subtropisches Ostseitenklima

V Passatklimazone
- 1 trockenes Passatklima
- 2 feuchtes Passatklima, stark beregnete Außenseiten, trockenere Binnenländer
- Trockengebiete

VI Zone des tropischen Wechselklimas
- tropisches Wechselklima

VII Zone des Äquatorialklimas
- Äquatorialklima

VIII Klimate der Hochgebirge
- Hochgebirgsklima

M1 Klimazonen der Erde nach Neef

M2 Toskana (Italien)

M3 Serengeti (Tansania)

Klimazonen der Erde

Als Klimazone werden Gebiete bezeichnet, die durch ähnliche Klimamerkmale gekennzeichnet sind, also nahezu gleiche Einfallswinkel der Sonnenstrahlen, Tageslängen, Temperaturen, Niederschläge, Bewölkung, Luftdruck und Wind aufweisen. Der wichtigste Einflussfaktor auf das Klima eines Ortes der Erde ist der jahreszeitliche Verlauf der Sonneneinstrahlung, der das Wärmeangebot steuert.

Klimazonen umspannen die Erde fast wie Gürtel parallel zu den Breitenkreisen in Ost-West-Richtung. Sie existieren auf der Südhalbkugel in umgekehrter Reihenfolge zu denen auf der Nordhalbkugel. Die Klimamerkmale mancher Klimazonen variieren sehr stark, sodass man innerhalb der Zonen noch Klimatypen (z. B. Übergangsklima) unterscheidet.

Die Übergänge zwischen den Klimazonen sind fließend und nicht genau den Breitenkreisen folgend. Ursache für diesen unregelmäßigen Verlauf sind klimabestimmende Faktoren, wie die Land-Meer-Verteilung, die Höhenlage und Meeresströmungen.

Ausschlaggebend für das Klima sind zudem die jährlichen Niederschlagsmengen. Fallen durchschnittlich mehr Niederschläge, als durch die Sonneneinstrahlung verdunsten können, so herrscht humides (feuchtes) Klima. Aride (trockene) Gebiete leiden unter Wassermangel, da die Verdunstungsmenge höher als die Niederschlagsmenge ist.

www.heimatundwelt.de
HW-174

Polare und subpolare Klimazone
In den Zonen ist es ganzjährig kalt. Es kommt zu Polartag und Polarnacht. Die geringen Niederschlagsmengen fallen als Schnee. Die Polarzonen liegen zwischen Polarkreis und dem Nordpol und sind größtenteils vegetationslos.

Gemäßigte Klimazone
In der gemäßigten Zone gibt es ausgeprägte Jahreszeiten mit unterschiedlichen Temperaturen und ganzjährig Niederschlägen. Die Jahreszeiten beeinflussen die Wasserführung der Flüsse und die Wachstumsphasen der Pflanzen (z.B. Laubfärbung). Temperaturen und Niederschläge ermöglichen nahezu ganzjährig eine landwirtschaftliche Nutzung.

Subtropische Klimazone
In der subtropischen Zone herrschen ganzjährig überwiegend hohe bis gemäßigte Temperaturen. Jahreszeitlich geprägt sind eher die Niederschläge. So gibt es in den Sommermonaten auf der Nordhalbkugel eher geringe und in den Wintermonaten ergiebige Niederschlagsmengen.

Passatklimazone
In der Passatklimazone herrschen ganzjährig hohe Temperaturen. Tagsüber können diese extrem hoch, nachts jedoch sogar im Minusbereich liegen. Durch die ganzjährig geringen oder fehlenden Niederschläge und den hohen Verdunstungsgrad sind diese Gebiete an den Wendekreisen arid.

Zone des tropischen Wechselklimas
In der Zone des tropischen Wechselklimas herrschen ganzjährig hohe Temperaturen. Es gibt ausgeprägte Regen- und Trockenzeiten. Die Niederschlagsmaxima befinden sich in Gebieten mit Sonnenzenitstand.

Zone des Äquatorialklimas
In der äquatorialen Zone herrschen ganzjährig hohe Temperaturen. Temperaturschwankungen entstehen eher innerhalb eines Tages als im Verlauf eines Jahres. Aufgrund ganzjährig hoher Niederschlags- und geringer Verdunstungswerte gilt die Zone um den Äquator als humides Gebiet.

M4 Merkmale der Klimazonen

M5 Indian Summer in Québec

M7 Sahara

M6 Grönland

M8 Amazonas

Grundbegriffe

- **Klimazone**
- **Klimatyp**
- **humid**
- **arid**

Aufgaben

1 a) Trage die Orte der Fotos in die Karte ein (M1 – M3, M5 – M8, Atlas, ÜF).
b) Die vorherrschende Vegetation lässt Rückschlüsse auf das Klima zu. Ordne die Fotos den Klimazonen zu (M1 – M8). Begründe.

2 a) Erkläre, warum Klimazonen fast breitenkreisparallel verlaufen.
b) Begründe anhand eines Beispiels, warum es Abweichungen davon gibt.

3 Nenne klimabestimmende Faktoren.

Klimadiagramme vergleichen

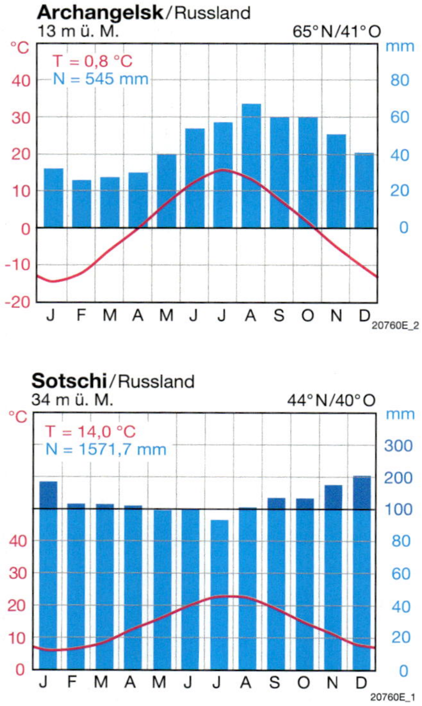

M1 Klimadiagramme

So gehst du vor

Vergleichen von Klimadiagrammen

1. **Schritt: Vergleichsstationen auswählen**
   - Wähle mindestens zwei Klimadiagramme aus.
2. **Schritt: Vergleichskriterien bestimmen**
   - Lege die Vergleichskriterien fest und erstelle eine Tabelle (Staat, Lage im Gradnetz, Höhe über dem Meeresspiegel, mittlere Jahrestemperatur in °C, Maximalwert und Minimalwert der Temperatur in °C, Jahresniederschlagssumme in mm, Maximal- und Minimalwert des Niederschlags in mm, die Dauer von Trocken- und Regenzeit).
3. **Schritt: Merkmale, Gemeinsamkeiten und Unterschiede erfassen**
   - Lies die einzelnen Merkmale aus den Klimadiagrammen ab und übertrage sie in die Tabelle.
   - Markiere jeweils alle Gemeinsamkeiten und alle Unterschiede verschiedenfarbig.
4. **Schritt: Ergebnisse zusammenfassen**
   - Begründe die Gemeinsamkeiten und Unterschiede.

	Archangelsk	**Sotschi**
Staat		
Lage im Gradnetz		
Höhe über NN in mm		
mittlere Jahrestemperatur in °C		
Maximalwert der Temperatur in °C		
Minimalwert der Temperatur in °C		
Jahresniederschlagssumme in mm		
Maximalwert des Niederschlags in mm		
Minimalwert des Niederschlags in mm		
Dauer der Trockenzeit (arid) in Monaten	X	X
Dauer der Regenzeit (humid) in Monaten		

M2 Archangelsk und Sotschi im Vergleich

Arbeit mit Klimakarten

METHODE

Temperaturkarten

Auf diesen Karten lassen sich die Durchschnittswerte der Temperaturen für bestimmte Monate ablesen. Die Farben drücken diese Durchschnittswerte in Spannen von jeweils 5 °C aus. Die Farbflächen werden von Linien gleicher Temperatur (Isotherme) begrenzt. Der Farbsektor 25–30 °C wird zum Beispiel von der 25°- und der 30°- Isotherme begrenzt. Alle Punkte auf einer Isotherme besitzen die gleiche Durchschnittstemperatur.

Niederschlagskarten

In derartigen Karten werden Regionen mit gleichen Niederschlagssummen zusammengefasst. Linien gleicher Niederschlagswerte grenzen die farbig gestalteten Niederschlagsgebiete voneinander ab.

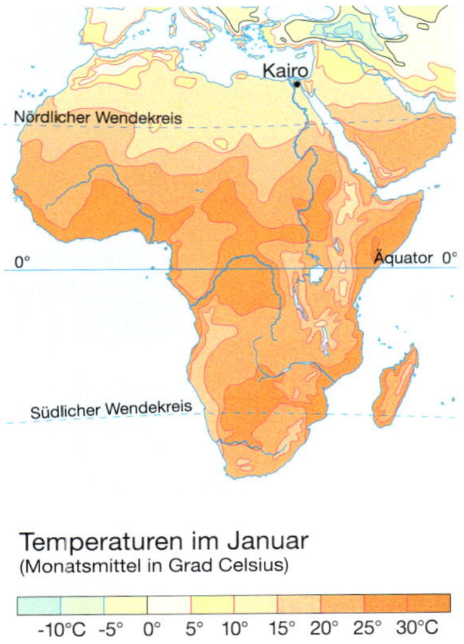

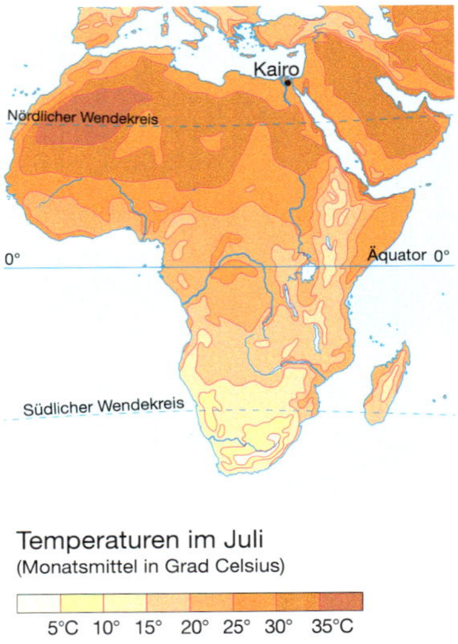

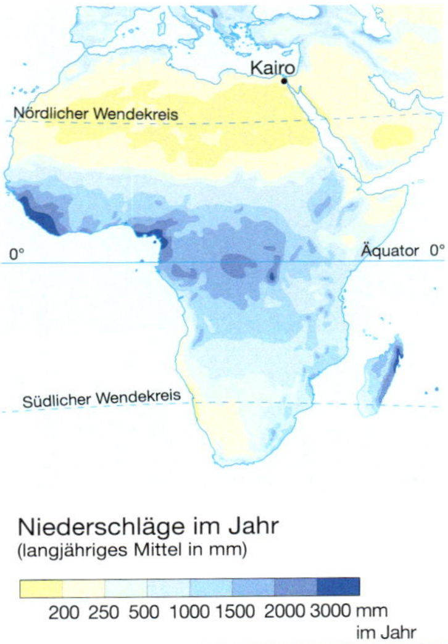

M3 Klimakarten Temperaturen und Niederschläge in Afrika

So gehst du vor

Arbeit mit Klimakarten

1. Schritt: Einordnung des Raumes

- Stelle fest, um welchen Raum es sich bei dem Kartenausschnitt handelt. Ordne ihn einer räumlichen Einheit (Subkontinent, Kontinent) zu.

2. Schritt: Darstellungen in der Karte

- Informiere dich anhand des Kartentitels und der Legende darüber, was in der Karte dargestellt wird.

3. Schritt: Beschreibung der Klimamerkmale

- Beschreibe die dargestellten Klimamerkmale hinsichtlich der Höhe der Werte und ihrer Verteilung.

4. Schritt: Begründung der Klimawerte

- Begründe die ermittelten Werte.

1. In der Karte sind Afrika, Südeuropa und Westasien dargestellt.
2. Die Karte zeigt die Temperaturen im Juli.
3. Im Norden Afrikas liegen die Temperaturwerte bis auf die Küstenregionen über 30 ° bis über 35 °C. An den Küsten liegen die Werte zwischen 25 ° und 30 °C. In Zentralafrika herrschen überwiegend 20 ° bis 25 °C. Im Süden Afrikas liegen die Werte überwiegend bei 10 ° bis 15 °C, nur in den Bergländern Südafrikas und Namibias bei 5 ° bis 10 °C.
4. Die höheren Temperaturen in Nordafrika gegenüber dem Süden Afrikas sind mit dem Zenitstand der Sonne am nördlichen Wendekreis zu begründen. Ein großer Einfallswinkel der Sonnenstrahlen führt zu hohen Temperaturen.

M4 Beispiel für eine Lösung zur Karte „Temperaturen im Juli" (M3)

Aufgaben

1. Ergänze die Tabelle (M2, ÜF).
2. Werte die Karten „Temperaturen im Januar" und „Niederschläge im Jahr" mittels der Schrittfolge aus (M3).
3. Vergleiche die Klimadiagramme von Timbuktu und Bouaké (S. 115).

Vegetationszonen der Erde

Klimazone / Klimatyp	subpolare Klimazone	gemäßigte Klimazone (kühles Kontinentalklima)	gemäßigte Klimazone (Übergangsklima)	gemäßigte Klimazone (heißes Kontinentalklima)	subtropische Klimazone
Vegetationszone					
	Tundra 	boreale Nadelwaldzone (Taiga) 	sommergrüner Laub- und Mischwald 	außertropische Steppe, Halbwüste, Wüste in den Steppen übermannshohes Gras 	Hartlaubgehölze (mediterrane Vegetation) 
Jahrestemperatur	unter -15 °C	-15 °C – 0 °C	6 – 14 °C	3 – 8 °C	14 – 21 °C
Niederschlag	weniger als 300 mm	weniger als 600 mm	mehr als 600 mm	weniger als 600 mm	400 – 1 000 mm im Sommer trocken, im Winter Niederschlag (Winterregen
Wachstumszeit	weniger als 30 Tage	30 – 180 Tage	mehr als 180 Tage	weniger als 180 Tage	mehr als 150 Tag

M1 Landschaftszonen der Erde und ihre Merkmale

Klima bestimmt die Vegetation

Vegetationszonen sind Gebiete, die mit ähnlichen Pflanzenfamilien bewachsen sind. Innerhalb der einzelnen Zonen herrschen ähnliche klimatische Bedingungen. Da Pflanzen sich an das Klima anpassen, kommt es zur Herausbildung spezifischer Vegetationszonen.

Klima- und Vegetationszonen verlaufen nahezu breitenkreisparallel, jedoch hat der Mensch in den letzten Jahrhunderten die Vegetation in einigen Zonen stark beeinflusst und verändert. Oft ist von der ursprünglichen Vegetationsdecke nichts mehr vorhanden.

Durch das intensive Einwirken des Menschen auf die Natur, beispielsweise das Anlegen von Feldern und den Bau von Siedlungen und Verkehrswegen, entstanden Kulturlandschaften.

Es gibt nur noch wenige Naturlandschaften mit weitestgehend erhaltener natürlicher Vegetation. Dies sind unter anderem die Taiga in Russland oder große Teile des tropischen Regenwaldes.

www.heimatundwelt.de
HW-178, 179

Passatklimazone (trockenes Passatklima)	Zone des tropischen Wechselklimas			Zone des Äquatorialklimas

tropische Wüste und Halbwüste 	Dornstrauchsavanne kniehohes Gras, Sträucher, vereinzelt Bäume 	Trockensavanne brusthohes Gras, Bäume 	Feuchtsavanne übermannshohes Gras, Baumgruppen Wälder, Galeriewälder 	tropischer Regenwald 
18 – 28 °C	21 – 28 °C	22 – 28 °C	23 – 28 °C	ca. 26 °C
weniger als 250 mm sporadische Regenfälle, oft Dürre	250 – 500 mm bis 4 Monate Regenzeit, oft Dürre	500 – 1 000 mm 4 – 6 Monate Regenzeit	über 1 000 mm 6 – 10 Monate Regenzeit	über 1 500 mm ganzjährig feucht
weniger als 60 Tage	weniger als 180 Tage	mehr als 180 Tage	mehr als 300 Tage	ganzjährig

Anm.: Die Zone der polaren Kältewüste nimmt innerhalb der geographischen Zonen eine Sonderstellung ein, auf ihre Darstellung wurde an dieser Stelle verzichtet.

Aufgaben

1 Beschreibe am Beispiel einer Vegetationszone Zusammenhänge zwischen Klima- und Vegetationsmerkmalen (M1).

2 In einigen Regionen ist kaum noch ursprüngliche Vegetation vorhanden. Erkläre, warum.

3 Ermittle Regionen, die besonders vom Rückgang der natürlichen Vegetation durch den Menschen betroffen sind (M1, Atlas).

4 Wähle eine Vegetationszone mit Ackerbau aus und ermittle die dort angebauten Kulturpflanzen (M1, Atlas).

Bio

Grundbegriff

- **Vegetationszonen**

Beziehungen zwischen natürlichen Faktoren

M1 Asiens vielfältige Landschaft

Lage – Relief – Klima – Vegetation

Das landschaftliche Erscheinungsbild einzelner Regionen der Erde hängt vom Zusammenspiel vieler Faktoren ab. Je nach Lage auf dem Kontinent, Relief, klimatischen Bedingungen und Bodenbeschaffenheit entwickelt sich eine bestimmte Vegetation. Auf dem gewaltigen Kontinent Asien sind alle Klimazonen und damit auch alle Vegetationszonen der Erde ausgeprägt.

Info

Tundra, Taiga, Steppe

Das Wort „Tundra" kommt ursprünglich nur im Norden der Halbinsel Kola vor. Es leitet sich vom finnischen Wort „tunturi" ab und heißt „flache, waldlose Landschaft". Das Wort „Taiga" stammt aus Jakutien und lässt sich mit „dichter Nadelbergwald" übersetzen. Die Taiga existiert jedoch nicht nur im Bergland und auch nicht immer nur als dichter Wald. Daher wird „Taiga" als „nördlicher Nadelwald" übersetzt. Das Wort „Steppe" stammt aus dem Russischen und bedeutet „Grasland".

Zu Asien gehören sowohl die polaren Kältewüsten im Norden als auch die treibhausartigen Regenwälder im Südosten. In den subpolaren Gebieten der Tundra taut der Dauerfrostboden nur zwei bis drei Monate im Sommer oberflächlich auf und macht eine ackerbauliche Nutzung nur schwer möglich. Manche Gebiete Zentralasiens sind Tausende Kilometer vom Meer entfernt, verfügen über keine Gewässer und haben durch seltene Niederschläge kaum Vegetation. Andere liegen Tausende von Metern über dem Meeresspiegel, gelten als höchste Gipfel der Erde und sind aufgrund des Hochgebirgsklimas vegetationslose Gletscherlandschaften.

Ein großer Teil Asiens liegt jedoch unter dem Einfluss des gemäßigten Kontinentalklimas mit großen Temperaturunterschieden zwischen Sommer und Winter. Hier herrschen ideale Bedingungen für die Ausprägung der Taiga in Sibirien, das größte zusammenhängende Nadelwaldgebiet der Erde. Neben den Klimamerkmalen bestimmen auch die Böden mit ihren Nährstoffen die natürliche Vegetation sowie landwirtschaftliche Nutzungsmöglichkeiten. So sind die fruchtbaren Steppenböden Zentralasiens gut für den Getreideanbau geeignet.

Mangroven

Viehzüchter in der Mongolei

Mongolei

Die Mongolei ist ein großes, dünn besiedeltes Binnenland in Zentralasien. Der größte Landesteil besteht aus trockener Grassteppe, nur ein Zehntel aus Wald. Im Süden breitet sich die steinige Wüste Gobi aus. Ein Grund für die extremen Winter ist die Ferne zum Meer und die Ausbildung eines Kältehochs im Winter. Niederschläge fallen nur im Juli und August. Ackerbau ist hier deshalb nicht möglich. Die Mongolen leben seit jeher in Jurten als Viehzüchter von Schafen, Ziegen und Pferden.

Himalaya

Der Himalaya gilt mit seinen zehn Achttausendern als das höchste Gebirge der Erde. Es erstreckt sich auf 3 000 km Länge und 350 km Breite zwischen Pakistan und Burma. Der Mount Everest als höchster Gipfel ist 8 848 m hoch und mit ewigem Schnee und Eis bedeckt. Klimatisch bildet der Himalaya die Scheide zwischen den Monsungebieten Indiens und den trockenen Hochländern Innerasiens. Durch den regenreichen Südwest-Monsun bekommt der steile Südhimalaya viel Niederschlag, während die Nordseite eher niederschlagsarm ist.

Mangrovensümpfe in Indonesien

Die in den feuchten Tropen beheimateten Mangrovenwälder sind das Ergebnis des Zusammenspiels von Klima und Vegetation. Durch ganzjährig hohe Temperaturen und große Niederschlagsmengen gibt es eine artenreiche Pflanzenwelt. Das dichte Geflecht hoher Stelzwurzeln ermöglicht das Gedeihen von Bäumen und Sträuchern direkt an den Ufern von Flüssen und Meeren. Sie fangen den Schlick und schaffen so neuen Boden für den 10 – 20 m hohen Gezeitenwald mit Pflanzen, die sogar das Salzwasser ertragen.

M2 Beziehungen zwischen Merkmalen natürlicher Faktoren

Aufgaben

1 Nenne Vegetationszonen, an denen Asien Anteil hat (S. 52 / 53, Atlas).

2 a) Erläutere die Begriffe „Tundra", „Taiga" und „Steppe".

b) Nenne Pflanzenarten zu jeder dieser drei Vegetationszonen. Wodurch unterscheiden sich diese (Lexikon, Internet)?

3 Beschreibe anhand von M2 die folgenden Zusammenhänge

a) zwischen Lage und Vegetation,

b) zwischen Relief und Klima,

c) zwischen Klima und Vegetation.

4 Wähle eine weitere Region Asiens aus und erkläre anhand derer die Zusammenhänge zwischen der Lage sowie Merkmalen von Relief, Klima und Vegetation (Atlas).

M1 Erschließungsstraße in Westsibirien

M3 Sibirisches Haus versinkt in der Auftauschicht

Leben unter Extrembedingungen

Das Leben in Sibirien findet unter extremen Bedingungen statt. Die klimatischen Verhältnisse Sibiriens haben besonderen Einfluss auf die Wasserführung der Flüsse und ihre Vereisungsdauer. So sind die Tausende Kilometer langen Flüsse Nordasiens im kühlen Kontinentalklima während des Jahres viel länger zugefroren als die europäischen Flüsse.
Da das Eis der Flüsse von Süden her auftaut, sind die Mündungen in das Nordpolarmeer erst viel später eisfrei. Der Eisrückstau macht im Frühjahr den Schiffsverkehr auf den Flüssen fast unmöglich.
Der bis zu 400 m tief gefrorene Dauerfrostboden taut im Sommer an der Oberfläche nur etwa 30 cm tief auf. Dann verwandelt sich das Gebiet in eine Seen- und Sumpflandschaft, da Tau- und Regenwasser nicht versickern können. Das Bauen auf Dauerfrostboden ist unter diesen Bedingungen sehr kostspielig und erfolgt zumeist im Winter. Die Gebäude stehen auf Stelzen, das heißt auf Betonpfeilern, die tief im Dauerfrostboden verankert sind. Die kalte Luft muss unter den Häusern zirkulieren können, damit der Boden nicht auftaut und die Häuser nicht absinken.
Auch der Bau von Straßen und Eisenbahntrassen wird durch den Dauerfrost erschwert. Pipelines und andere Leitungsrohre können nicht im Boden verlegt werden, sondern verlaufen oberirdisch auf Gestellen.

M2 Klimadiagramm Dudinka

Erstaunlich!

In Sibirien gibt es ab -52 °C für die Erst- und Zweitklässler, ab -54 °C für die gesamte Schule „kältefrei". Die Kinder könnten auf dem Schulweg sonst Erfrierungen erleiden. Bei extremer Kälte kann es vorkommen, dass Metall wie Glas splittert und die Haut an Eisenteilen festklebt. Russische Lastwagen haben oft einen Kohleofen, damit der Fahrer bei einer Panne nicht erfriert. Pelze sind hier der beste Wärmeschutz für die Menschen.

M4 Sibiriens Kälte

M5 Arbeit bei Frost auf einem sibirischen Erdölfeld

M7 Erdgasleitungen in Sibirien

Erdöl, Erdgas und Nadelhölzer – Naturreichtümer Sibiriens

Russland besitzt über die Hälfte der Welterdgasvorräte. Die Hauptvorkommen liegen im nördlichen Westsibirien. Bohrungen lassen das Erdgas aus bis zu 5 000 m Tiefe in Leitungen an die Erdoberfläche strömen. Die Erschließung dieses Reichtums ist jedoch sehr kostenaufwendig. Alle eingesetzten Materialien müssen frosttauglich sein, denn der strenge Winter wird nur für drei Monate durch einen kurzen warmen Sommer abgelöst. Bereits geringe Materialfehler oder unkorrekt gearbeitete Schweißnähte führen in der Kälte zu Brüchen im Material. Aus undichten Pipelines ausströmendes Erdgas wird dann für Mensch und Umwelt zur Gefahr.

Auch unter den Nadelwäldern der Taiga liegen weitere Rohstoffreserven, die nur schwer zu erschließen sind, wie Erdöl, Kohle und Diamanten.
Die sibirischen Wälder bestehen neben Birken vor allem aus Lärchen, Kiefern, Fichten und Tannen. Ihre jährliche Wachstumszeit beträgt nur drei bis vier Monate, weshalb das Holz sehr wertvoll ist. Das besonders feste Nadelholz ist als Bauholz und Rohstoff für die Zellstoff- und Papierindustrie sehr begehrt. Bei den relativ hohen Tagestemperaturen im Sommer taut der Taigaboden auf und die Straßen sind oft unpassierbar. Deshalb erfolgt der Abtransport der Stämme zu 85 Prozent über Flüsse.

Leben und Arbeiten der Erdgasarbeiter

Jamburg liegt 160 Kilometer nördlich des Polarkreises. In dieser von einer finnischen Firma gebauten Schlafstadt mit 16 000 Betten für 32 000 Schichtarbeiter leben vorwiegend Männer. Eine Schicht arbeitet zwei oder vier Wochen, jeweils zwölf Stunden täglich und verbringt die nächsten zwei oder vier Wochen zu Hause. Die Arbeitsorte in der Tundra sind fast nur mit dem Hubschrauber zu erreichen. Im Winter ist es mit - 26 °C und starken Winden eiskalt, im kurzen Sommer peinigen Mückenschwärme die Arbeiter.
Dennoch gibt es kaum Personalprobleme. Die Versorgung und Bezahlung der Arbeiter ist gut. Große Wohnräume mit Pflanzen und Kunstlicht sorgen im Polarwinter für Entspannung der Arbeiter.

M6 Schwierige Arbeitsbedingungen

Aufgaben

1 a) Werte das Klimadiagramm aus und beschreibe das Klima Westsibiriens (M2).

b) Nenne Probleme, die durch extreme Temperaturen für die Lebens- und Arbeitsbedingungen der Menschen entstehen (M1 – M7).

2 Erläutere den Eisrückstau sibirischer Flüsse und seine Folgen.

Gewusst – gekonnt

1 Richtig oder falsch?

Prüfe die Aussagen und berichtige die falschen Sätze (ÜF).

a) Asien ist mit etwa 80 Mio. km² der größte Kontinent der Erde.

b) Der Kältepol der Erde heißt Oimjakon und liegt im Nordosten Russlands.

c) Der Baikalsee gilt als größter See der Erde.

d) Bangladesch ist der am dichtesten besiedelte Staat der Erde.

e) Die Küstenlinie Asiens ist zweimal so lang wie der Äquator.

f) Das Westsibirische Tiefland erstreckt sich zwischen dem Uralgebirge im Westen und dem Fluss Jenissej im Osten.

g) Der Huang He ist der längste Strom Chinas und mündet ins Gelbe Meer.

h) Im Himalaya gibt es zehn Gipfel, die mehr als 8 000 m hoch sind.

2 Außenseiter gesucht!

a) Unterstreiche die Außenseiter (Atlas, ÜF).
b) Begründe die Entscheidung kurz.
c) Ersetze den Außenseiter durch ein Wort, das in die Reihe passt.
d) Erstelle nun selbst für deine Mitschüler eine solche Reihe.

Ob – Mekong – Oder – Jangtsekiang

Aralsee – Ladogasee – Baikalsee – Kaspisches Meer

Seoul – Bangkok – Omsk – Moskau

Mount Everest – Kaukasus – Narodnaja Gora – Fujisan

Kamtschatka – Skandinavien – Tibet – Dsungarei

Beringmeer – Ostsee – Golf von Bengalen – Persischer Golf

3 Inseln und Halbinseln Asiens

Erkennst du die Inseln und Halbinseln an ihren Umrissen? Benenne I – VII (Atlas, ÜF).

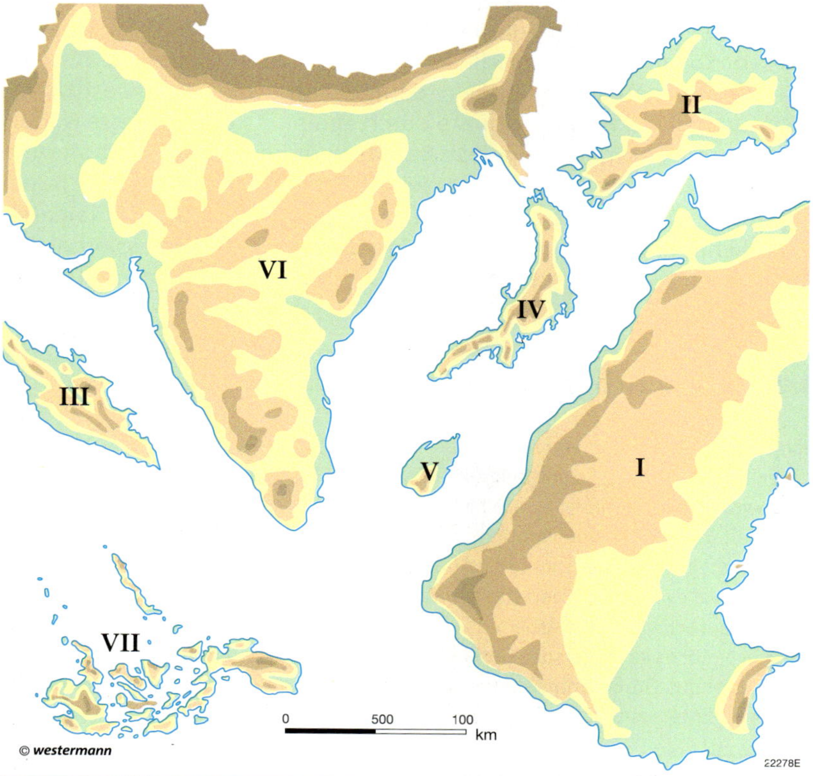

Alles klar?

4 Klima- und Vegetationszonen

Ordne den Fotos (1 – 5) die Vegetationszonen (I – V) und die Klimazonen (A – E) zu.
Ergänze die Tabelle (ÜF).

Bild	Vegetationszone	Klimazone
1		
2		
3		
4		
5		

I sommergrüner Laub- und Mischwald

D Zone des tropischen Wechselklimas

A gemäßigte Klimazone

V Savannen

IV Tundra

B Zone des Äquatorialklimas

C subpolare Klimazone

III Wüste und Halbwüste

E Passatklimazone

II tropischer Regenwald

Skyline von Hongkong

Monsun in Südasien

M1 Monsunregen in Kolkata (Kalkutta)

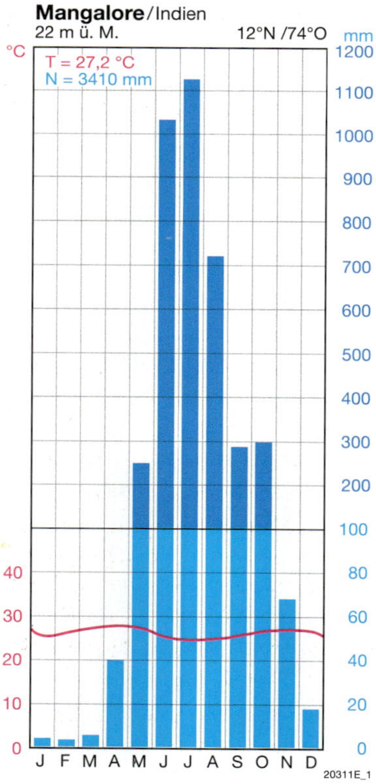

M2 Klimadiagramm Mangalore

Monsun prägt Jahreszeiten

Die Monsunwinde sind Teil der großen Windgürtel der Erde. Sie wirken unter anderem in Südasien. Seeleute gaben diesen Winden den arabischen Namen für Jahreszeiten, „Mausim", weil diese im Sommerhalbjahr beständig aus Südwesten und im Winterhalbjahr aus Nordosten wehen. Für die Inder ist der Wintermonsun (zur Trockenzeit) der Hungerwind und der Sommermonsun (zur Regenzeit) der Regenbringer, der herbeigebetet wird.

Insbesondere die Landwirtschaft wird vom Eintreffen des regenbringenden Monsuns bestimmt. Da 70 Prozent der indischen Bevölkerung in der Landwirtschaft arbeiten, ist der Großteil der Bevölkerung unmittelbar von diesem klimatischen Phänomen abhängig. Der Monsun wird oft als Segen, Fluch und Schicksal Indiens bezeichnet.
Er bestimmt die Anbauzeiten in der Landwirtschaft. Die Hälfte des Getreides wird während des Sommermonsuns produziert. Doch der Südwestmonsun ist nicht zuverlässig. Kommt er zu früh und zu heftig, gibt es Überschwemmungskatastrophen. Menschen und Tiere ertrinken und die Ernte verfault. Kommt er jedoch zu spät und bringt nur sehr wenig Regen, dann herrscht Dürre und es drohen Hunger und Not.

Auch der Tourismus hängt sehr stark vom Monsun ab. So gelten die Monate nach dem Sommermonsun (November bis Februar) als Hauptsaison. Dann bevölkern Hunderte indische und ausländische Feriengäste die Strände.

Das Vieh ist ertrunken, die Ernte vernichtet

Auch auf pakistanischer Seite haben die Monsunfluten ganze Städte unter Wasser gesetzt und Bauerndörfer, Straßen und Brücken zerstört. Auch hier hat das schlammbraune Wasser wertvolles Ackerland geflutet und Menschen und Tiere getötet. „ […] Unser Vieh ist ertrunken, unsere Ernte ist vernichtet. Wir haben nichts mehr“, klagt ein älterer Bauer. Die pakistanischen Behörden haben fast eine Million Menschen angewiesen, die Gefahrenzone zu verlassen. Doch viele weigern sich, ihr Hab und Gut zurückzulassen, […] vor allem Vieh, das bis jetzt überlebt hat.

(Quelle: Petersmann, S.: Fast 500 Tote, zwei Millionen in Gefahr. www.tagesschau.de, 10.09.2014)

Monsun bleibt immer häufiger aus

Es sind Bilder, die in Indien die schlimmsten Erinnerungen an Hungersnöte aus den Anfangszeiten des Landes auslösen: Wasserteiche sind ausgetrocknet, die Erde ist in der Hitze aufgebrochen, abgemagerte Rinder sind auf der Suche nach ein paar Grashalmen. Gerade die Bundesstaaten Punjab, Haryana und der Westen von Uttar Pradesh, Hauptanbaugebiete für Reis, sind am schlimmsten betroffen. Indische Meteorologen sprechen von einer Dürre, wenn der lebensspendende Monsun weniger als 90 Prozent der normalen Regenfälle bringt.

(Quelle: Der lebensspendende Monsun schwächelt. Frankfurter Rundschau, 15.08.2012)

M3 Zeitungsmeldungen zum Monsun

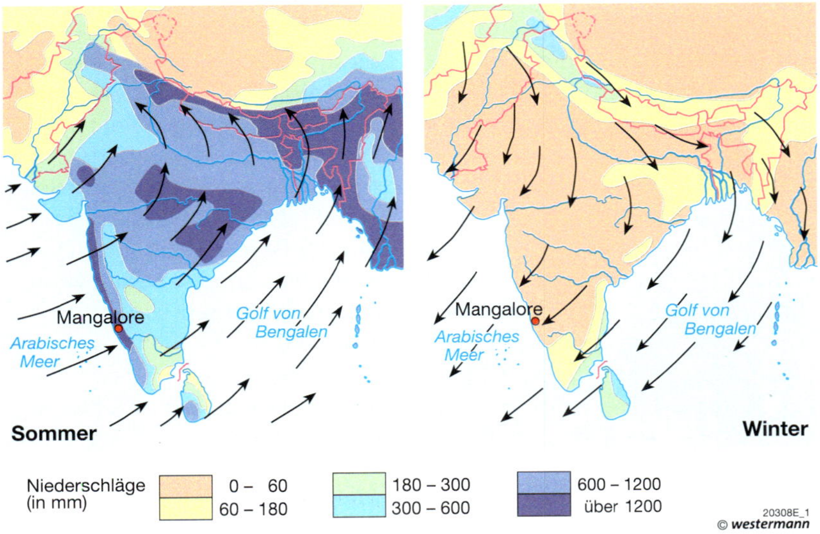

M4 Sommer- und Wintermonsun in Südasien

Grundbegriff

- Monsun

Aufgaben

1 Erkläre: Der Monsun – Segen und Fluch Indiens (M1 – M4).

2 Vergleiche Sommer- und Wintermonsun bezüglich der folgenden Merkmale: Windrichtung, Niederschläge, Zeitraum, Folgen (M1–M4).

3 a) Werte das Klimadiagramm von Mangalore aus (M2).

b) Begründe, zu welcher Zeit du nach Indien reisen würdest.

M1 Armutsviertel vor der Stadt Mumbai (Bombay)

Indien

Hauptstadt: Neu-Delhi
Fläche: 3,3 Mio. km²
Einwohner: 1,3 Mrd.
Bevölkerungsdichte: 394 EW/km²
Städtische Bevölkerung: 31 %
Einkommen: 1 410 US-$ pro EW/Jahr
Währung: Rupie

M2 Steckbrief Indien (2014)

Land der Gegensätze

Die Republik Indien hat den größten Flächenanteil an Südasien. Das Land zählt zu den ältesten Kulturländern der Welt. Davon zeugen eine Vielzahl historischer Gebäude, Parks, Tempelanlagen und religiöser Kultstätten. Die abwechslungsreiche Landschaft und das traditionelle Leben hinterlassen bei Reisenden ein farbenfrohes Bild.

Indien, das Land mit über einer Milliarde Einwohnern und der fast zehnfachen Größe Deutschlands, wird durch viele Gegensätze geprägt. Wenigen Superreichen steht eine Mehrzahl von Armen gegenüber.

Der Anteil des Mittelstandes in der indischen Gesellschaft ist noch relativ gering. Einerseits gibt es sehr gut ausgebildete Ingenieure und Wissenschaftler, andererseits sind rund 40 Prozent der Bevölkerung Analphabeten. Immer noch haben Millionen Kinder keinen Zugang zu Schulbildung.

In den Boomstädten wie Bengaluru orientieren sich immer mehr junge Menschen am westlichen Lebensstil. Hier trifft man auf eine wachsende Mittelschicht.

M3 Polo-Spieler im modernen Kolkata (Kalkutta)

M4 Varanasi – heilige Kuh und Hindus bei einer rituellen Waschung im Ganges

Hinduismus und Kastenwesen

Im Laufe der Geschichte des indischen Subkontinentes bildeten sich viele Glaubensrichtungen heraus. Der Hinduismus entwickelte sich im 18. Jahrhundert v. Chr. und ist heute die vorherrschende Religion. Hindus verehren mehrere Götter und leben nach dem Prinzip des Samsara – einem Kreislauf von Geburt, Tod und Wiedergeburt. Eine besondere Rolle im Leben der Hindus spielt dabei das Karma. Das ist die Bilanz der guten und schlechten Taten eines Menschen. Das Karma wirkt sich entscheidend auf die Wiedergeburt der Seele aus. Ein Mensch kann dem nie endenden Kreislauf der Wiedergeburten nur entkommen, indem er sich um ein ehrenhaftes Leben bemüht. Erlösung aus diesem „Rad des Lebens", ohne andere zu schädigen, ist das höchste Ziel.

Mit dem Hinduismus ist das sogenannte Kastenwesen eng verbunden. Man geht davon aus, dass jeder Hindu in eine Kaste hineingeboren wird. Durch die Kaste werden unter anderem Berufswahl, Wohnviertel, Schulbesuch, Lebensgewohnheiten und Partnerwahl bestimmt. Nur innerhalb einer Kaste dürfen Kontakte gepflegt werden. Außerhalb der Kasten stehen die Dalits und Adivasi, die stark unterdrückten indigenen Bevölkerungsgruppen und deren Nachfahren.

Heute sind nach dem indischen Gesetz alle Menschen gleich. Im städtischen Leben verliert das Kastenwesen zunehmend an Bedeutung. Das Leben auf dem Land hingegen ist heute noch stark von diesem System geprägt.

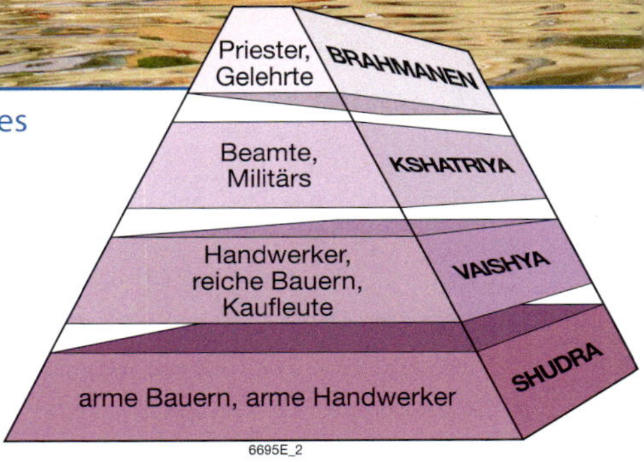

M5 Kastensystem (Hauptkasten)

Grundbegriffe

- **Hinduismus**
- **Kastenwesen**

Aufgaben

1 Erkläre, warum Indien als Land der Gegensätze bezeichnet wird (M1, M3 – M5).

2 a) Beschreibe das Kastenwesen in Indien (M5).

b) Bewerte es.

M1 In einer öffentlichen Schule

M3 Computerkurs an einem privaten College

Schulbildung für alle?

Indien steht vor der Herausforderung, allen Kindern eine Schulbildung und später einen Arbeitsplatz zu bieten. Schon jetzt gehen von den 200 Millionen Kindern im Alter zwischen sechs und 14 Jahren nur 120 Millionen zur Schule; nur rund sieben Prozent erreichen die 10. Klasse.
Das hat viele Ursachen. In den ländlichen Regionen sind viele Schulen schlecht ausgestattet. Es fehlen Bücher, Tafeln und häufig sogar Tische und Stühle. Außerdem gibt es viel zu wenig ausgebildete Lehrkräfte. Auffällig ist auch die hohe Schulabbrecherquote der Mädchen. Sie werden schon frühzeitig für die Hausarbeit und die Betreuung der jüngeren Geschwister eingesetzt.
Indien verfolgt noch immer eine Bildungspolitik für Wohlhabende. Chancen hat neben der Elite nur die Mittelklasse, die schon immer enormen Wert auf Bildung gelegt hat. In den Städten verlassen gut ausgebildete und hoch motivierte junge Menschen die gut ausgestatteten Privatschulen. Viele von ihnen sind Angehörige der höheren Kasten.
Um ihren Kindern eine bessere Zukunft zu garantieren, verschulden sich viele Eltern, damit sie die Studiengebühren bezahlen können.

Seit ein paar Jahren bekommen begabte Schüler einen „free seat" an Privatschulen. Zudem gibt es ein Programm zur Förderung der „Scheduled Castes and Tribes". Danach werden 15 Prozent der Studienplätze an staatlichen Einrichtungen für benachteiligte Bevölkerungsgruppen reserviert.

Vor fünf Jahren kam Noorie mit ihren Eltern aus einem kleinen Dorf im Unionsstaat Bihar in die indische Hauptstadt. [...] Schnell fand der Vater eine Stelle als Anstreicher. Und obwohl sein Einkommen gerade für das Nötigste ausreichte, wollte er seine Tochter unbedingt zur Schule schicken. Unterstützung erhielt er von unerwarteter Seite. Studenten der Jawaharlal-Nehru-Universität hatten begonnen, im Slum eine Hand voll Kinder zu unterrichten. Auch Noorie nahm [...] an den improvisierten Schulstunden unter freiem Himmel teil und lernte binnen weniger Monate lesen und schreiben. Die Fortschritte ermöglichten es ihr, ein Jahr später den Unterricht einer privaten Hilfsorganisation zu besuchen, die Kinder aus unterprivilegierten Schichten für die Aufnahmeprüfungen an staatlichen Grundschulen vorbereitete. Noorie schaffte die Prüfung [...] und geht jetzt regelmäßig in ihre neue Schule.

(Quelle: Mentschel S.: Nonie und Noorie. Bundeszentrale für politische Bildung, www.bpb.de, 24.01.2007)

M2 Bildungschancen für Arme

M4 Jupulli bei der Arbeit in der Werkstatt

Pandisvari ist elf Jahre alt. Sie ist ein „Streichholzkind". Den ganzen Tag sitzt sie in einem halbdunklen Raum auf dem Steinfußboden. Im Akkord verteilt sie kleine Hölzer auf Rillen eines Rahmens (52 Stück in zehn Sekunden). Am Tag erhält sie 15 Rupien (0,21 Euro) Lohn. Damit unterstützt sie ihre Eltern, die nur geringe Einkünfte haben. Pandisvari kann nur unregelmäßig zur Schule gehen.

M6 Pandisvari in der Streichholzfabrik

Kinderarbeit – weit verbreitet

Obwohl in Indien Kinderarbeit verboten ist, ist sie dennoch weit verbreitet. Ganze Industriezweige haben sich darauf eingestellt.
Nach Einschätzung indischer Entwicklungsorganisationen gibt es in Indien über 60 Millionen Kinder, die bis zu zwölf Stunden am Tag arbeiten müssen. Die meisten von ihnen arbeiten in der Landwirtschaft, andere in Privathaushalten oder im Bergbau.

Jupulli ist zehn Jahre alt. Er arbeitet in einer Autowerkstatt in Kolkata. Sein Vater hatte sich für die Hochzeit seiner Schwester 100 000 Rupien von einem Kreditgeber geliehen. Seitdem arbeitet Jupulli von morgens 5 Uhr bis abends 7 Uhr. Sein Wochenlohn von 50 Rupien trägt mit dazu bei, diese Schuld zu begleichen.

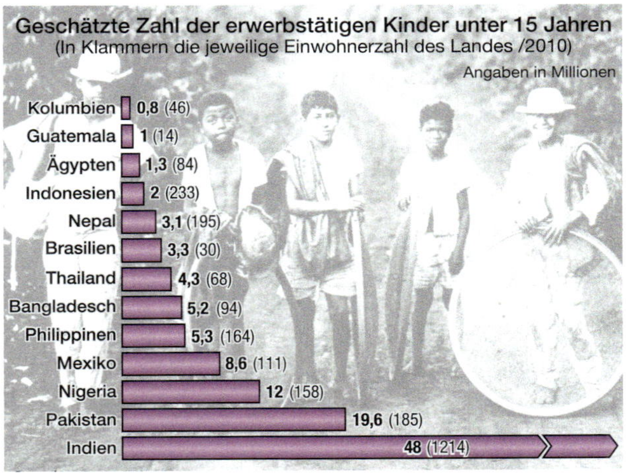

M7 Weltweite Kinderarbeit

Das Zeichen bedeutet:

- keine Beschäftigung von Kindern unter 14 Jahren
- Zahlung des gesetzlichen Mindestlohns
- Unterstützung der Finanzierung von Schulen, Lehrerinnen und Lehrern

goodweave

M5 Siegel für sozial verträglich produzierte Teppiche

Aufgaben

1 Alle Kinder in Indien haben ein Recht auf Bildung. Die Mehrheit erreicht aber keinen Schulabschluss. Erläutere.

2 Nenne Ursachen für Kinderarbeit in Indien (M6).

3 Erläutere die Bedeutung des Goodweave-Zeichens (Internet).

M1 Bagmane Tech Park in Bengaluru (Bangalore)

Indiens Wirtschaft im Überblick

Indien wird als ein Land angesehen, das in absehbarer Zeit ebenso wie China ein Wirtschaftsgigant des 21. Jahrhunderts sein wird. Sein Rückstand zu China ist in vielen Bereichen jedoch noch groß.

M2 Sonderwirtschaftszonen Indiens (Auswahl)

Das wird zum Beispiel in den prozentualen Anteilen an den einzelnen Wirtschaftsbereichen deutlich. Zwei Drittel der Bevölkerung Indiens leben im ländlichen Raum. Die Landwirtschaft ist immer noch das Rückgrat der Wirtschaft. Im Gegensatz dazu ist Indien aber auch ein Land mit Zukunftsindustrien. Dazu gehören die Luft- und Raumfahrtindustrie, die Biotechnologie und vor allem die Computerindustrie. Aufgrund der boomenden IT-Branche wird Indien schon jetzt als eine „globale Denkfabrik" bezeichnet. Die Wirtschaftsmetropolen des Landes sind die großen Städte mit ihrem Umland wie die Hauptstadt Neu-Delhi, Mumbai, Chennai und Kolkata.
Schon 1965 hatte die indische Regierung sogenannte Exportproduktionszonen, vor allem für die arbeitsintensive Textilindustrie, eingerichtet.

„Indien übernahm nach 1990 Chinas Modell der Sonderwirtschaftszonen. Heute existieren mehr als 200 dieser Zonen im Land und Indien wird bereits als wirtschaftliche Alternative zu China betrachtet. Fünf Jahre lang zahlen Unternehmen in Sonderwirtschaftszonen in Indien keine Steuern, danach für weitere fünf Jahre nur die Hälfte. Sie können außerdem zollfrei Rohstoffe in diese Zonen einführen und weiterverarbeiten und haben Zugang zum kostengünstigen Arbeitsmarkt."

M3 Ein Unternehmer berichtet

www.heimatundwelt.de
HW-117

M4 Slum direkt neben dem Glaspalast einer IT-Firma

Hightech-Standort Bengaluru

- In Bengaluru befinden sich über 1 900 Unternehmen der Informationstechnologie (IT). Dies ist fast ein Drittel aller IT-Unternehmen in Indien. Ständig kommen neue hinzu. Die Mehrheit bilden kleine Unternehmen.
- Allein in der „Electronic City" befinden sich mehr als 100 IT- und Elektronik-Unternehmen, die mehr als 30 000 Personen beschäftigen.
- In Bengaluru arbeiten fast 250 000 IT-Experten, ein Drittel aller IT-Experten Indiens.
- Am Standort gibt es gut qualifizierte Mitarbeiter und es kann hier mit vergleichsweise geringen Kosten produziert werden.
- Wegen dieser günstigen Standortfaktoren lagern multinationale Konzerne die Entwicklung von Software an indische Firmen nach Bengaluru aus (Outsourcing). Andere gründen Niederlassungen in Bengaluru für die Entwicklung von Software für die eigene Firmengruppe (Offshoring).

M6 IT-Unternehmen in Bengaluru

Softwareschmiede Bengaluru

Indien erlebte in den letzten Jahrzehnten eine rasante Modernisierung seiner Wirtschaft. An 250 Universitäten und über 13 000 weiteren Forschungseinrichtungen werden jährlich über zwei Millionen Studenten ausgebildet, davon 300 000 Ingenieure und 150 000 IT-Experten. Die Stadt Bengaluru ist einer der wachstumsstärksten Standorte der Informationstechnologie (IT) der Welt und der größte in Indien.

Deshalb haben sich hier erfolgreiche IT-Unternehmen niedergelassen. Diese Firmen bieten Software für Unternehmen weltweit an. Auch deutsche IT-Experten arbeiten hier. Die IT-Branche ist eine eigene Welt. Sie besteht aus klimatisierten Bürohochhäusern aus Glas und Stahl, die unter anderem direkt neben den Slums der Armen aus dem Boden gestampft wurden.
Bengaluru steht für das moderne Indien mit all seinen Problemen. Die Einwohnerzahl hat sich zwischen 1971 und 2010 von 1,6 Millionen auf etwa sieben Millionen erhöht.

M7 Zentren der Software-Produktion in Indien

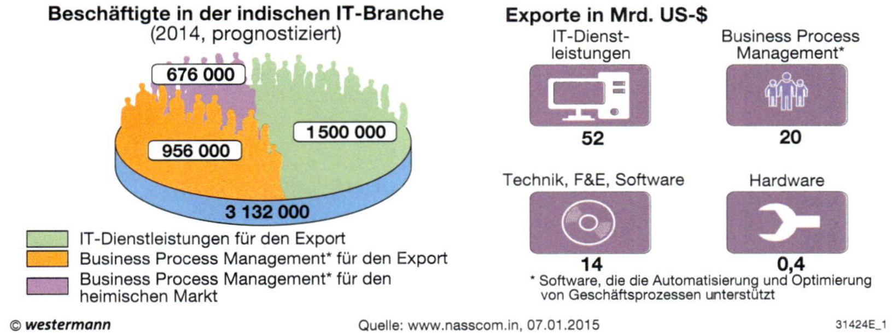

M5 Beschäftigte nach IT-Branchen und Exporte

Aufgaben

1 Beschreibe Indiens Wirtschaft (M1, M2, M5, M7, Atlas). Denke dabei an: Wirtschaftsbereiche, Wirtschaftszentren, Zukunftsindustrien.

2 a) Nenne bedeutende Standorte der IT-Unternehmen in Indien (M7, Atlas).

b) Erkläre, inwieweit Indien Standortvorteile für IT-Unternehmen bietet (M3, M6).

Eine Faustskizze zeichnen

Mithilfe einer Faustskizze kannst du dir einen Überblick über topographische Merkmale eines Landes oder einer Region verschaffen.
Faustskizzen bestehen aus stark vereinfachten Umrissen sowie aus von Hand gezeichneten Linien und Punkten. Sie werden so angelegt und vereinfacht, dass sie nur Wichtiges hervorheben und eine grobe Orientierung ermöglichen.
Man kann in Faustskizzen zusätzlich Informationen zu ganz verschiedenen Themen aufnehmen.

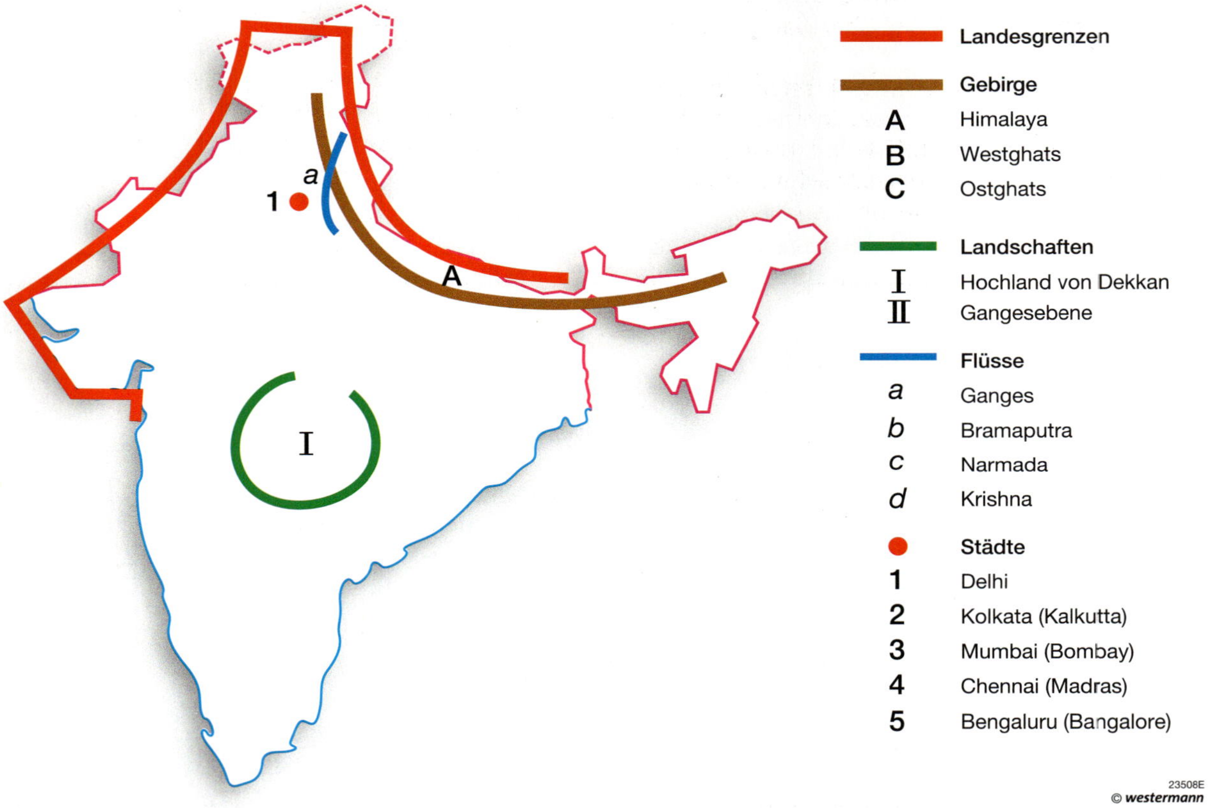

M1 Vorlage einer Faustskizze zu Indien

So gehst du vor

1. Verschaffe dir im Atlas einen Überblick über das zu skizzierende Gebiet.
2. Zeichne zunächst mit Bleistift den Umriss des Raumes stark vereinfacht und freihändig auf dein Arbeitsblatt. Verwende beim Zeichnen der Umrisse einfache Formen (z. B. Geraden, Kreise, Ovale). Vergleiche nun noch einmal mit deinem Atlas. Zeichne den Umriss dann rot nach.
3. Trage mit unterschiedlichen Farben und Formen die geographischen Objekte ein.
   - braun: Gebirge
   - blau: Flüsse und Seen
   - gelb oder grün: Landschaften
   - rot: Siedlungspunkte
4. Beschrifte die eingezeichneten Objekte, finde eine Überschrift und lege eine Legende an.

Mindmaps anfertigen

METHODE

Eine Mindmap erstellen

„Man sieht den Wald vor lauter Bäumen nicht!“ Diese Redensart bedeutet, dass viele Einzelheiten die Übersicht über einen größeren Zusammenhang unübersichtlich machen können und eine klare Ordnung nicht mehr zu erkennen ist. Mit einer Mindmap kannst du deine Gedanken und dein Wissen über ein umfangreiches Thema gliedern und grafisch veranschaulichen. Sie bleiben dadurch auch besser im Gedächtnis.
Mindmaps lassen sich vielseitig einsetzen: zur Vorbereitung und Gliederung eines Themas, zum Beispiel für ein Referat, zur Stoffsammlung in einer Gruppenarbeit oder zur übersichtlichen Zusammenfassung von Unterrichtsinhalten.

So gehst du vor

1. Schreibe das Hauptthema in die Mitte eines Blattes und umkreise es.
2. Zeichne von dort ausgehend Hauptäste und benenne sie mit Schlüsselwörtern.
3. Trage von den Hauptästen abzweigend dünnere Nebenäste mit weiteren Schlüsselwörtern, die zum Hauptast passen, ein.
4. Zweige gegebenenfalls davon weitere untergeordnete Nebenäste ab. Jeder Hauptast bildet so ein zusammengehörendes Teilthema.

Heiliges Tier
Mumbai
Tiefland
1,3 Mrd. Einwohner
Kuh
Einwohner
394 Einw./km²
Städte
Hinduismus
4,5 Mio. Einwohner
Hauptstadt
12,48 Mio. Einwohner
Kastenwesen
Neu-Delhi
Neu-Delhi
Schulbesuch
Ostghats
Daten und Fakten
Westghats
Ganges
Gangesebene
Partnerwahl
Kolkata
Einwohnerdichte
Heiliger Fluss
11 Mio. Einwohner

M2 Begriffe zum Erstellen einer Mindmap zu Indien

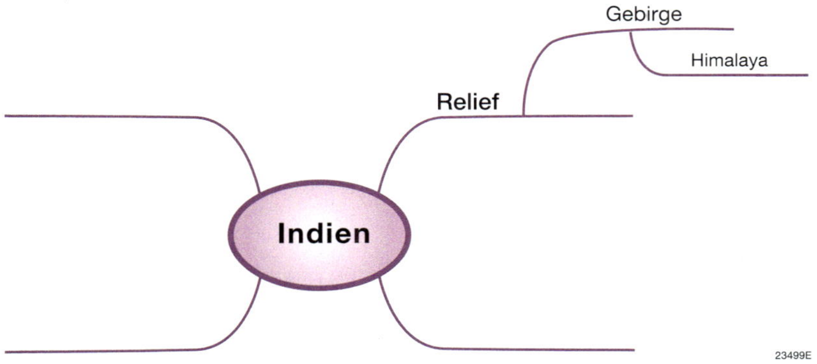

M3 Startvorlage zur Mindmap Indiens

Aufgaben

1 Fertige eine Faustskizze zu Indien an. Trage wichtige topografische Objekte ein (M1).

2 Erstelle mithilfe der Begriffe aus M2 eine Mindmap zu Indien (M3). Beachte dabei, dass die Schlüsselwörter eines Themas jeweils die gleiche Schriftfarbe besitzen.

China – Überblick und Bevölkerung

M1 Karstgebirge am Li River nahe Xingping

Naturraum

Als viertgrößtes Land der Erde nimmt China eine Fläche ein, die ca. 27-mal so groß ist wie die Fläche Deutschlands (357 000 km²). Vom Pazifischen Ozean kommend, steigt das Land in mehreren Stufen nach Westen hin an. Im Osten finden wir Tiefländer wie die Große Ebene. Hier befinden sich die Hauptagrargebiete sowie die meisten Millionenstädte des Landes. Der Huang He und der Jangtsekiang durchfließen das Tiefland und bringen viel Schwemmmaterial aus den Gebirgen mit. Die Becken und ausgedehnten Hochländer liegen im Westen des Landes. Im Südwesten liegt der Himalaya, das höchste Gebirge der Welt.

China hat Anteil an mehreren Klima- und Vegetationszonen. Die Gebiete der Hochgebirge und Hochländer sind zumeist sehr trocken und im Winter sehr kalt, sie bilden das „trockene China“.

China

Hauptstadt: Beijing (Peking)
Fläche: 9,5 Mio. km²
Einwohner: 1,36 Mrd.
Bevölkerungsdichte: 143 EW/km²
Städtische Bevölkerung: 47 %
Einkommen: 2 715 € pro EW/Jahr
Währung: Renminbi ¥uan

M2 Steckbrief China (2015)

M3 Chinesische Mauer

www.heimatundwelt.de
HW-110

M4 Leben auf dem Land

M6 Leben in der Stadt

Re

Die Bevölkerung Chinas

China ist mit fast 1,4 Mrd. Menschen das bevölkerungsreichste Land der Erde. Die Bevölkerung Chinas ist sehr ungleichmäßig über das Land verteilt. Die Gebiete im Westen sind sehr gering besiedelt, oft menschenleer. Für nur 20 Prozent der Bevölkerung bieten die wenigen Wirtschaftszentren dort in den Trockengebieten eine Lebensmöglichkeit. Dagegen leben in den Tiefländern und an den Ufern der großen Ströme ca. eine Milliarde Menschen.

Jährlich kommen in China ca. elf Millionen Menschen dazu. Jeder zweite Chinese wohnt heute in einer Stadt. Fast 15 Prozent der Bevölkerung sind jünger als 15 Jahre. Durch die Bevölkerungspolitik der Regierung und die verbesserten Lebensverhältnisse ist aber auch der Anteil der älteren Menschen gestiegen. Der Buddhismus ist die wichtigste Religion im Land. Etwa die Hälfte aller Buddhisten weltweit lebt in China.

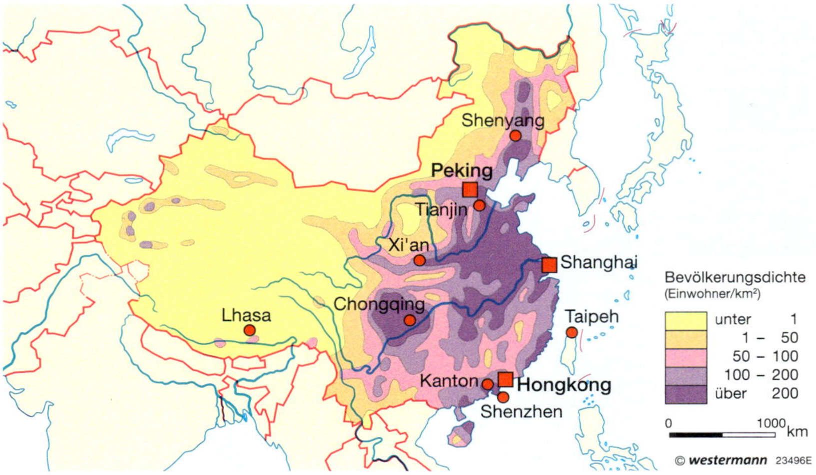

M5 Bevölkerungsdichte Chinas

Grundbegriff

- **Buddhismus**

Aufgaben

1. **Beschreibe den Naturraum Chinas (M1, M3, Atlas).**
2. **Werte die Karte zur Bevölkerungsdichte Chinas aus und vergleiche mit Deutschland. Achte auf die Lage der Millionenstädte (M5, Atlas)**
3. **Vergleiche das Stadt- und Landleben in China (M4, M6, Internet).**

China – Überblick und Bevölkerung

M1 Chinas Bevölkerung wächst – Strand in Qingdao

Ein Volk ohne Geschwister

Pro Minute werden in China ca. 30 Kinder geboren. Damit wächst der jährliche Bedarf an Lebensmitteln, Kleidung, Wohnfläche und Schulen. Schon immer zählte das Land zu den bevölkerungsreichsten Staaten der Erde. Kinder galten früher als Segen für die Familie. Sie waren die Absicherung im Alter und halfen auf dem Lande. Durch Naturkatastrophen, schlechte hygienische Verhältnisse, fehlende medizinische Versorgung, Hungersnöte und Kriege stieg die Anzahl der Menschen im Land nur langsam.

Im vergangenen Jahrhundert kam es bis 1979 zu einem enormen Anstieg der Bevölkerung. Ursachen hierfür waren die sinkende Sterberate, die verbesserte medizinische Betreuung und die wirtschaftliche Entwicklung des Landes.
Die Politiker erkannten die Gefahr einer Überbevölkerung und verfolgen seit 1979 die Ein-Kind-Politik. Das bedeutet eine staatlich überwachte Geburtenkontrolle, wobei jede Familie nur ein Kind bekommen darf. Empfängnisverhütungsmittel wurden unentgeltlich verteilt und Schwangerschaftsabbrüche kostenlos durchgeführt. Außerdem wurden Familien mit einem Kind steuerlich bevorteilt und bekamen eine bessere Wohnung. Familien, die sich nicht an diese Festlegungen hielten, wurden mit Geldstrafen belegt oder bekamen Vergünstigungen gestrichen.

Info

Konfuzianismus

Er wird in erster Linie als Lehre des Zusammenlebens betrachtet. Im Mittelpunkt stehen Ideale der Menschlichkeit, Gerechtigkeit, aber auch Verhaltensnormen. Treue, Gehorsam sowie das Streben nach Harmonie und Ordnung in zwischenmenschlichen Beziehungen gehören zu den Haupttugenden. Eine Weisheit aus dem Konfuzianismus sagt: „Viele Kinder – großes Glück."

Bevölkerungsmerkmal	China	Deutschland
Bevölkerung (Mio.)	1 367	80,9
Geburten pro 1 000 Einw.	12	8,5
Todesfälle pro 1 000 Einw.	7	11
natürl. Wachstumsrate (%)	0,4	-0,2
städtische Bevölkerung (%)	47	74
Lebenserwartung	75	81
Einw. über 64 Jahre (%)	8	21
Einw. unter 15 Jahren (%)	19	13

M2 Bevölkerungsmerkmale im Vergleich (2014)

www.heimatundwelt.de
HW-103

Jahr	Indien	China
um 1680	137	100
um 1760	155	200
1850	283	400
1950	362	560
1960	456	651
1970	578	825
1980	683	1 000
1990	882	1 133
2000	1 014	1 266
2010	1 220	1 340
2014	1 259	1 367
2020 (Prognose)	1 385	1 385
2050 (Prognose)	1 706	1 300

M3 Vergleich der Bevölkerungsentwicklung in Indien und China (in Mio.)

M5 Werbeplakat für die Ein-Kind-Familie

[...] Plätze in Altenheimen fehlen schon jetzt. In der südchinesischen Metropole Guangzhou (Kanton) zum Beispiel gibt es im Jahr 2010 für eine Million Menschen über 60 Jahre lediglich 40 000 Plätze in Seniorenhäusern, warnten jüngst Lokalpolitiker. Dazu kommt ein empfindliches Ungleichgewicht zwischen neugeborenen Mädchen und Jungen: Noch heute werden jedes Jahr viele Töchter abgetrieben, weil das einzige Kind unbedingt ein Sohn sein soll. In manchen Regionen finden die Männer deshalb keine Ehefrau mehr. So wachsen die Zweifel am Sinn der Ein-Kind-Politik. [...] In den letzten Jahren haben die Behörden ihre strengen Regeln gelockert. [...] Knapp zwei Drittel der Chinesen, darunter die ethnischen Minderheiten, dürfen schon jetzt zwei Kinder bekommen. Dazu gehören in Großstädten wie Guangzhou, Peking und Shanghai auch Paare, die selbst Einzelkinder sind. Auf dem Lande gelten mittlerweile zahlreiche Ausnahmen: In 19 Provinzen dürfen Bauern ein zweites Kind in die Welt setzen, falls das erste eine Tochter ist. [...] Doch in zahlreichen Regionen wachen die Behörden weiterhin streng über die Kinderzahl. Über eine halbe Million Beamte sind im Reich der Mitte unter anderem damit beauftragt, Schwangerschaften zu verbieten und Verstöße zu bestrafen. [...] Wenn Chinesinnen verbotenerweise schwanger werden, dürfen sie allerdings nicht mehr im fortgeschrittenen Stadium der Schwangerschaft zur Abtreibung gezwungen werden. Stattdessen müssen sie hohe Geldstrafen bezahlen. [...]

(Quelle: Lorenz, A., www.spiegel.de, 04.03.2008)

China beschließt offiziell das Ende seiner Ein-Kind-Politik. Von nun an dürften alle Paare mit staatlicher Erlaubnis zwei Kinder bekommen. [...] Die Chinesische Akademie der Sozialwissenschaften hatte [...] eine Zwei-Kind-Lösung als Antwort auf die Alterung der Gesellschaft und eine fallende Geburtenquote vorgeschlagen. [...] Ohne die strikte Familienpolitik der vergangenen Jahre, würden heute in China schätzungsweise 300 Millionen Menschen mehr leben.

(Quelle: China beendet Ein-Kind-Politik. www.n-tv.de, 29.10.2015)

M4 Pekings Ein-Kind-Politik

Grundbegriff

- Geburtenkontrolle

Aufgaben

1 a) Nenne Gründe, warum China die Ein-Kind-Politik einführte.

b) Bewerte die Maßnahmen zur Durchsetzung dieser Politik.

2 Beschreibe Gründe die China dazu veranlasste, die Maßnahmen der Ein-Kind-Politik zu beenden (M4).

3 Vergleiche die Bevölkerungsdaten von China und Deutschland (M2).

4 Vergleiche die Bevölkerungsentwicklung Indiens und Chinas (M3).

a) Fertige jeweils ein Säulendiagramm an.

b) Stelle die Werte von 2014 als Kreisdiagramm dar (Weltbevölkerung 2014: 7,24 Mrd. Menschen).

Darstellung von Bevölkerungsstrukturen

In einem Bevölkerungsdiagramm wird die Anzahl der Einwohner einer Stadt, die Bevölkerung eines Staates oder eines Raumes an einem bestimmten Stichtag dargestellt. Dabei wird nach Alter und Geschlecht unterschieden. Bevölkerungsdiagramme werden häufig auch als Bevölkerungspyramiden bezeichnet, weil die ersten grafischen Darstellungen früher pyramidenförmig aussahen.
Aus dieser Darstellung kann man die Anzahl der Menschen und den Anteil an Männern und Frauen in den einzelnen Altersstufen ablesen.

- waagerechte (X-)Achse: Anzahl der Menschen
  - Aufteilung der Achse: links männliche, rechts weibliche Bevölkerung
  - Die Anteile können in absoluten Zahlen (Anzahl der Personen) oder in relativen Werten (Prozentanteile an der Gesamtbevölkerung) angegeben werden.
  - Ein Balken stellt die Menschen einer Altersgruppe (Jahrgang) dar.
- senkrechte (Y-)Achse: Lebensalter der Menschen

M1 Aufbau eines Bevölkerungsdiagramms

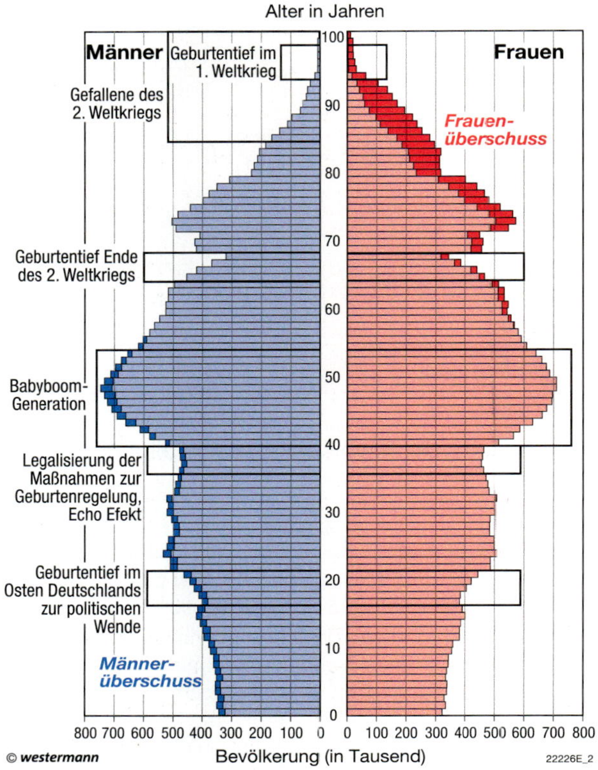

M3 Bevölkerungsdiagramm Deutschland (2013)

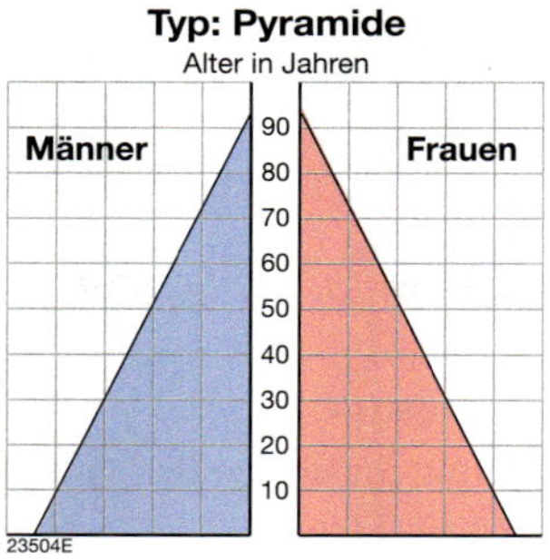

Die klassische Pyramidenform zeigt, dass die Bevölkerung kontinuierlich wächst, weil jeder Neugeborenenjahrgang größer als der vorangegangene ist. Die Balkenlänge nimmt nach oben hin ab. Dies trifft für die meisten Entwicklungsländer zu. Um 1900 war auch für Deutschland diese Form typisch.

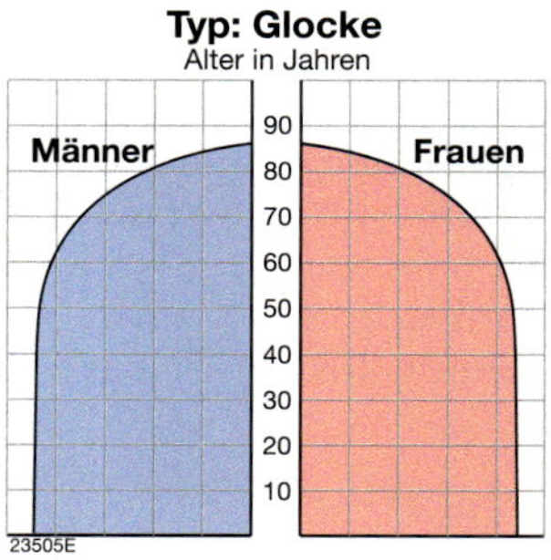

Diese Form entsteht, wenn jeder Neugeborenenjahrgang die Stärke des vorherigen Jahrgangs hat. Erst ab dem Rentenalter nimmt die Balkenlänge nach oben ab. Über viele Jahre ist die Anzahl der Geburten gleich. Diese Form ist typisch für Industrieländer mit Bevölkerungsstagnation.

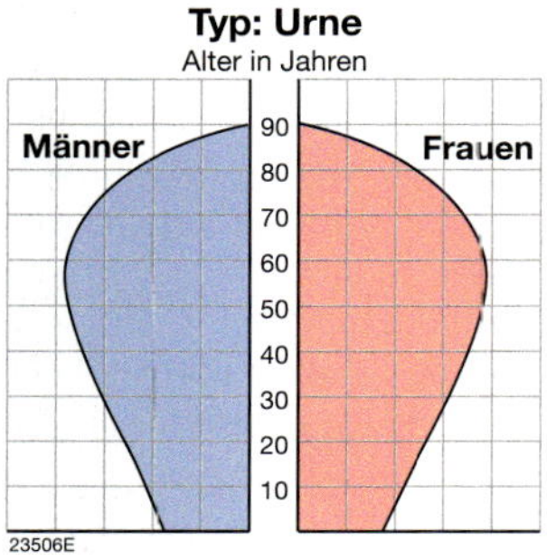

Bei dieser Form ist die Anzahl der Geburten jedes Jahr geringer als im Vorjahr. Die Anzahl der Menschen über 60 Jahre steigt. Die Lebenserwartung ist hoch. Die Balkenlänge nimmt nach unten hin ab. Diese Urnenform entspricht meist hoch entwickelten Industrieländern mit Bevölkerungsrückgang.

M2 Verschiedene Grundformen von Bevölkerungsdiagrammen

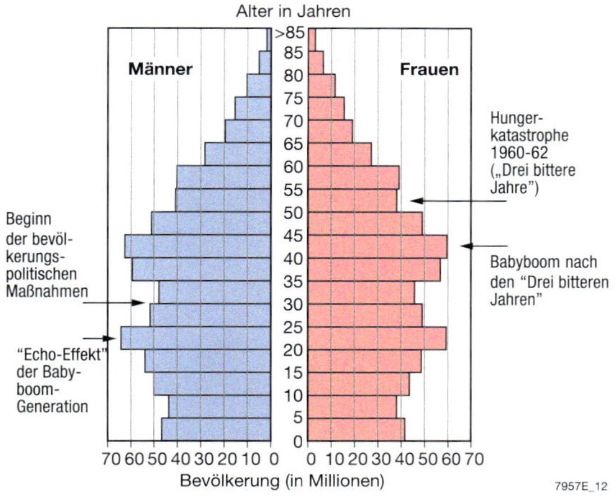

Altersaufbau China

Das Bevölkerungsdiagramm Chinas zeigt, dass die Balkenlänge ab den über 40-Jährigen kontinuierlich kürzer wird. Hohe Geburtenzahlen waren davor in China Tradition, weil die Kinder ihre Eltern im Alter versorgen mussten. Einen Einschnitt gibt es durch die Hungerkatastrophe, die in den Jahren 1960 bis 1962 durch verfehlte Wirtschaftspolitik ausgelöst wurde. Ursachen waren große Ernteausfälle sowie die Konzentration der Arbeitskräfte auf Industrieprojekte. Nach den „Drei bitteren Jahren" der Hungerkatastrophe stieg die Geburtenrate wieder an. China näherte sich der Schwelle zu einer Milliarde Einwohner. Die Regierung setzte die Ein-Kind-Politik durch. Die Anzahl der Geburten sinkt bis zu dem sogenannten Echo-Effekt der 20- bis 25-Jährigen. Deren Eltern gehörten der Babyboom-Generation an.

M4 Die Bevölkerungsentwicklung Chinas (2013)

So gehst du vor

Vier Schritte zur Auswertung eines Bevölkerungsdiagramms

1. Betrachte das Diagramm gründlich (Achtung: Auf der x-Achse können absolute Zahlen oder Prozentanteile dargestellt sein).
2. Bestimme die Grundform des Bevölkerungsdiagramms (M2).
3. Erläutere anschließend die Form. Welche Rückschlüsse auf die Bevölkerungszusammensetzung kann man ziehen? Dabei sollen dir folgende Fragen helfen:
   - Hat das Diagramm eine breite Basis? Das heißt, gibt es viele Geburten? Wächst die Bevölkerung stark? Wie hoch ist der Anteil der Kinder von 0 – 15 Jahre, der Erwerbsfähigen von 15 – 65 Jahre, der Rentner über 65? Wie hoch ist der Anteil der Geschlechter?
   - Verjüngt sich die Pyramide nach oben extrem? Das heißt, sterben viele Menschen sehr früh?
   - Lebenserwartung (Werden viele Menschen alt?)
   - Weist die Pyramide starke Einschnitte auf? Was könnten die Ursachen dafür sein? Warum hat sich die Anzahl der Geburten oder die Anzahl der Sterbenden so stark verändert? Gab es zu dieser Zeit Kriege, politische Veränderungen oder Naturkatastrophen?
4. Nenne Folgen und Probleme, die sich aus dieser Alters- bzw. Bevölkerungsstruktur für das Land ergeben.
   - Ist eine Versorgung der Bevölkerung mit Nahrungsmitteln gewährleistet?
   - Werden in Zukunft viele Kindergartenplätze und Schulen benötigt?
   - Wie können die vielen älteren Menschen versorgt werden (Seniorenwohnungen, Altenheime, soziale Absicherung)?
   - Welche Maßnahmen müssen ergriffen werden, um einer ungünstigen Bevölkerungsentwicklung entgegenzuwirken?

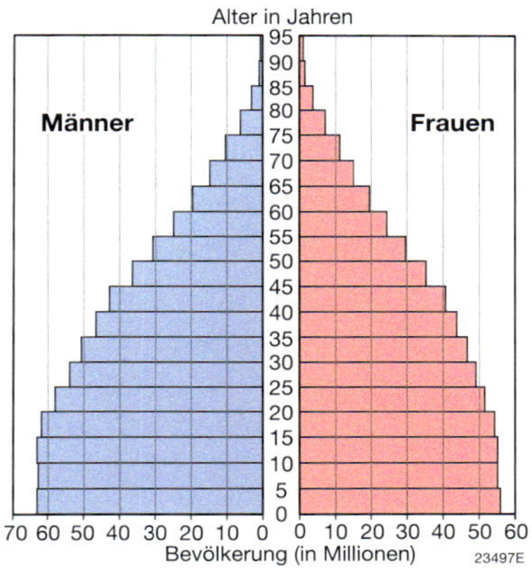

M5 Bevölkerungsdiagramm Indien (2014)

Grundbegriff

- **Bevölkerungsdiagramm**

Aufgaben

1. **Werte das Bevölkerungsdiagramm von China aus (M4).**
2. **Begründe, warum das Bevölkerungswachstum Chinas begrenzt werden sollte (M4).**
3. **Vergleiche die Bevölkerungsdiagramme von China und Indien (M4, M5, ÜF). Nenne Gründe für die unterschiedliche Entwicklung.**

M1 Skyline von Shenzhen – Sonderwirtschaftszone nahe Hongkong

Wirtschaft im Aufschwung

China ist in Bewegung geraten. Das Reich der Mitte gehört seit den 1990er-Jahren zu den Staaten mit den weltweit höchsten Wachstumsraten der Wirtschaft. Verantwortlich dafür ist der immer stärker werdende Binnenmarkt und eine sehr gut funktionierender Exportwirtschaft. Im Jahr 2009 hat China Deutschland als Exportweltmeister abgelöst. Inzwischen ist China sogar die zweitgrößte Volkswirtschaft der Erde.
Bis in die 1990er-Jahre hinein nahm China kaum am Welthandel teil. Das Land war arm und rückständig.

Um den Lebensstandard anzuheben und neue Arbeitsplätze zu schaffen, beschloss die Regierung 1979, die wirtschaftliche Modernisierung voranzutreiben. Später ließ man Privateigentum und Privatbetriebe zu und verstärkte die Zusammenarbeit mit dem Ausland. Die Küstenzone sollte zur größten Industrieregion der Erde entwickelt werden. Im Zuge dieser Wirtschaftsreformen entstanden mehr als 70 Millionen Privatbetriebe. Die industrielle Produktion und das Einkommen der Bevölkerung vervielfacht sich.

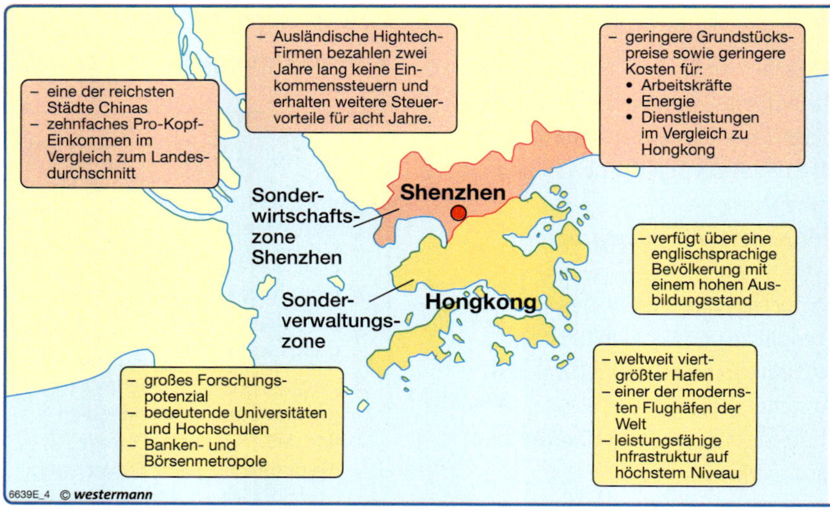

Shenzhen liegt in der Provinz Guangdong in unmittelbarer Nachbarschaft zu Hongkong.
Das war auch einer der Hauptgründe, dieses Gebiet staatlich zu fördern. Bereits 1979 wurde beschlossen, hier die Industrialisierung voranzutreiben und eine Sonderwirtschaftszone einzurichten. Das sind staatlich ausgewiesene Gebiete, die wirtschaftlich besonders gefördert werden. Dies erfolgt zum Beispiel durch Steuerermäßigungen und staatliche Zuschüsse. Ziel ist es dabei, ausländische Investoren anzulocken und so Kapital und Know-how ins Land zu holen.

M2 Sonderwirtschaftszone Shenzhen

M3 Landwirtschaftsflächen am Huang He bei Shapotou

Chinas Landwirtschaft

Nur 15 Prozent der Fläche Chinas können landwirtschaftlich genutzt werden. In diesen Gebieten liegen aber auch die meisten Millionenstädte sowie die Industriegebiete des Landes. Durch deren zunehmende Ausdehnung geht wertvolle Ackerfläche verloren.

Der Nordosten dient vorwiegend dem Anbau von Weizen. Der dort vorhandene Lössboden eignet sich dafür hervorragend. Deshalb bezeichnet man dieses Gebiet auch als das „gelbe China". Mit dem „grünen China" meint man den Südosten des Landes, deren Ackerflächen vorwiegend dem Reisanbau dienen.

Früher bestimmte die Regierung, welche Produkte die Bauern anzubauen hatten. Durch die Veränderung der politischen Vorgaben können die Bauern jetzt ihre Anbaufrüchte selbst bestimmen. Dabei orientieren sie sich daran, was auf dem Markt gefragt ist. An Tieren halten die Bauern vorwiegend Geflügel und Schweine. Im Südosten setzt man Büffel für die Bearbeitung der Reisfelder ein.

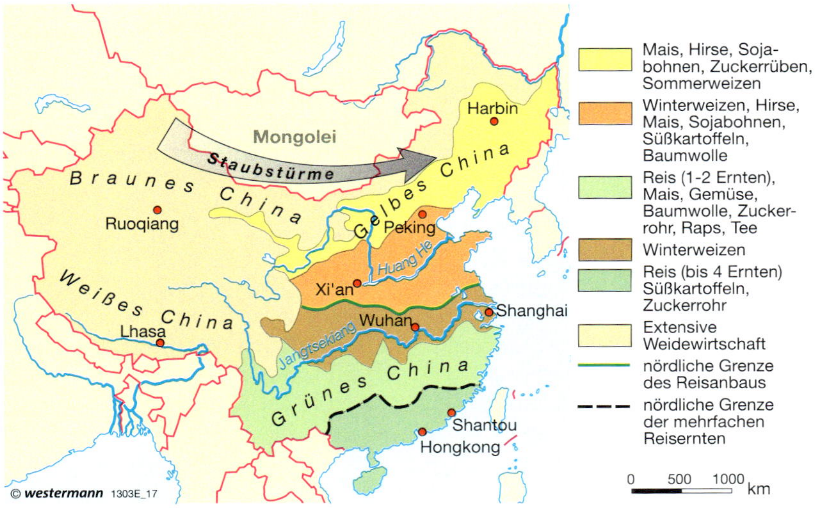

M4 Landwirtschaftsregionen in China

Aufgaben

1 Nenne Maßnahmen, die dazu beitrugen, dass die chinesische Wirtschaft heute hohe Wachstumsraten aufweist (M2).

2 Erkläre am Beispiel Shenzhens, was man unter einer Sonderwirtschaftszone versteht (M2).

3 Begründe die Lage der Landwirtschaftsregionen Chinas (M4, Atlas).

M1 Reisterrassen

M3 Bei der Reisernte

Info

Verwendung der Reispflanze

Reiskörner:	Nahrungsmittel, Reismehl, Reiswein, Bier, Schnaps, Stärke
Reiskleie:	Viehfutter
Reisstärke:	Tapetenkleister, Kosmetika, Wäschestärke,
Reisöl:	Seife, Kerzen
Reisstroh:	Dachdeckung, Hüte, Matten, Schuhe

Reis – Brot für drei Milliarden Menschen

Für mehr als die Hälfte aller Menschen ist Reis das Hauptnahrungsmittel. In Asien ist er das wichtigste landwirtschaftliche Anbauprodukt. Mehr als 90 Prozent der Weltreisproduktion entfallen auf die Länder Ost-, Süd- und Südostasiens. Hier ist eine Mahlzeit ohne Reis nicht vorstellbar. Mitunter ist er sogar das einzige Nahrungsmittel.
In China wurde Reis schon vor mehr als 7 000 Jahren angebaut.

Die Reispflanze stellt keine besonderen Ansprüche an den Boden. Jedoch ist für einen ertragreichen Anbau die Zufuhr von Wasser Grundvoraussetzung. Für die Produktion einer Tonne Reis sind 3 000 bis 5 000 Liter Wasser erforderlich. Rund 80 Prozent des Weltreisanbaus werden mithilfe von Bewässerungsmaßnahmen durchgeführt. Zur weiteren Ertragserhöhung wird unter anderem neues Saatgut gezüchtet.

Vorbereitung der Nassfelder

- Die Reisbauern pflügen mit Wasserbüffeln das Nassfeld, sie stehen dabei knietief im Wasser.
- Die Dämme der kunstvoll angelegten Felder werden ausgebessert, damit das zum Wachstum der Reispflanzen notwendige Wasser nicht abfließt.
- Bewässerung: Überflutung der Terrassenfelder vom darüber liegenden Feldstück her
- Die vorgezogenen Pflanzen werden in Handarbeit von den Saatbeeten in die Nassfelder gesetzt.

Reife des Reises

- Bewässerung der Reisfelder je nach Reifegrad der Pflanzen: Das Wasser muss zunächst mit dem Wachstum der Reispflanzen steigen.
- Unkraut muss nicht gejätet werden.
- In den bewässerten Feldern des Reisanbaus ist es möglich, Fischzucht zu betreiben (Vorteile: Vernichtung von Schädlingen, Durchlüftung des Bodens, Eiweißlieferant für die Ernährung).
- drei bis sieben Monate Wachstum der Pflanzen

Ernte des Reises

- Schneiden der Halme mit einem sichelförmigen Messer (Ani Ani), zunehmend Maschineneinsatz
- anschließend Herausschlagen der Reiskörner aus den Ähren oder Heraustreten durch Büffel
- Trocknen der Reiskörner und weitere Verarbeitung
- Enten, die von Kindern gehütet werden, holen die letzten Körner vom Feld und fressen Schneckenschädlinge
- Vorbereitung der Felder für eine erneute Ernte (zwei bis drei im Jahr)

M2 Reis – vom Anbau bis zur Ernte

www.heimatundwelt.de
HW-104

Blaue Revolution

Die Fischbestände des Weltmeeres sind vielerorts durch eine Überfischung bedroht. Deshalb züchtet man in Aquakulturen Fische und andere Meerestiere in Massentierhaltung. Dafür werden Bereiche im Meer mit Netzen abgegrenzt. Diese Art der Fischzucht wird auch „Blaue Revolution" genannt. Solche Fischfarmen könnten helfen, große Teile der Bevölkerung mit ausreichend Eiweiß zu versorgen.
Ähnlich wie die Massentierhaltung an Land birgt auch die Aquakultur Probleme. Befürchtet wird zum Beispiel, dass die gegen Fischkrankheiten eingesetzten Medikamente in die Nahrungskette gelangen.

M4 Aquakulturen in China

Bio

Maßnahmen zur Ernährungssicherung

In der Landwirtschaft Chinas hat man ab 1960 ertragreicheres Saatgut eingesetzt. Diese Sorten müssen von den Bauern jedoch immer wieder neu gekauft werden, da die geernteten Körner für eine erneute Aussaat nicht mehr keimfähig sind. Außerdem wird eine intensive und gezielte Bewässerung betrieben. Weiterhin werden vermehrt Mineraldünger und Pflanzenschutzmittel eingesetzt sowie neue Bearbeitungsmethoden (vor allem moderne Maschinen) genutzt. So sind wesentlich höhere Hektarerträge und mehrere Ernten im Jahr möglich. Reiche Bauern sind bei der Kreditbeschaffung zumeist begünstigt. Es werden infolge der Mechanisierung immer weniger Arbeitskräfte benötigt. Die Leidtragenden sind die Kleinbauern, die die Kosten für das Saatgut und die Düngemittel nicht aufbringen können. Die ökologischen Schäden sind mitunter erschreckend, zum Beispiel Umweltbelastungen durch den starken Einsatz von Düngemitteln, Insektiziden und Herbiziden.
Die grüne Gentechnik optimiert Nutzpflanzen in der Landwirtschaft, indem sie zum Beispiel Resistenzen gegen Pestizide und Schädlinge in die Pflanzen einbaut oder Pflanzen mit geringerem Bedarf an Düngemitteln bei gleichzeitig hohen Erträgen züchtet.

Unter Land Grabbing versteht man, dass Regierungen oder Unternehmen in anderen Ländern große Flächen erwerben, um dort Ackerbau zu betreiben. Dabei werden zumeist Energiepflanzen oder Nahrungsmittel für den Eigenbedarf angebaut. Auch die Sicherung von Trinkwasser und Rohstoffen ist ein Grund.
China ist derzeit eine der Nationen, die Land Grabbing sehr intensiv betreiben.

M5 Land Grabbing

Aufgaben

1 Lokalisiere Reisanbaugebiete Asiens (Atlas).

2 Erstelle einen Steckbrief zum Thema Reis (Pflanzenfamilie des Reises, Anbau etc.) (M2, Info).

3 Erkläre die Bedeutung des Reises für die Ernährung der Weltbevölkerung.

4 Nenne weitere Maßnahmen, die China ergreift, um seine Bevölkerung zu ernähren (M4, M5).

Methode: fragengeleitete Raumanalyse Japan

M1 Industrieansiedlung auf Neuland bei Yokohama

Die fragengeleitete Raumanalyse – Japan unter der Lupe

Es gibt verschiedene Gründe, sich über geographische Räume zu informieren. Ziel kann es sein, das Aussehen von Landschaften, die Ausprägung von Klima und Vegetation oder die Bevölkerungsentwicklung zu verstehen.
Die fragengeleitete Raumanalyse ist eine Methode, ein Land, eine Region oder eine Landschaft umfassend zu untersuchen. Zu Beginn der Analyse ist es sinnvoll, eine sogenannte Leitfrage zu formulieren. Diese Frage sollte umfassend sein und mehrere Merkmale des Raumes herausstellen. Die Auswahl der raumprägenden Faktoren ist dabei von der Leitfrage abhängig. Eine Untersuchung der Humanfaktoren und die Analyse der Landschaftsmerkmale helfen, den Raum kennenzulernen und zu verstehen. Dabei ist es häufig notwendig, auch die historische Entwicklung des Raumes in die Betrachtungen einzubeziehen. Der Raum wird so in der Vergangenheit (Geschichte), Gegenwart und seiner zukünftigen Entwicklung betrachtet.
Das Ziel dieser Raumanalyse ist es, Merkmale der wirtschaftlichen Entwicklung Japans herauszuarbeiten und den Raum allseitig zu untersuchen. Am Ende sollen die Arbeitsergebnisse präsentiert werden.

Japan

Hauptstadt: Tokio
Fläche: 378 000 km²
Einwohner: 127,2 Mio.
Bevölkerungsdichte: 336 EW/km²
Städtische Bevölkerung: 91 %
Einkommen: 41 700 € pro EW/Jahr
Währung: Yen

M2 Steckbrief Japan (2014)

Geofaktoren	Humanfaktoren
▪ geographische Lage	▪ Bevölkerung
▪ Relief	▪ Siedlungsstruktur
▪ Klima	▪ Wirtschaft (Industrie, Landwirtschaft, Dienstleistung)
▪ Wasserhaushalt	▪ Infrastruktur
▪ Boden	▪ Rohstoffangebot
▪ Bios (Vegetation, Tierwelt)	

M3 Geo- und Humanfaktoren

So gehst du vor

1. **Schritt: Analyse vorbereiten**
   - Raum auswählen: Japan.
   - Leitfrage notieren: ***Wie schafft es Japan bei seiner Raumknappheit und Rohstoffarmut sowie seiner Betroffenheit von Naturgefahren, trotzdem eine der führenden Wirtschaftsmächte der Erde zu sein?***
   - Teilfragen formuliere, zum Beispiel: In welchen Wirtschaftssektoren ist Japan die Nr. 1 in der Welt? Warum fehlt Japan Platz? Wie schafft es Japan, seine Festlandsfläche zu vergrößern?
   - Materialien finden, die Teil- und Leitfrage beantworten (S. 84 – 87, Atlas).
2. **Schritt: ausführliche Lagebeschreibung**
   - Grenze den Raum geographisch ab. Bestimme die Lage im Gradnetz und nenne angrenzende Räume.
3. **Schritt: Untersuchung der Geo- und Humanfaktoren**
   - Ermittle die Merkmale der Geo- und Humanfaktoren.
     - Nutze M2, M3 und weitere Medien (Atlas, Internet).
4. **Schritt: Zusammenhang der Merkmale**
   - Stelle Zusammenhänge und Wechselwirkungen zwischen den Merkmalen der Geo- und Humanfaktoren dar (M3).
5. **Schritt: Beantwortung der Teilfragen**
   - Formuliere aussagekräftige Stichpunkte.
6. **Schritt: Beantwortung der Leitfrage**
   - Beantworte die Leitfrage in einem zusammenhängenden Text. Nutze dazu die Stichpunkte zu den einzelnen Teilfragen.

Einen Vortrag gestalten
- Erstelle eine Gliederung, die dein Publikum mitverfolgen kann.
- Schreibe dir zu jedem Gliederungspunkt Stichworte in dein Konzept.
- Benutze bei deinem Vortrag Anschauungsmaterial (Folien, Karten, Tafel, ...). Vermerke in deinem Konzept, wann du sie einsetzen möchtest.
- Füge Beispiele hinzu, um die Inhalte zu verdeutlichen.
- Gib dem Publikum die Gelegenheit nachzufragen.

Eine Wandzeitung anfertigen
- Besorge dir geeignete Materialien (Tonpapier, Papierrollen, Farben, Bilder, Abbildungen, Karten ...).
- Die Überschriften müssen dem Betrachter sofort auffallen.
- Zeichne selbst Schaubilder. Klebe Fotos dazu.
- Verfasse eigene kurze Texte.
- Achte beim Schreiben darauf, dass deine Schrift groß und deutlich ist.
- Suche einen geeigneten Ort, an dem die Wandzeitung noch lange gelesen werden kann.

Eine Computerpräsentation erstellen
- Wähle ein Präsentationsprogramm aus, zum Beispiel PowerPoint.
- Suche dir eine helle Hintergrundfarbe aus, auf der man die Schrift gut erkennt.
- Beginne mit einer Folie, die dein Thema benennt.
- Erstelle eine Folie mit einer Gliederung.
- Benutze eine große Schriftgröße.
- Schreibe nur wenig Text auf die Folie, dafür deine Notizen ausführlicher.
- Füge Abbildungen und Fotos ein.
- Gestalte eine Abschlussfolie.
- Lass dem Publikum genug Zeit, deine Folien anzuschauen.

M4 Präsentationsformen

M5 Schülerreferat

Aufgabe

1 Führe eine fragengeleitete Raumanalyse zu Japan durch.

a) Werte dazu die Materialien der Seiten 84 – 87 aus.

b) Nutze zur Recherche zusätzlich den Atlas und das Internet.

c) Präsentiere die Ergebnisse deiner Raumanalyse (M4).

Methode: fragengeleitete Raumanalyse Japan

Tokio

Tokio ist das größte städtische Siedlungsgebiet der Welt. Im Großraum Tokio lebt mehr als ein Viertel der Bevölkerung Japans.
Das birgt viele Probleme. Sprunghaft gestiegene Bodenpreise im Stadtzentrum zwingen die Menschen, sich Wohnraum in den Randgebieten oder in naheliegenden anderen Städten zu suchen. Dadurch müssen sie täglich zur Arbeit pendeln. Oft benötigen sie für eine Strecke zwei Stunden und mehr. Allein die Tokioter U- und S-Bahn benutzen täglich mehr als 40 Mio. Menschen.

M1 Großraum Tokio und Fujisan

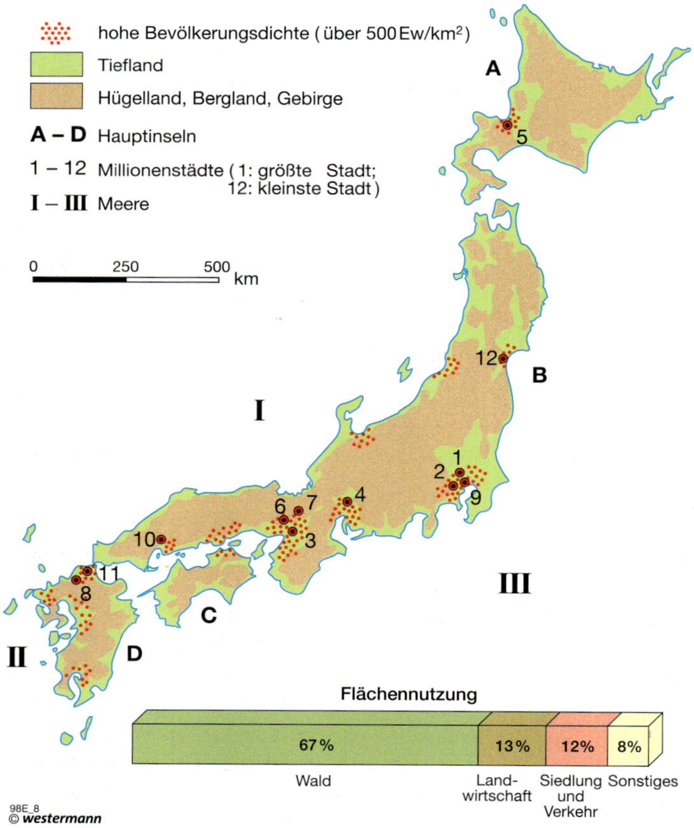

Inselstaat mit begrenztem Raum

Japan ist ein Inselstaat mit einer stark gegliederten Küste. Das Land besteht aus vier Hauptinseln und mehr als 3 000 kleineren Inseln. Die meisten sind unbewohnt.

Die Bevölkerung ist ungleich verteilt. Das Landesinnere ist überwiegend gebirgig und bewaldet. Diese Regionen sind daher nur dünn besiedelt. Die schmalen Küstentiefländer der Hauptinseln sind bevorzugte Siedlungs- und Wirtschaftsgebiete. Hier konzentriert sich die Bevölkerung. Wie an einer Kette aufgefädelt reihen sich große Städte aneinander. Aber auch Industrieanlagen, Straßen und Eisenbahnlinien, Häfen, Flugplätze und Landwirtschaftsflächen müssen dort ihren Platz finden. Mit großem Aufwand werden an den Berghängen Terrassenfelder angelegt.

Insgesamt werden zwölf Prozent der Landesfläche für Siedlungen und Verkehrsanlagen genutzt. Von der Natur ist Japan stark benachteiligt. Häufig wird das Land von Taifunen, Erdbeben und Vulkanausbrüchen heimgesucht.

M2 Übungskarte und Flächennutzung Japans

www.heimatundwelt.de
HW-111

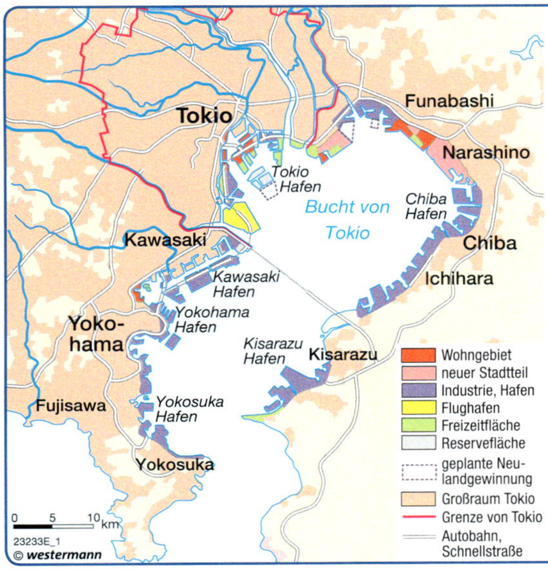

Aufgrund fehlender Siedlungsflächen und hoher Bodenpreise wächst Tokio immer weiter ins Meer hinaus. Die Bucht von Tokio ist relativ flach, sodass eine künstliche Aufschüttung der Flächen möglich ist. Diese Form der Landaufschüttung ist großflächig, aber modernste Technik ist dafür notwendig.
Das Aufschüttungsmaterial gewinnt man durch Ausbaggerung von Gebirgen und durch Einbeziehung von Müll und Schutt. Die Heranschaffung von vielen Millionen Kubikmeter Erdreich aus dem Gebirge geschieht mit Kipplastern. Die Erde wird bis zu einem unterirdisch verlaufenden Förderband transportiert und dann mit Binnenschiffen an den Bestimmungsort gebracht. Nur so lassen sich die Abraummassen bewältigen und die Anwohner vor Staub und Lärm schützen. Nach der Abtragung des Erdreiches werden die eingeebneten Bergregionen vielerorts als wertvolles Bauland für die Errichtung neuer Wohnviertel genutzt.
Seit 1960 schieben sich inzwischen von allen Küstenseiten aus riesige Hafen- und Industrieanlagen, vermehrt auch Siedlungs- und Freizeitflächen, immer weiter in die Tokio-Bucht hinein.

M3 Neulandgewinnung im Großraum Tokio

Raumnot: Neues Land aus dem Meer

Ein großes Problem Japans ist seine Raumenge. Deshalb gewinnen die Japaner Neulandflächen aus dem Meer, bis heute mehr als 1 000 km². Trotz der hohen Erschließungskosten rentieren sich die Maßnahmen angesichts der extremen Bodenpreise. Japans Industrie erhält so verkehrsgünstige Standorte an der Küste.
Hochseeschiffe können direkt an den Hafenanlagen der Betriebe Rohstoffe löschen oder Industrieprodukte für den Export übernehmen. Viele Unternehmen haben ihre Produktionsstätten in den Häfen oder in Hafennähe errichtet. Dadurch sparen sie Zeit und halten die Transportkosten niedrig.

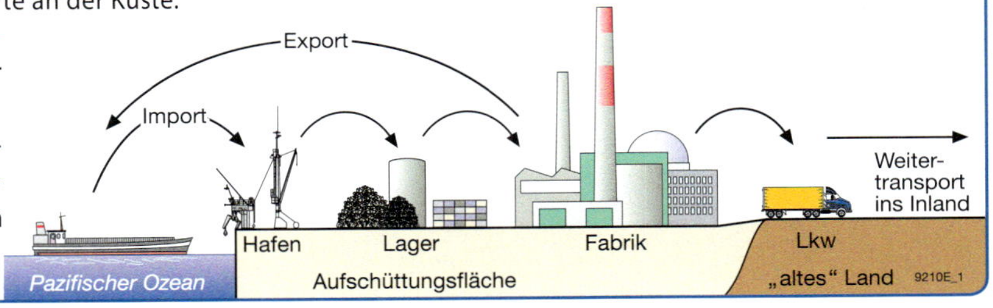

M4 Japans neue Küste – bevorzugter Industriestandort

Japans Naturgefahren

Japan ist ein Land, in dem man mit vielen Naturgefahren leben muss. Taifune (ca. 30 jährlich), Tsunamis, Erd- und Seebeben sind für die Menschen allgegenwärtig. Da Japan sehr gebirgig ist, treten auch häufig Erdrutsche und Bergstürze auf. Jedes Jahr werden in Japan durchschnittlich 1 450 Erdbeben registriert. Deshalb versucht man, Gebäude mit modernen Technologien gegen Erdbeben zu sichern. Das höchste Haus ist 60 Stockwerke hoch und reicht fünf Stockwerke in die Erde. Der Baukonzern Takenaka hat dabei neueste Methoden zur Absicherung gegen Erdbeben eingesetzt. Das Gebäude steht auf extrem starken Stützpfeilern aus mit Beton gefüllten Stahlröhren. Je 1 Quadratmeter Pfeilerfläche kann 20 000 Tonnen bzw. das Gewicht von 4 000 Elefanten tragen. Innerhalb der Stahlstruktur des Gebäudes sind „Knoten" eingebaut, was Erschütterungen um etwa ein Viertel reduziert. Auf den unteren Stockwerken gibt es 307 Stoßdämpfer. In den Wänden der mittleren Stockwerke kommen gewellte Stahlplatten zum Einsatz: Sie verringern Vibrationen. Im obersten Bereich des Wolkenkratzers werden die durch ein Erdbeben ausgelösten Schwingungen durch Pendeldämpfer verringert.

M5 Erdbebensicheres Bauen in Japan

Methode: fragengeleitete Raumanalyse Japan

Handelsmacht ohne Rohstoffe

Japans Wirtschaft ist auf Rohstoffimporte angewiesen. Neben Rohstoffen wie Erdöl, Erdgas und Kohle müssen auch die meisten anderen Bodenschätze importiert werden. Erdöl kommt hauptsächlich aus den Ländern am Persischen Golf, die anderen Rohstoffe liefert vor allem Australien.
Täglich laufen Hunderte Frachtschiffe und Tanker in die Häfen von Tokio, Nagoya und Hiroshima ein. Die geladenen Rohstoffe und Bauteile für Kraftfahrzeuge, Werkzeugmaschinen, Kameras und Computer werden schon kurze Zeit später zu Fertigwaren weiterverarbeitet. Ein großer Teil davon wird sofort wieder exportiert.

M1 Japans Außenhandel

Sieben von Japans größten Firmen belegen Plätze in den Top 100 der stärksten Marken weltweit. Die erfolgreichsten japanischen Marken sind Toyota (Rang 8), Honda (Rang 20) und Canon (Rang 37). Darüber hinaus befinden sich Sony, Nissan, Panasonic und Nintendo unter den Top 100.

Canon TOYOTA Nintendo

M2 Japanische Firmen nach Markenwert weltweit (2015)

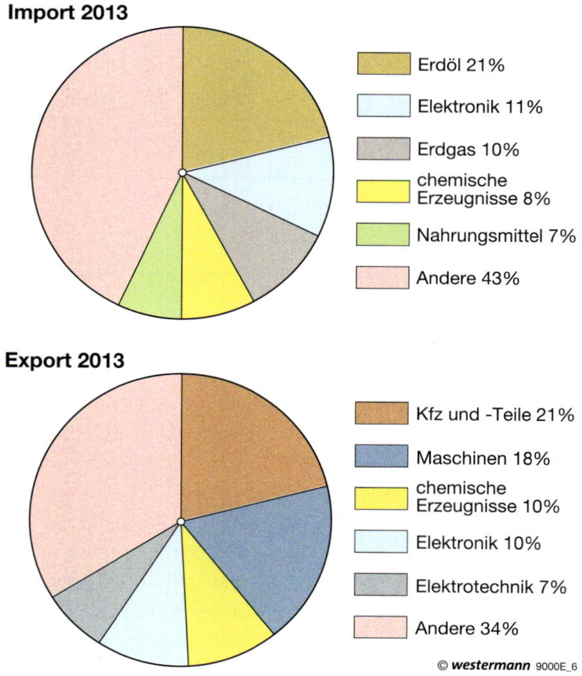

M3 Außenhandel Japans (2013)

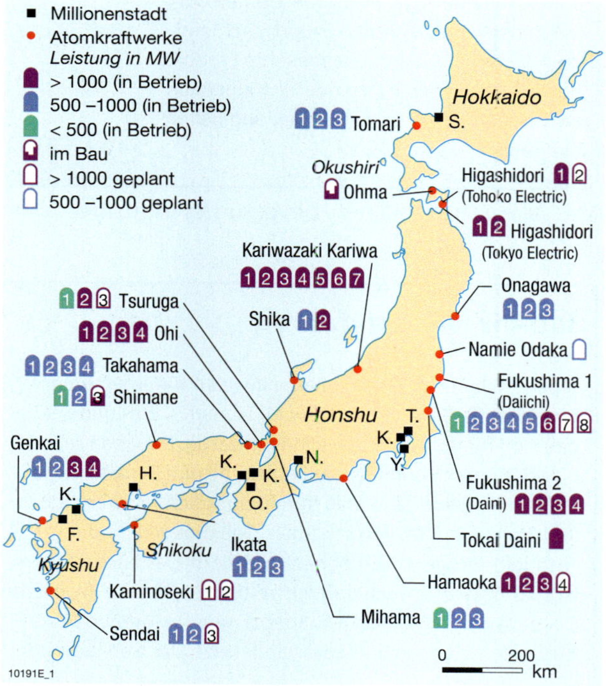

M4 Atomkraftwerke in Japan

www.heimatundwelt.de
HW-108, 109

Japanischer Leistungswille

Wir fragen Herrn Kasai nach seinem Beruf und erhalten eine typisch japanische Antwort: „Ich bin seit 15 Jahren bei der Firma Toyota." Er ist stolz darauf, bei dieser Firma arbeiten zu dürfen.
Dafür war er lange bereit, auf Urlaubstage zu verzichten. „Die Firma ist die Familie." Für Herrn Kasai gab es wegen der täglichen Überstunden und der üblichen Umtrunke mit Kollegen fast kein Familienleben mehr. Das hat sich in den letzten Jahren verändert.
Nachdem immer häufiger Fälle von „Karoshi", dem Erschöpfungstod am Arbeitsplatz, aufgetreten waren, hat ein Umdenken in den meisten Firmen stattgefunden. Heute ist Herr Kasai verpflichtet, jährlich seinen gesamten Urlaub zu nehmen und die Überstunden zu reduzieren. Seine Frau und seine Kinder freuen sich darüber. Herrn Kasai fällt es nicht leicht, weniger zu arbeiten. Aber ein Umdenken hat auch bei ihm eingesetzt.

M5 „Die Firma ist die Familie."

	Japan	China	Indien
BNP (Mrd. US-Dollar)	5 869	5 413	1 676
Wirtschaftsstruktur (Anteil der Erwerbstätigen)*	I: 3,7 % II: 25,3 % III: 69,7 %	I: 34,8 % II: 29,5 % III: 35,7 %	I: 51,1 % II: 22,4 % III: 26,5 %
Wirtschafts-wachstum	2,04 %	9,24 %	6,86 %
Handelsbilanz (Import – Export, (Mrd. US-Dollar)	75,7	182	-107
Einkommen (US-Dollar/pro Kopf)	34 740	20 101	3 694

* I: primärer Sektor; II: sekundärer Sektor; III: tertiärer Sektor

M6 Wirtschaft im Vergleich (2011)

Tsunami bedroht die Wirtschaft

In Fukushima, etwa 300 km nördlich von Tokio, überflutete am 11. März 2011 um 14.47 Uhr Ortszeit ein Tsunami die gesamte Küstenregion und traf das öffentliche Leben und die regionale Wirtschaft schwer.
Straßen wurden weggerissen, Fabriken, Bahnstrecken, Hafenanlagen und Geschäfte zerstört. Auch alle japanischen Atomkraftwerke mussten auf unbestimmte Zeit vom Netz genommen werden. Der Neubau von Atomkraftwerken wurde untersagt, Energieeinsparungen vorgeschrieben und Strom im Ausland eingekauft.
Energie ist seitdem in Japan zu einem kostbaren Gut geworden. Bis spätestens 2040 möchte Japan keine Atomenergie mehr nutzen.

M8 Tsunamibedrohung 2011

Produktion

- Just-in-time-Produktion – zeitlich exakte Anlieferung von Einzelteilen zur Endmontage (keine Lagerkosten)
- lean production (schlanke Produktion) – Fertigung in kleinen Teams, regelmäßige Absprachen zwischen Managern und den Teams (Senkung des Zeit- und Kostenaufwandes)

Firma und Familie

- Leitspruch: „Die Firma ist die Familie."
- Firma stellt Wohnungen, Ausbildungsplätze, Sporthallen und kostenlose Krankenversorgung zur Verfügung
- Wandel bei jüngeren Arbeitnehmern: Sie wechseln häufiger die Firma.

Ausland

- Kauf und Errichtung von Produktionsstätten im Ausland (Senkung der Transportkosten und Einfuhrzölle)
- Produktionsverlagerung ins Ausland wegen der dort geringeren Löhne
- Kredite für Entwicklungsländer, die Rohstoffe auch für Japan abbauen

M7 Japanische Besonderheiten in der Wirtschaft

Konfliktregion Westasien

M1 Jerusalem

Das Ölproblem

Der Nahe Osten ist die erdölreichste Region der Erde. Durch die ungleiche Verteilung des Erdöls kam es immer wieder zu Auseinandersetzungen um die Grenzziehung. Diese entscheidet über Einnahmen in Milliardenhöhe. Zudem wird Erdöl als politisches Druckmittel eingesetzt. Höhepunkte bildeten die Kriege zwischen dem Irak und Iran (1980/88), der Überfall des Irak auf Kuweit (1990/91) und der Irakkrieg 2003, der zum Sturz der irakischen Regierung führte.

Zentrum alter Hochkulturen

Die ersten Stadtstaaten und Hochkulturen entstanden bereits vor über 5 000 Jahren im fruchtbaren Zweistromland an Euphrat und Tigris und später am Nil. Diese Hochkulturen entwickelten sich durch eine produktive Landwirtschaft. Von hier gingen zahlreiche Impulse für die Entwicklung von Kultur, Kunst und Wirtschaft in anderen Räumen aus. Kalender, Zeitmessung, Schrift und Zahlen sowie die Wissenschaften Astronomie, Mathematik und Medizin haben ihren Ursprung im Zweistromland.

Das Wasserproblem

Aufgrund des trockenen Klimas und des ständig steigenden Wasserbedarfs gehört Wasser zu den kostbarsten Gütern der Region. Da die Wasserversorgung zu einem großen Teil aus grenzüberschreitenden Flüssen erfolgt, drohen einige Länder in die Abhängigkeit ihrer Nachbarn zu geraten. Durch den Bau eines Talsperrensystems am Euphrat in der Türkei könnte Syrien und dem Irak am Unterlauf das Wasser abgedreht werden. Israel ist gezwungen, Wasser in der Türkei zu kaufen.

M2 Besonderheiten und Konflikte Westasiens

www.heimatundwelt.de
HW-119

Räumliche Orientierung

Westasien bildet den Übergangsraum Asiens zu Afrika und Europa. Unter Einbeziehung Ägyptens wird dieser Raum auch als Naher und Mittlerer Osten bezeichnet. Der Nahe und Mittlere Osten umfasst die Länder der Halbinseln Arabien und Kleinasien, Israel, den Libanon, Syrien, den Irak, den Iran, Ägypten sowie Teile der Kaukasusregion.

In der Region entstanden vor mehreren Tausend Jahren Hochkulturen, die die Menschheitsgeschichte maßgeblich beeinflussten. Hier befindet sich die Wiege dreier Weltreligionen: des Judentums, des Christentums und des Islams.
Heute ist vor allem der Islam eine kulturprägende Kraft in der Region.

Aufgaben

1 Der Nahe und Mittlere Osten.
- **a) Bestimme seine Lage im Gradnetz (Atlas).**
- **b) Nenne Merkmale dieser Region (M2).**
- **c) Erläutere die Bedeutung dieser Region für die Entwicklung der menschlichen Gesellschaft (M2, Internet).**

Re

Entstehungsraum der Weltreligionen

In Westasien haben drei bedeutende Weltreligionen ihre Ursprünge. Das Judentum, das Christentum und der Islam.
Das Judentum entstand vor ca. 3 500 Jahren auf dem Gebiet des heutigen Staates Israel und Palästinas. In der jüdischen Religion haben das Christentum und der Islam ihre Wurzeln.
Das Christentum entstand vor etwa 2 000 Jahren in Judäa. Diese Region liegt im heutigen Staat Israel.
Der Islam hat seinen Ursprung vor 1 400 Jahren in den von Beduinen bewohnten Steppen- und Wüstengebieten der arabischen Halbinsel.

Schrift und Sprache

Über den Koran, das heilige Buch des Islam, fanden die arabische Sprache und Schrift eine weite Verbreitung. Auch das arabische Zahlensystem wird heute weltweit genutzt.

Trockengürtel

Der Nahe und Mittlere Osten gehört zu den Gebieten der Erde mit einer negativen Niederschlagsbilanz. Es herrschen ganzjährig beständig trockene Luftmassen vor.

Der Nahostkonflikt

Die Wurzeln dieses Konflikts sind der Streit um Gebiete auf der nördlichen arabischen Halbinsel. Das auf dem Gebiet des heutigen Staates Israel lebende jüdische Volk war bereits vor fast 2 000 Jahren aus seiner Heimat vertrieben worden. Erst nach dem Holocaust während des Zweiten Weltkriegs kam es zur Gründung des Staates Israel. Juden aus aller Welt strömten Mitte des 20. Jahrhunderts nach Israel. Die hier lebenden Palästinenser (Araber) wurden zum Teil ausgegrenzt und politisch entrechtet. Sie setzten sich zur Wehr. Dieser Konflikt hält bis heute an.

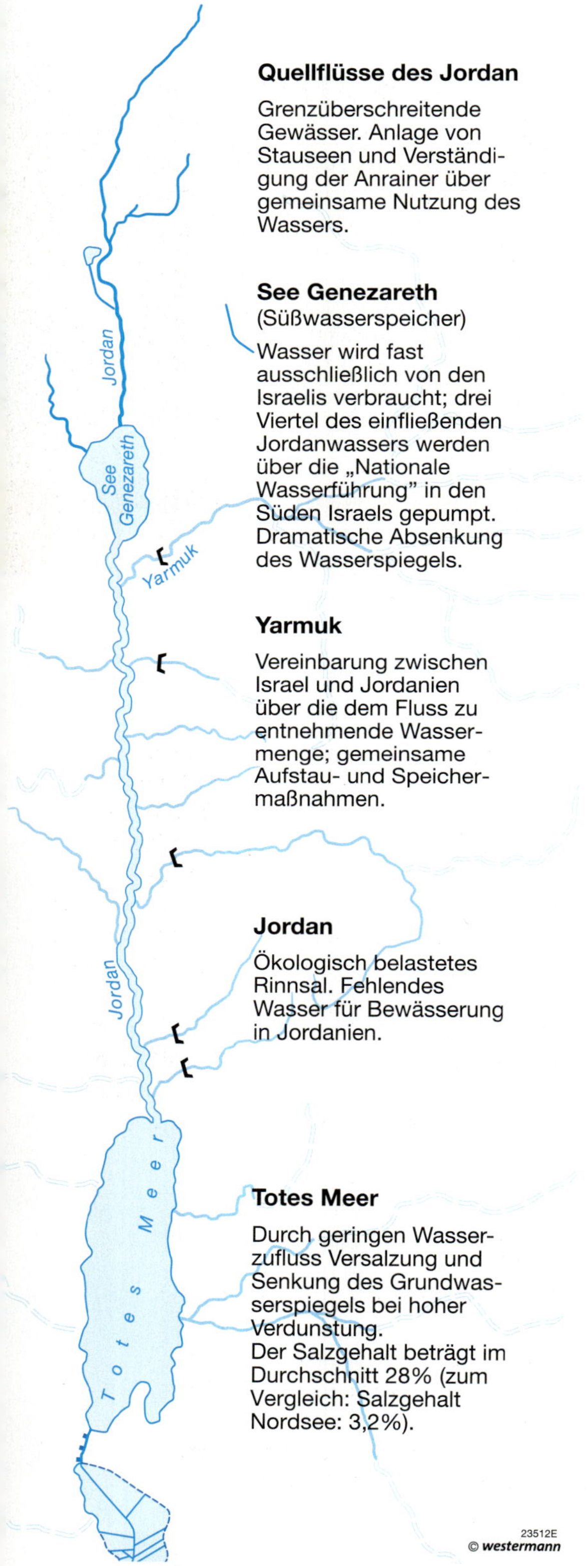

M1 Das Tal des Jordan

M2 Bewässerungsfeldbau im Tal des Jordan

Konfliktstoff Wasser

Amam imam – Wasser ist Leben. Und in der Tat: Nicht nur Erdöl oder Erdgas sind heute die kostbarsten Rohstoffe der Erde, sondern auch Wasser. Dies zeigt sich sehr deutlich in Westasien. Aufgrund der Niederschlagsarmut ist die sich jährlich erneuernde Wassermenge sehr gering.
Die Länder im Nahen Osten leiden unter Wassermangel. Wie überall auf der Erde überschreiten Flussläufe Staatsgrenzen und werden von den jeweils anliegenden Ländern, besonders intensiv bei Euphrat, Tigris und Jordan, genutzt. Durch die Zunahme der Bevölkerung und den steigenden Lebensstandard wird immer mehr Wasser benötigt. Das führt zu einer starken Abnahme der ehemals großen Reserven. Einige Grundwasserspeicher sind bereits leer gepumpt.

Nutzbares Wasser im Nahen Osten liefern der Jordan mit seinen Quell- und Zuflüssen, der See Genezareth und die verschiedenen Grundwasserspeicher. Seit der Besetzung der Golanhöhen und der Westbank stehen alle Wasservorkommen der Region unter israelischer Kontrolle. Die heutigen Anrainer des Wassereinzugsgebiets sind der Libanon, Syrien, Jordanien, Israel und die palästinensischen Autonomiegebiete. Die Konflikte in Bezug auf Wasser zwischen diesen Parteien sind vielfältig: Jordanien und Israel konkurrieren um das Wasser des Jordan, Syrien und Israel streiten über das Wasser der Golanhöhen, und die Palästinenser verlangen eine grundsätzliche Berücksichtigung ihrer Bedürfnisse.

(Quelle: Fröhlich, Chr., in: Internat. Probleme und Perspektiven. 2008)

M3 Konfliktpotenzial Wasser im Nahen Osten

www.heimatundwelt.de
HW-91

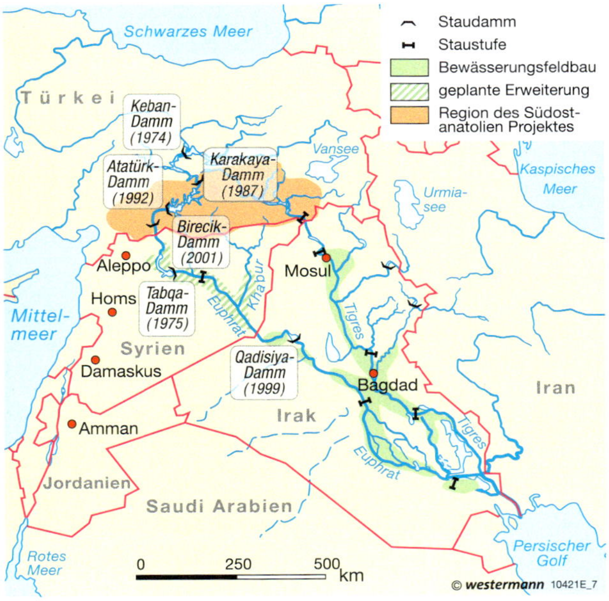

M4 Wasserprojekte an Euphrat und Tigris

M5 Keban-Staudamm am Euphrat

Wasserprobleme an Euphrat und Tigris

Im Bereich der Flüsse Euphrat und Tigris soll der Bibel nach der Garten Eden gewesen sein. Heute liegt am oberen Euphrat die Armutsregion der Türkei, Südostanatolien. Nun soll die Region durch das mehrfache Aufstauen des Flusses erneut erblühen. Am Oberlauf des Euphrat sind 21 Staudämme mit 17 Kraftwerken entstanden. Der größte Damm ist der Atatürk-Staudamm.
Durch Bewässerung entstehen neue landwirtschaftliche Nutzflächen. Dadurch sind zwei bis drei Ernten im Jahr möglich. Zum Bestellen der großen Felder sind jedoch moderne Maschinen erforderlich, die nur die Groß- und Mittelbauern bezahlen können.

Die Verwirklichung des Südostanatolien-Projektes ist ein Beispiel für den Konflikt um Wasser. Die erhöhte Wasserentnahme führt flussabwärts zu Wassermangel. 1990 beispielsweise versiegte der Euphrat für einen Monat sogar vollständig. Sein Wasser füllte den Atatürk-Stausee.
Ernteeinbußen und Stromausfälle in Syrien und im Irak waren die Folge. Erst nach Protesten und intensiven Verhandlungen wurde den Ländern eine Wassermenge von 500 m^3 pro Sekunde garantiert. (Zum Vergleich: Bei Koblenz durchfließen 2 000 m^3 Wasser pro Sekunde den Rhein.) Wasserverteilungskämpfe durch weitere Staudämme werden befürchtet.

Info

Daten zum Südostanatolien-Projekt

- Staubeginn: Januar 1990
- überstaute Fläche: 817 km^2 Wasser (zum Vergleich: Bleiloch-Talsperre mit 9,2 km^2)
- Stromerzeugung: 8,9 Mrd. kWh jährlich
- gesamte geplante Bewässerungsfläche: 1,6 Mio. ha
- Zuleitungskanäle: 283 km Hauptkanäle, 420 km Verteilerkanäle

Aufgaben

1 **Beschreibe die Wasserverfügbarkeit in Westasien (M1 – M5).**

2 **Erläutere die Notwendigkeit von Verhandlungen zwischen den Anrainerstaaten der Flüsse in Westasien (M4, M5).**

3 **Berichte in einem Kurzvortrag über das Südostanatolien-Projekt (M4, M5, Info, Internet).**

Konfliktregion Westasien

M1 Wo früher Perlenfischer lebten, werden heute Supertanker beladen.

Info

OPEC

Name: Organisation erdölexportierender Staaten (englisch: Organization of the Petroleum Exporting Countries).
Die OPEC verfügt über ca. 80 Prozent der Welterdölvorräte.

Mitglieder: Algerien, Ecuador, Gabun, Libyen, Iran, Irak, Saudi-Arabien, Kuwait, Katar, Vereinigte Arabische Emirate, Nigeria, Venezuela, Indonesien

Ziel: Organisation der Erdölförderung in den Mitgliedsstaaten sowie Stabilisierung der Weltmarktpreise

Konfliktstoff Erdöl

Erdöl ist ein wirtschaftlich besonders wichtiger Rohstoff, denn er ist neben der Kohle der bedeutendste fossile Energieträger. Allein in Deutschland werden pro Tag rund 2,4 Mio. Barrel verbraucht (Ein Barrel sind 159 Liter). Länder mit großen Vorräten exportieren Erdöl. Einige Erdölförderstaaten haben sich zur Organisation erdölexportierender Staaten (OPEC) zusammengeschlossen. Auf regelmäßigen Treffen legen sie fest, welche Rohölmenge gefördert und zu welchem Preis sie verkauft werden soll. Immerhin besitzen diese Länder 80 Prozent der Weltreserven. Durch die Erhöhung oder Drosselung ihrer Fördermengen beeinflussen sie den Ölpreis weltweit. Das merken eure Familien jeden Tag an der Tankstelle oder im Winter bei den Heizölkosten.

Verwendung von Erdöl

Treibstoffe (für Autos, Schiffe und Flugzeuge), Heizöl (für Haushalte und Kraftwerke), Schmieröle, Teer, Industriegase, Düngemittel, Kunststoffe, Waschmittel, Kunstfasern (zum Beispiel für Bekleidung), Farben, Computerchips, Plastikstühle, Gartentische, Einkaufstaschen, Medikamente, Lippenstifte, Kaugummi und vieles mehr

M2 Erdölprodukte

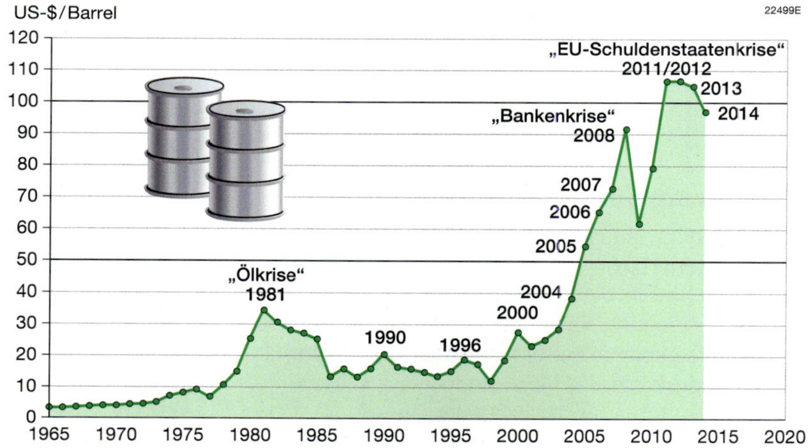

M3 Entwicklung des Rohölpreises

Ölverschmutzung durch

- Tankerunfälle
- Lecks in Pipelines
- Havarien auf Bohrinseln
- Konflikte zwischen einzelnen Staaten, Kriege

Folgen

- Verschmutzung von Stränden
- Absterben von Mangrovenwäldern und Koralleninseln
- Verschmutzung der Luft durch Ölbrände
- Verdunklung des Wassers durch schwimmende Ölteppiche: Dies führt zu verstärkter Algenbildung und Absterben des Planktons.
- Fischsterben durch Sauerstoffmangel im Wasser
- Vogelsterben durch Verkleben der Gefieder
- Gefahr für Zugvögel
- Verkleben und Verätzen der Atemwege von Meeressäugern
- Schädigung der Wattgebiete, da der Ölschlamm nur schwer zu entfernen ist

M4 Folgen der Erdölwirtschaft für die Umwelt

Bio

Erdöl als politischer Faktor

Aus der unterschiedlichen Verteilung und begrenzten Verfügbarkeit des Rohstoffes ergibt sich ein großes Konfliktpotenzial.

Der Zugang zu Erdöl ist von wachsendem Interesse. Einige Länder versuchen sogar, ihren Zugang zum Erdöl mit militärischen Mitteln oder durch eine Zusammenarbeit mit diktatorischen Regimen zu sichern.

Häufig gibt es auch Konflikte aufgrund der ökologischen Folgen der Erdölförderung. Vorrangig sind davon die ärmsten Teile der Bevölkerung betroffen.

Eine weitere Ursache für Konflikte in einigen rohstoffreichen Staaten ist die Tatsache, dass die Erlöse der Förderung in diesen Ländern ungerecht verteilt werden. In Nigeria zum Beispiel profitiert nur eine Minderheit vom Ölreichtum des Landes.

In anderen erdölfördernden Staaten wird ein Teil der Einnahmen für umfangreiche Sozialleistungen, wie kostenlose Gesundheitsfürsorge oder Bildung, genutzt. Das sorgt für Zufriedenheit in großen Teilen der Bevölkerung. Ein Beispiel dafür sind die Vereinigten Arabischen Emirate (VAE).

Aufgaben

1 **Beschreibe die Lage von Erdöl- und Erdgaslagerstätten in Westasien (Atlas).**

2 **Beschreibe die Entwicklung des Rohölpreises (M3).**

3 **Erkläre den Begriff „schwarzes Gold".**

4 **Erläutere die Gefahren, die durch die Förderung und den Transport von Erdöl entstehen können (M4).**

5 **Informiere dich über Ölkatastrophen in den letzten Jahren (Internet).**

1 Löse das Kreuzworträtsel.

1 Hauptstadt von Vietnam
2 Vulkan in Japan
3 indische Industriestadt
4 Land in Südasien
5 Hinduismus ist eine ...
6 Land in Ostasien
7 Land in Südostasien
8 Fluss mit Deltamündung

a) Nenne das Lösungswort.
b) Beschreibe die Lage der gesuchten Region.

				1	■				I	
	2		U		■		A			
		3			■			I		
	4				■	L				
		5			■				O	
6		H			■					
7				A	■		I			
			8		■				S	

2 Außenseiter

Finde den nicht in die Reihe passenden Begriff und streiche ihn durch (ÜF). Begründe deine Entscheidung.

a) Monsun, Taifun, Zyklon, Tsunami, Wirbelsturm

b) Mekong, Ganges, Java, Huang He, Indus

c) Mumbai, Peking, Neu-Delhi, Tokio, Bangkok

d) Bali, Taiwan, Malediven, Honshu, Korea

3 Bevölkerungsdiagramme – Japans Bevölkerung

Entscheide, ob richtig oder falsch (ÜF). Begründe deine Entscheidung.

Aussage	richtig	falsch
Japans Bevölkerungsdiagramm hat eine Glockenform.		
Die Zahlenangaben auf der x-Achse beziehen sich auf Millionen Menschen.		
In Japan werden mehr Mädchen als Jungen geboren.		
Gegenüber den Frauen werden mehr Männer älter als 70 Jahre.		
Es gibt in Japan mehr Frauen im Alter über 90 Jahre als Männer.		
In der Altersgruppe der 20- bis 30-Jährigen gibt es mehr Frauen als Männer.		
Die meisten Menschen in Japan sind zwischen 60 – 70 Jahre alt.		

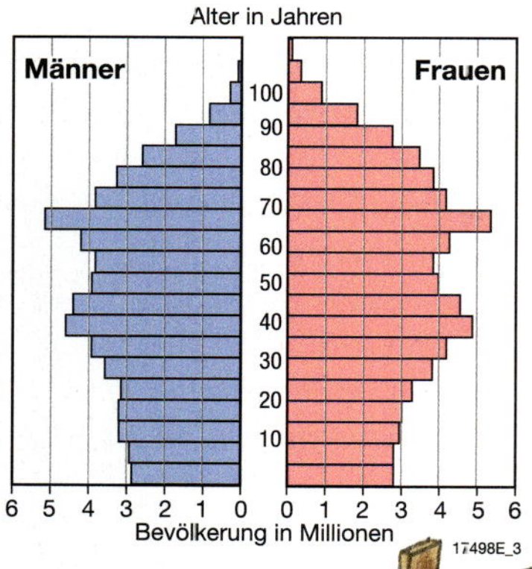

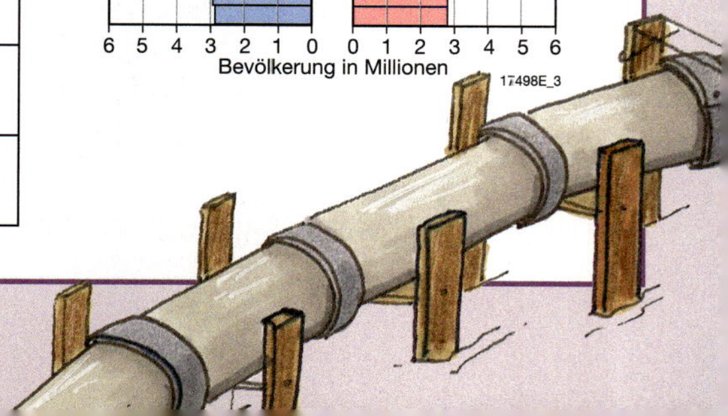

4 Konfliktstoff Wasser

a) Als man dem saudi-arabischen König Abd al-Aziz Ibn Saud im Jahr 1938 von umfangreichen Erdölfunden berichtete, meinte dieser: „Wasser wäre mir lieber gewesen als das unnütze Erdöl." Was könnte den König zu dieser Meinung veranlasst haben?

b) Erläutere das Diagramm.

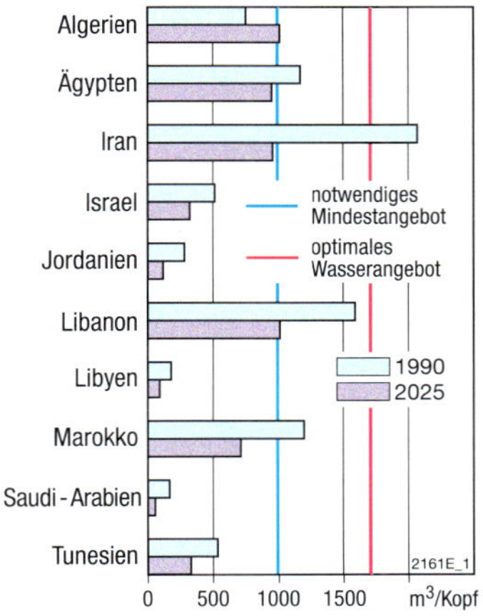

Jährliches Wasserangebot pro Kopf in m³ in ausgewählten Ländern der Region Naher und Mittlerer Osten. Wassermangel liegt vor, wenn weniger als 500 m³ an erneuerbarem Süßwasser pro Kopf und Jahr zur Verfügung stehen.

5 Was ist gesucht?

Finde den topografischen Begriff und ergänze ihn (ÜF).

a) liegt auf der Arabischen Halbinsel, Pilgerort, 40° ö.L. ________________

b) entspringt im Kunlun Shan, durchfließt die Große Ebene, mündet ins Gelbe Meer ________________

c) Insel, gibt es auch als Kürbis, gehört politisch zu Japan ________________

6 Erdöl verändert eine Region

a) Zeige am Beispiel Dubais, wie das Erdöl die Region verändert hat. Werte dazu die beiden Fotos aus.

b) Seit den 1990er-Jahren setzt Dubai auf den Ausbau des Tourismus. Erläutere und begründe den Ausbau touristischer Projekte mithilfe der Atlaskarte „Dubai – Wandel zur Tourismusmetropole".

c) Welche Vorteile ziehen die Einwohner von Dubai aus dem Ölreichtum?

Dubai Creek 1950er-Jahre

Dubai Creek heute

Afrika – zwischen Armut und Hoffnung

Tsavo-Nationalpark (Kenia)

M1 Nomaden in Nordafrika

M3 Viehzüchter in Kenia

Afrika – ein Kontinent mit kultureller Vielfalt

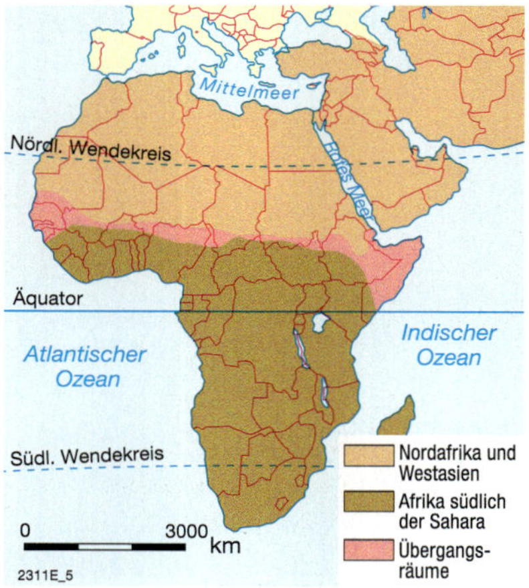

M2 Kulturelle Großräume Afrikas

Die Sahara teilt den Kontinent Afrika in zwei kulturell unterschiedlich geprägte Großräume: Nordafrika mit Westasien sowie Afrika südlich der Sahara. Die Übergänge zwischen beiden Räumen sind fließend.

Die Mehrheit der im Großraum Nordafrika und Westasien lebenden Menschen sind Araber. Außerdem leben in den Maghreb-Staaten Marokko, Tunesien, Algerien sowie Libyen und Mauretanien rund zehn Millionen Berber. Maghreb heißt auf Arabisch Westen, abgeleitet vom Verb gharaba „untergehen" (Sonne). Dieser Großraum ist das Kerngebiet des Islam.

Die Länder dieser Region weisen viele Gemeinsamkeiten in ihrer Architektur (Kuppeln und Verzierungen) und Kunst auf. Außerdem besitzen sie eine gemeinsame Geschichte und eine lange Handelstradition. Die am meisten verbreitete Sprache ist Arabisch.

Der Großraum Afrika südlich der Sahara zeichnet sich durch eine große ethnische Vielfalt aus. Es gibt Hunderte Volksgruppen, die rund 2 000 Sprachen beziehungsweise Dialekte sprechen.

Die wichtigste Bantusprache ist Suaheli. Sie wird von etwa 45 Mio. Menschen in Ostafrika gesprochen. Die dominante Religion ist das Christentum. Etwa ein Drittel der Menschen sind Muslime. Daneben gibt es Anhänger einer Vielzahl von Naturreligionen.

Im Übergangsbereich der beiden Großräume befindet sich die Sahelzone. Hier dauert die Regenzeit nur wenige Wochen und die Region ist deshalb oft von Dürren und Hungersnöten betroffen.

www.heimatundwelt.de
HW-123

Afrika im Überblick

ORIENTIERUNG

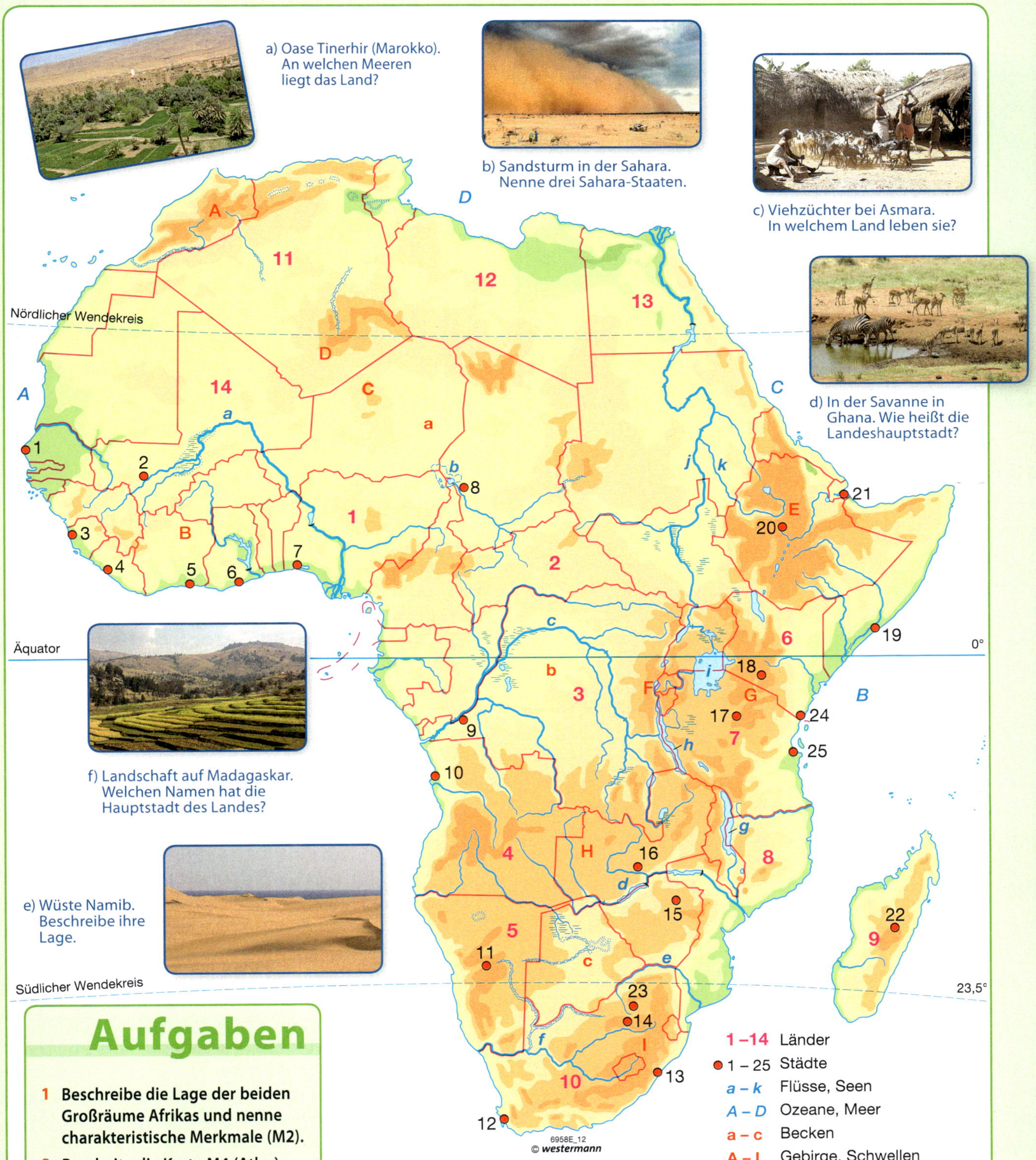

a) Oase Tinerhir (Marokko). An welchen Meeren liegt das Land?

b) Sandsturm in der Sahara. Nenne drei Sahara-Staaten.

c) Viehzüchter bei Asmara. In welchem Land leben sie?

d) In der Savanne in Ghana. Wie heißt die Landeshauptstadt?

f) Landschaft auf Madagaskar. Welchen Namen hat die Hauptstadt des Landes?

e) Wüste Namib. Beschreibe ihre Lage.

M4 Übungskarte Afrika

Aufgaben

1 Beschreibe die Lage der beiden Großräume Afrikas und nenne charakteristische Merkmale (M2).

2 Bearbeite die Karte M4 (Atlas).

3 Beantworte die Fragen zu den Fotos a bis f (M4, Atlas, Internet).

M1 Ruinen der Swahili-Stadt Gedi in Kenia (13. Jh.)

M3 Tempel von Abu Simbel in Ägypten (13. Jh. v. Chr.)

Afrika – ein geschichtsloser Kontinent?

Über die vorkoloniale Geschichte Afrikas südlich der Sahara ist relativ wenig bekannt. Das liegt zum Großteil daran, dass frühere Kulturen häufig keine Schrift entwickelten und somit keine Aufzeichnungen hinterließen. Es heißt jedoch nicht, dass es keine bedeutenden Reiche gab. Erkenntnisse, beispielsweise über das Reich Groß-Simbabwe oder die Königreiche Kongo und Kitwara, erhalten die Forscher über Ausgrabungen und mündliche Überlieferungen. Mächtige Staatswesen existierten etwa ab Christi Geburt auch auf dem Gebiet des heutigen Äthiopien.

M2 Ein Erdteil wird aufgeteilt – Karikatur zur Kongo-Konferenz in Berlin 1884/1885

Sklavenhandel – ein dunkles Kapitel

Ab 1500 stieg der Bedarf an Arbeitskräften weltweit stark an. Sie wurden beispielsweise für die Arbeit auf den amerikanischen Plantagen gebraucht. Die Nachfrage wurde mit Menschen aus dem subsaharischen Afrika gestillt. Afrikanische Stämme unternahmen Kriegszüge gegen andere Stämme, um Menschen zu erbeuten, die dann an europäische oder asiatische Sklavenhändler verkauft wurden.
Die Stützpunkte der Sklavenhändler lagen an den Küsten Afrikas. Von dort aus wurden bis etwa 1850 circa 15 Mio. Menschen verschleppt. Eine große Zahl von Afrikanern starb bei der Sklavenjagd oder der Überfahrt. Ganze Landstriche wurden entvölkert, es herrschten Angst und Unsicherheit. Die Bevölkerungszahl und die wirtschaftlich-gesellschaftliche Entwicklung in Subsahara-Afrika stagnierten.

Der Kolonialismus – ein Rückschlag

Mit der in Europa und Amerika einsetzenden Industrialisierung gewann der Zugang zu Rohstoffen immer weiter an Bedeutung. Weltweit begann ein Wettlauf um kolonialen Besitz.
Auf der Kongo-Konferenz, die 1884/85 in Berlin stattfand, legten die europäischen Kolonialmächte Grenzen in Afrika fest, die zum Teil bis heute noch Gültigkeit haben. Die Grenzziehung nahm keine Rücksicht auf historisch gewachsene Beziehungen. Häufig wurden die Grenzen quer durch Stammesgebiete festgelegt.

www.heimatundwelt.de
HW-125

M4 Deutscher Kolonialbeamter in Togo (1885)

Die wirtschaftlichen und politischen Auswirkungen der Kolonialherrschaft auf Afrika waren tiefgreifend. Traditionelle politische Systeme wurden zerschlagen. Häufig führte die Bevorzugung einzelner Volksgruppen durch die Kolonialmacht zu Auseinandersetzungen zwischen den Volksgruppen. So nutzten die Briten in Uganda die Einwohner der Teilregion Buganda, um den Rest des Landes zu regieren. Außerdem verpflichteten sie vor allem Soldaten der dort lebenden Volksgruppen, um das Territorium militärisch unter Kontrolle zu halten. Diese Praxis führte zur Vertiefung innenpolitischer Konflikte und war Nährboden für spätere gewaltsame Auseinandersetzungen.
Nachteilig ist auch die Ausrichtung der Infrastrukturnetze auf den Zweck, landwirtschaftliche Gebiete sowie Bergbauregionen mit Häfen und Hauptstädten zu verbinden. Sie begünstigt bis heute internationale Wirtschaftsstrukturen, bei der die ehemaligen Kolonialgebiete meist die Rolle des Lieferanten von Rohstoffen spielen.
Wanderarbeit und Geldwirtschaft schwächten die Familienbande und die Stellung der Frau, die vom Gelderwerb weitgehend ausgeschlossen war. Sie untergruben auch die traditionell starke Position der älteren Generation in afrikanischen Gesellschaften, indem sie deren geringes Arbeitspotenzial aufzeigten. Frauen und die ältere Generation profitierten auch kaum von der Ausbreitung des Bildungswesens in einer späteren Phase der Kolonialherrschaft und gerieten somit gegenüber dem männlichen Teil jüngerer Generationen mehr und mehr ins Hintertreffen.
Ebenfalls in einer späteren Phase trat eine Verbesserung des Gesundheitswesens ein und damit die einschneidende Senkung der Sterblichkeitsraten. In Verbindung mit gleichbleibend hohen Geburtenraten verursachte sie ein anhaltend hohes Bevölkerungswachstum. Trotz all dieser Probleme sind sowohl die Verbesserung des Gesundheitswesens als auch die Expansion des Bildungswesens zwei positive Auswirkungen des Kolonialismus. Auch der Aufbau einer Basisinfrastruktur wäre in so relativ kurzer Zeit kaum möglich gewesen.

(Quelle: Mair, St.: Ausbreitung des Kolonialismus. www.bpb.de, 21.05.2005)

M5 Folgen des Kolonialismus

M6 Kolonialmacht Deutschland (1935)

Aufgaben

1 Nimm Stellung zu der Aussage: „Afrika – ein geschichtsloser Kontinent" (M1 – M6).
2 Erkläre, weshalb europäische Sprachen oft die Amtssprachen afrikanischer Völker sind (M5).

Großlandschaften Afrikas

M1 Ostafrikanisches Grabensystem

Becken und Schwellen

Afrika zeichnet sich durch eine kompakte Gestalt und eine wenig gegliederte Küstenlinie aus. Nur die Somali-Halbinsel und die Insel Madagaskar lockern die Küstenlinie auf.
Die Oberflächengestalt ist relativ einfach. Nähert man sich dem afrikanischen Kontinent vom Meer, dann erkennt man, dass die Küstentiefländer relativ schmal sind. Vielfach erheben sich unvermittelt hoch aufragende Gebirgszüge. Derartige „Barrieren" durchziehen auch das Landesinnere. Sie sind Bestandteil der für Afrika typischen Gliederung der Oberfläche in großräumige Becken und Schwellen.
Die Becken sind große, tiefer liegende Gebiete, in denen Flüsse Gesteinsmaterialien ablagern. Das Gewicht der Ablagerungen kann zur weiteren Absenkung der Becken führen.
Die Schwellen sind überwiegend hochgelegene, leicht gewellte Tafelländer und Plateaus. Ein besonderes Merkmal afrikanischer Landschaften ist deren beachtliche Höhe. Vor allem im südlichen Afrika ist diese Reliefgestaltung auffällig ausgeprägt. Das Kalaharibecken ist nahezu komplett von Schwellen umrahmt. Eine ähnlich deutliche Abgrenzung lässt sich am Kongobecken erkennen.

Da die Gebirge im südlichen Afrika bis fast an die Küste reichen, werden sie auch als Randschwellen bezeichnet.

M2 Am Kilimandscharo

www.heimatundwelt.de
HW-123

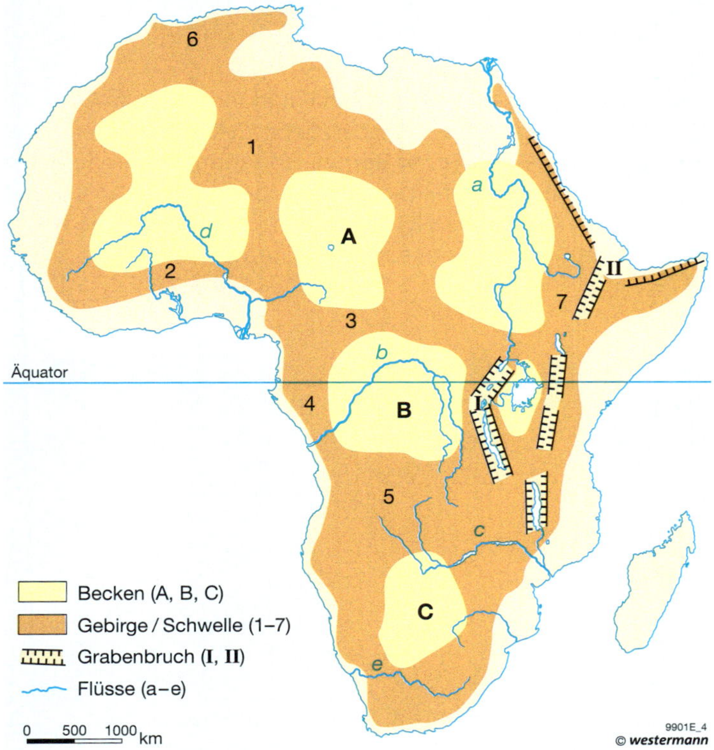

M3 Afrikas Becken und Schwellen

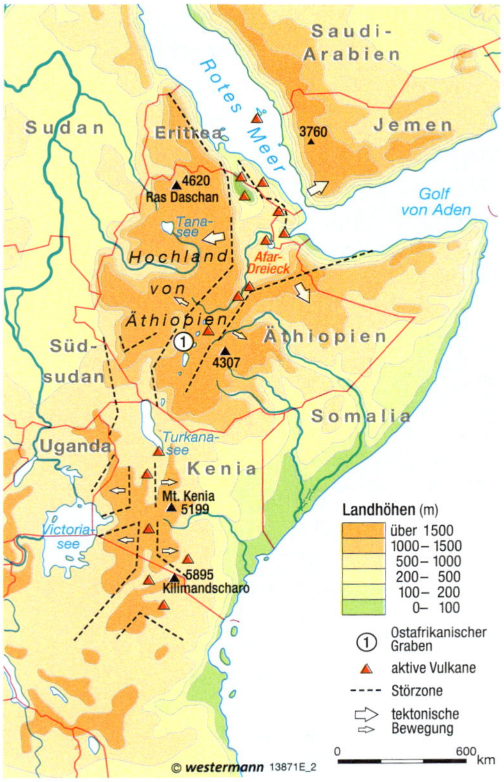

M5 Ostafrikanisches Grabensystem

Der Ostafrikanische Grabenbruch

In Ostafrika findet man die höchsten Berge des Kontinents. Sie sind Bestandteil des Ostafrikanischen Grabenbruchs – einer von Nord nach Süd verlaufenden Vulkanlandschaft, die sich von der Türkei über das Rote Meer bis nach Mosambik erstreckt. In den Gräben haben sich Seen, wie der Tanganjikasee, gebildet. Entlang des Grabensystems bricht die kontinentale afrikanische Platte auseinander. Es kommt häufig zu Erdbeben und Vulkanausbrüchen.

Grundbegriffe

- **Becken**
- **Schwellen**

M4 Ngorongoro-Krater, Tansania

Aufgaben

1 a) Beschreibe die Oberflächengestalt Afrikas (M1 – M5).
b) Vergleiche mit Europa (Atlas).

2 Benenne die topografischen Objekte (M3, Atlas).

3 Beschreibe tektonische Vorgänge im Ostafrikanischen Grabensystem (Atlas, Internet).

Zeichnen eines Profils

Wie du bereits erfahren hast, weist Afrika eine deutliche Gliederung in Becken und Schwellen auf. Der Wechsel von höher und tiefer gelegenen Gebieten innerhalb des Kontinents kann mithilfe eines Profils dargestellt werden. Ein Profil ist ein senkrechter Schnitt durch einen Teil der Erdoberfläche. In einer physischen Karte wird die Profilstrecke zwischen mindestens zwei Punkten markiert. Mithilfe von Profilen können verschiedene Geländeformen (zum Beispiel Täler oder Berge), Höhenunterschiede, aber auch Lageverhältnisse von topographischen Objekten veranschaulicht werden (zum Beispiel: die Höhenlage einer bestimmten Stadt).

Info

Die Überhöhung von Oberflächen

Ein Profil hat zwei Maßstäbe: einen Längenmaßstab und einen Höhenmaßstab. Dabei ist der Höhenmaßstab stets größer als der Längenmaßstab.
Die Überhöhung ist demnach eine „Übertreibung" der Höhenverhältnisse, um diese besser zu verdeutlichen. Sie errechnet sich mathematisch aus dem Verhältnis von Längenmaßstab zu Höhenmaßstab. Das Ergebnis zeigt das Vielfache des Höhenmaßstabs gegenüber dem Längenmaßstab an.

Beispiel
Längenmaßstab: 1:25 000
(1 cm entspricht 250 m)

Höhenmaßstab: 1:10 000
(1 cm entspricht 100 m)

Überhöhung: 25 000/10 000 = 2,5

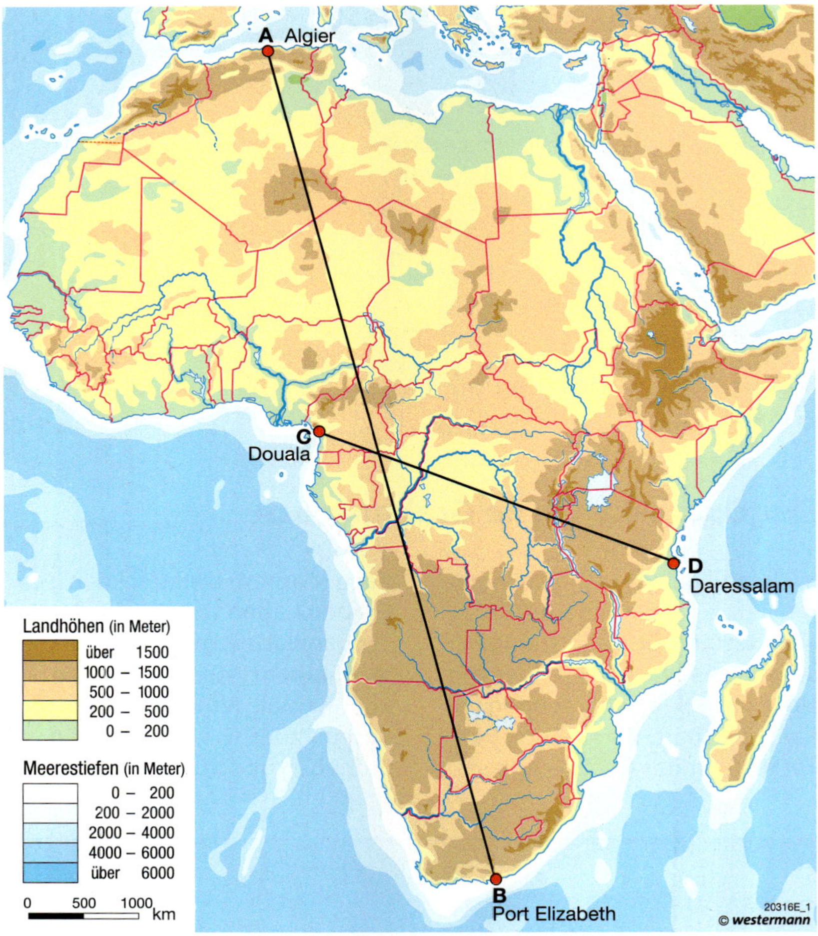

M2 Physische Karte von Afrika

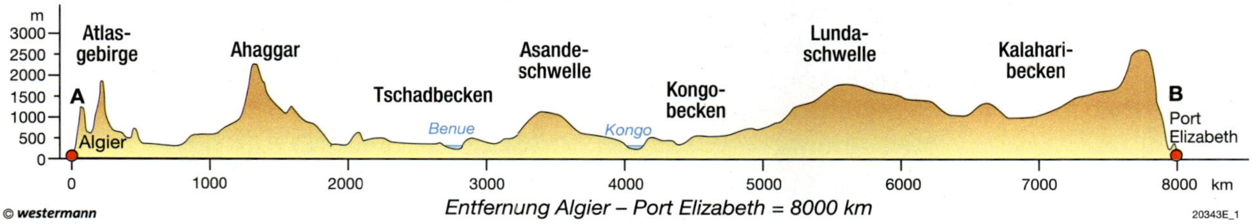

M1 Profil von Algier nach Port Elisabeth

So gehst du vor

1. Schritt: Festlegen der Profilstrecke
- Ermittle in der physischen Karte die Endpunkte A und B des Profils.
- Verbinde sie durch eine Linie – die Profilstrecke.

2. Übertragen der Profilstrecke
- Falte ein kariertes DIN-A4-Blatt oder Millimeterpapier quer.
- Lege die Faltkante auf die Profilstrecke deiner Karte.
- Markiere beide Endpunkte A und B und verbinde sie. Du erhältst die Profilgrundlinie.
- Gib den Längenmaßstab des Profils an. Orientiere dich dazu an der Maßstabsleiste in der Karte.

3. Höhenschnittpunkte übertragen
- Markiere die Schnittpunkte der einzelnen Höhenlinien auf der Faltkante deines Blattes.

4. Schritt: Höhenmaßstab übertragen
- Falte das Blatt auf.
- Zeichne über den Endpunkten jeweils eine Senkrechte ein.
- Trage auf den Senkrechten den Höhenmaßstab ab. Wähle dazu eine geeignete Überhöhung (siehe Infobox).

5. Schritt: Profillinie zeichnen
- Markiere für jeden Schnittpunkt die genaue Profillage auf deinem Blatt.
- Verbinde die Höhenpunkte miteinander. So erhältst du die Profillinie.
  Beachte: Für die Profillinie wird kein Lineal verwendet.

6. Schritt: Profil beschriften
- Beschrifte das Profil mithilfe der Karte in Druckschrift.
- Benenne auffällige topographische Objekte wie Gebirge, Berge, Tiefländer, Städte, Gewässer.
- Gib deiner Profilzeichnung eine geeignete Überschrift und trage die Himmelsrichtungen ein.

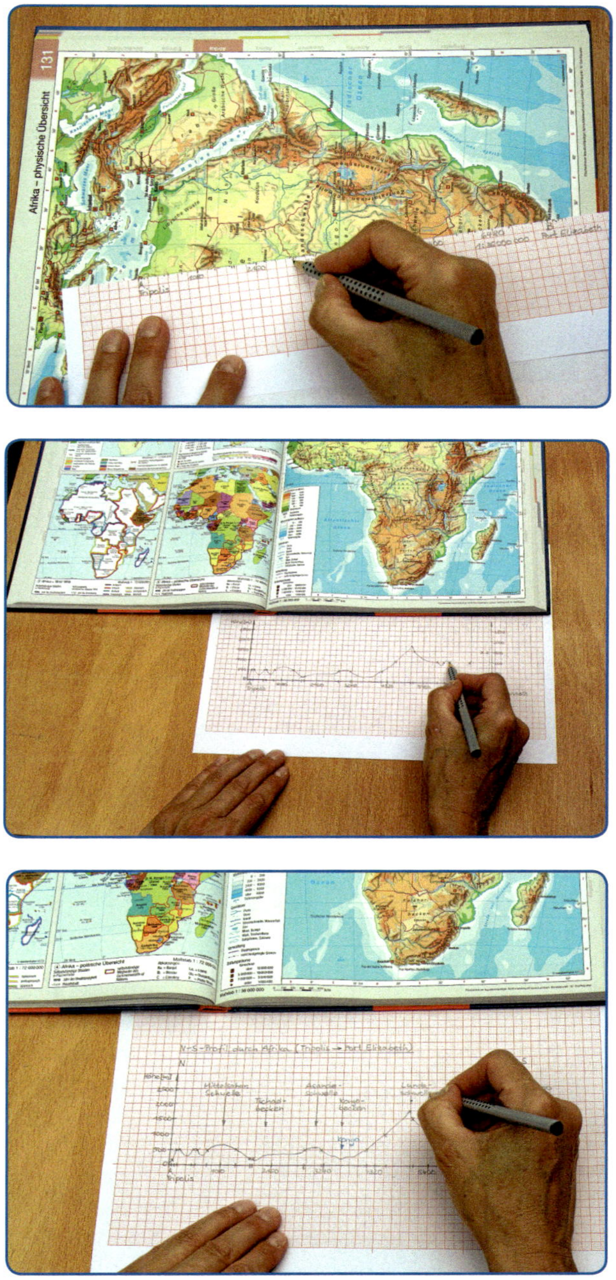

M3 Zeichnen des Profils

Aufgabe

1 **Zeichne ein W-O-Profil von Douala nach Daressalam entlang der Profilstrecke C – D (M2).**

M1 Victoria-Fälle an der Grenze zwischen Sambia und Simbabwe

Besonderheiten des Gewässernetzes

Die Becken Afrikas werden von großen Strömen durchflossen. In den Randschwellen bilden sie tiefe Täler und Katarakte oder Wasserfälle. Einige Flüsse, zum Beispiel der Okavango, enden in abflusslosen Becken und bilden hier Salzpfannen oder Sumpflandschaften.
Große Flüsse wie der Niger und der Sambesi haben eine periodische Wasserführung jeweils während der Regenzeiten. Unterschiedliche Niederschlagsmengen und Verdunstungsverluste führen auch bei einigen Seen zu einem schwankenden Wasserstand.
Neben diesen periodisch wasserführenden Flüssen und Seen existieren auch Gewässer mit episodischer Wasserführung. Sie sind vor allem in den Kernbereichen der Wüsten anzutreffen und führen nur in unregelmäßigen Abständen, nach plötzlichen Niederschlagsereignissen für kurze Zeit Wasser. Das oberirdisch abfließende Niederschlagswasser sammelt sich dann in Trockentälern, den Wadis.
Eine weitere Besonderheit sind die sogenannten Fremdlingsflüsse wie der Nil. Sie entspringen in niederschlagsreichen, humiden Gebieten und fließen durch aride Gebiete wie Dornstrauch- und Trockensavannen sowie Halbwüsten und Wüsten.

Info

Einzugsgebiet

Das Einzugsgebiet ist das Gebiet, das ein Fluss mit seinen Nebenflüssen entwässert. Man unterscheidet weit verzweigte und wenig verzweigte Flüsse.

Katarakt

Ein Katarakt ist eine Stromschnelle an Gesteinsstufen. Die Fließgeschwindigkeit erhöht sich aufgrund eines eingeengten Flussbetts.

M2 Unterlauf des Nil

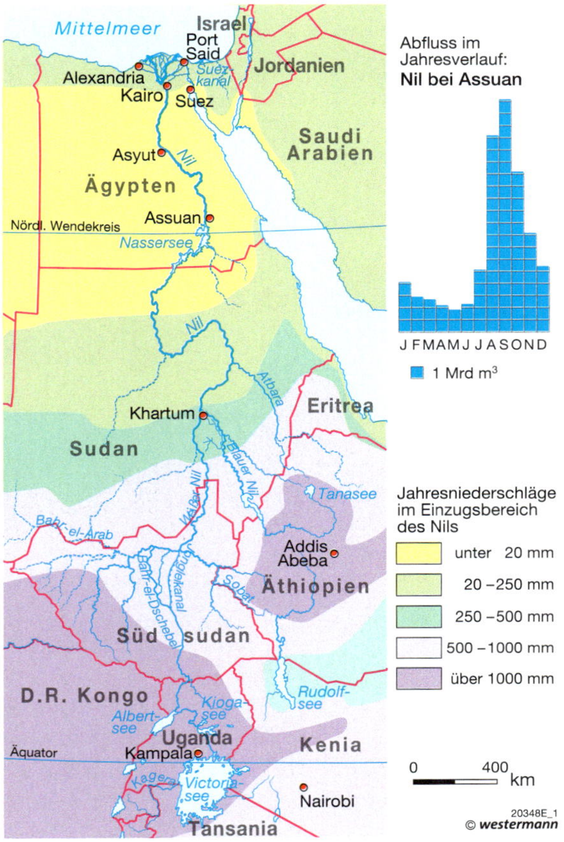

M5 Der Nil – ein Fremdlingsfluss

Fluss	Kongo	Nil	Niger	Sambesi	Elbe
Länge (km)	4 374	6 671	4 184	2 763	1 165
Einzugsgebiet (km²)	3,8 Mio.	2,8 Mio.	2,1 Mio.	1,3 Mio.	0,14 Mio.

M3 Flüsse im Vergleich

Grundbegriffe

- **Katarakt**
- **Wadi**
- **Fremdlingsfluss**

Umgeben von Eukalyptusbäumen und Sträuchern fließt der Nil behäbig dahin. Plötzlich jedoch wird sein ruhevoller Lauf beendet, denn in ganzer Breite stürzt er über die Felskante in die Schlucht hinein. Man spricht von 800 m breiten Wassermassen, die bis zu 50 m tief hinabfallen. Am Boden der Schlucht kocht und brodelt es. Es wird einem schwindelig, wenn sich der Blick auf das schäumende Wasser richtet. Nun verstehen wir, warum es noch niemandem gelungen ist, den Nil von der Quelle bis zur Mündung zu durchfahren.

(Quelle: Wenzel, J.: Im Land der dreizehn Monate. 1985, S. 138)

M4 Reisebericht

Aufgaben

1. Nenne Landschaften, die von den im Text genannten Flüssen durchquert werden (M3, Atlas).
2. Der Kongo ist neben dem Nil einer der größten Ströme Afrikas. Vergleiche sein Flusssystem und Einzugsgebiet mit dem des Nil und der Elbe (M2, M3, M5, Atlas).
3. Bewerte die Merkmale des Gewässernetzes Afrikas hinsichtlich der Nutzungsmöglichkeiten durch den Menschen (M1, M4).

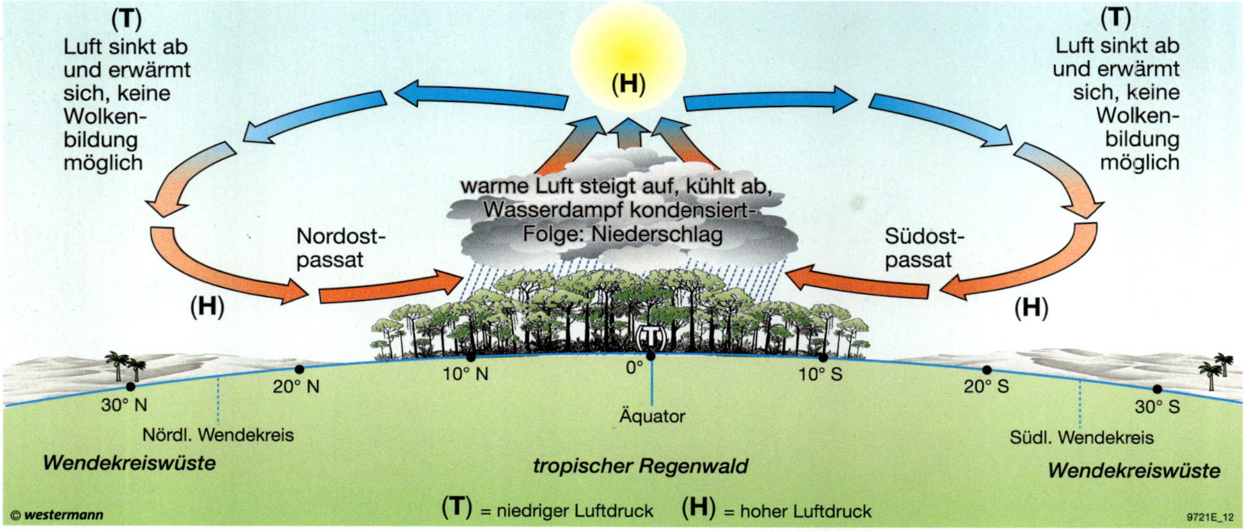

M1 Passatkreislauf in den Tropen

Info

Luftdruck

Das Gewicht, mit dem die Luft auf die Erdoberfläche drückt, nennt man Luftdruck. Dieser Druck wird mit einem Barometer gemessen und in der Maßeinheit Hektopascal (hPa) angegeben. Auf der Erde gibt es Gebiete mit höherem und Gebiete mit niedrigerem Luftdruck.

Passat

Zwischen dem Tiefdruckgebiet am Äquator und den Hochdruckgebieten der Subtropen besteht ein starkes, dauerhaftes Luftdruckgefälle. Dadurch entsteht ein beständiger, bodennaher Wind – der Passat. Durch den Einfluss der Erdrotation bildet sich dieser auf der Nordhalbkugel als Nordostpassat und auf der Südhalbkugel als Südostpassat aus. Der Passat ist ein richtungsstabiler Wind.

Luftdruckunterschiede und Windgürtel

Um die Erde spannen sich mehrere Windgürtel. Sie haben ihre Ursache in beständigen Hoch- und Tiefdruckgebieten. Luftmassen bewegen sich immer aus Gebieten mit höherem in Gebiete mit niedrigerem Luftdruck.
Je größer der Druckunterschied, desto stärker weht der Wind. Luftmassen besitzen die Eigenschaften ihrer Herkunftsgebiete (z. B. feucht-warm, trocken-heiß oder kühl-gemäßigt) und beeinflussen damit das Klima der Gebiete, die sie durchziehen.

Die ausgeprägtesten und beständigsten Windgürtel sind die Zonen der Äquatorialluft, der Passatwinde und der Westwinde.

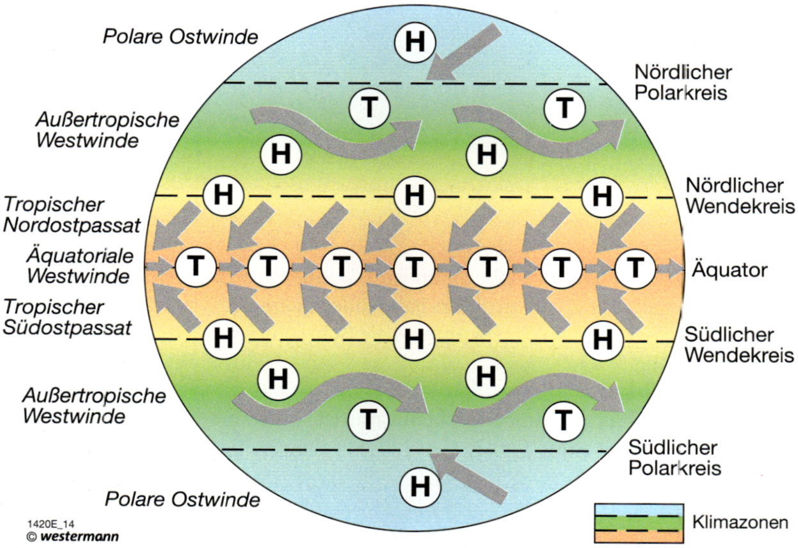

M2 Luftdruck- und Windgürtel

www.heimatundwelt.de
HW-175

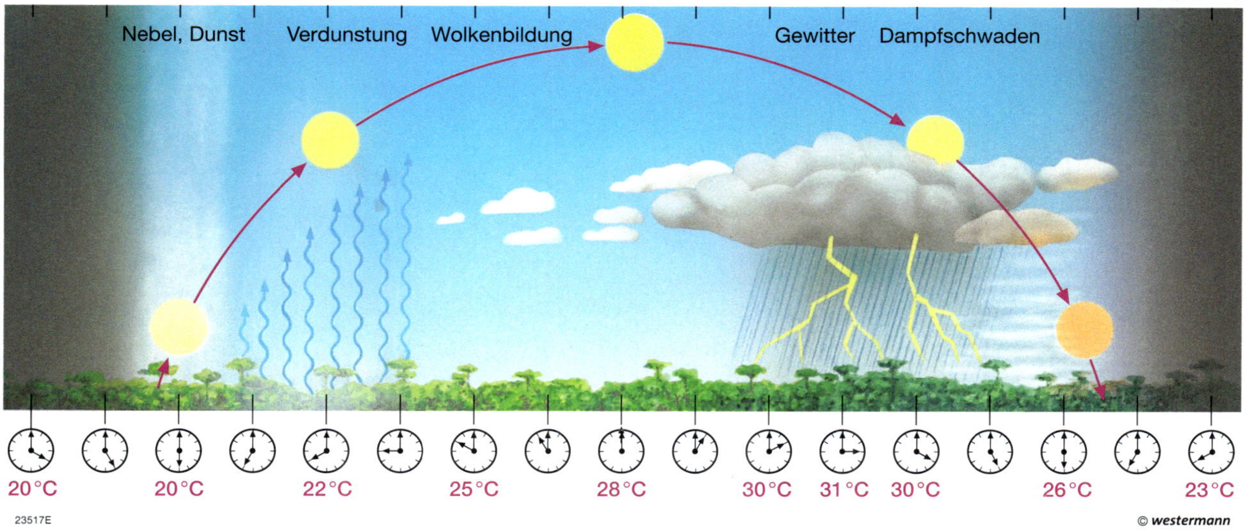

M3 Täglicher Ablauf des Wetters im äquatorialen Tageszeitenklima

Der tropische Passatkreislauf

Der Einfallswinkel der Sonnenstrahlen ist in Äquatornähe steiler als nördlich und südlich davon. Aus diesem Grund wird die Luft am Äquator stärker erwärmt und dehnt sich aus. Die Luft strömt dabei in die Höhe und der Luftdruck am Boden sinkt. Deshalb entsteht dort ein Tiefdruckgebiet und in der Höhe ein Hochdruckgebiet. Während des Aufstiegs kühlt sich die Luft ab. Sie wird zunehmend mit Wasserdampf gesättigt. Dadurch bilden sich Wolken und es kommt zu starken Niederschlägen. In der Höhe strömt die Luft in Richtung Norden und Süden auseinander. Im Bereich der subtropischen Hochdruckgürtel an den Wendekreisen sinkt die Luft dann wieder nach unten und erwärmt sich. Es ist keine Wolkenbildung möglich. Durch die absinkende Luft entstehen am Boden Hochdruckgebiete. Ausgehend von den Wendekreisen bewegt sich die trockene, warme Luft am Boden wieder zum Äquator. Dies wird als Passatkreislauf bezeichnet.

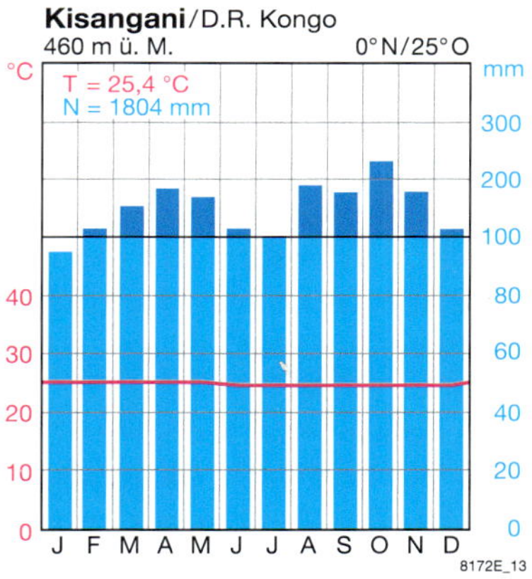

M5 Kisangani (D. R. Kongo): Mitteltemperaturen im Jahres- und im Tagesverlauf

Mamadi lebt in der Nähe von Kisangani in der Demokratischen Republik Kongo. Sein Tagesablauf wird sehr stark von dem vorherrschenden Tageszeitenklima beeinflusst. Das ganze Jahr lang herrscht drückende Hitze. Mittags steigt die Temperatur meist auf 30 °C, nachts sinkt sie selten unter 20 °C. Die hohe Luftfeuchtigkeit macht allen zu schaffen. Am frühen Morgen lässt es sich noch aushalten. Es liegen Nebelschwaden über dem Fluss. Wenn aber um sechs Uhr die Sonne aufgeht, lösen sie sich bald auf. Es wird wärmer und ab Mittag bilden sich hohe Gewitterwolken. Im Laufe des Nachmittags kommt es fast täglich zu wolkenbruchartigen Niederschlägen. Die Luft ist extrem schwül. Erst tief in der Nacht wird es wieder angenehmer. Die täglichen Temperaturschwankungen sind größer als die Jahrestemperaturschwankungen.

M4 Das Tageszeitenklima

Grundbegriff

- **Tageszeitenklima**

Aufgabe

1 Beschreibe den tropischen Passatkreislauf (M1, Atlas).

2 Erläutere das Tageszeitenklima (M3 – M5).

Klima Afrikas

M1 Gewitterwolken über der Savanne

Das Klima Afrikas

In Afrika gibt es vier verschiedene Klimazonen: die Zone des Äquatorialklimas, die Zone des tropischen Wechselklimas, die Passatklimazone und die subtropische Klimazone. Diese Zonen befinden sich spiegelbildlich nördlich und südlich des Äquators. Sie verlaufen in Ost-West-Richtung. Abweichungen in ihrem Verlauf ergeben sich vor allem aufgrund des Reliefs.
Jede der vier Klimazonen zeichnet sich durch typische Merkmale aus. Dazu gehören unter anderem die jeweilige Temperatur und der Temperaturverlauf sowie die Niederschlagsmenge und die Niederschlagsverteilung im Jahr.

Die Klimazonen in Afrika werden von drei verschiedenen Luftmassen beeinflusst. Deren Einflussbereich verändert sich im Jahresverlauf (M2, M3). Die Veränderungen haben ihre Ursache im wechselnden Sonnenstand. So verschieben sich die Luftmassen mit dem Zenitstand der Sonne.

Einige Klimazonen in Afrika werden über das Jahr von wechselnden Luftmassen beeinflusst. Hier herrscht ein Wechselklima. Andere Klimazonen sind ganzjährig durch gleichbleibende Luftmasseneigenschaften gekennzeichnet. Diese Klimazonen haben ein stetiges Klima.

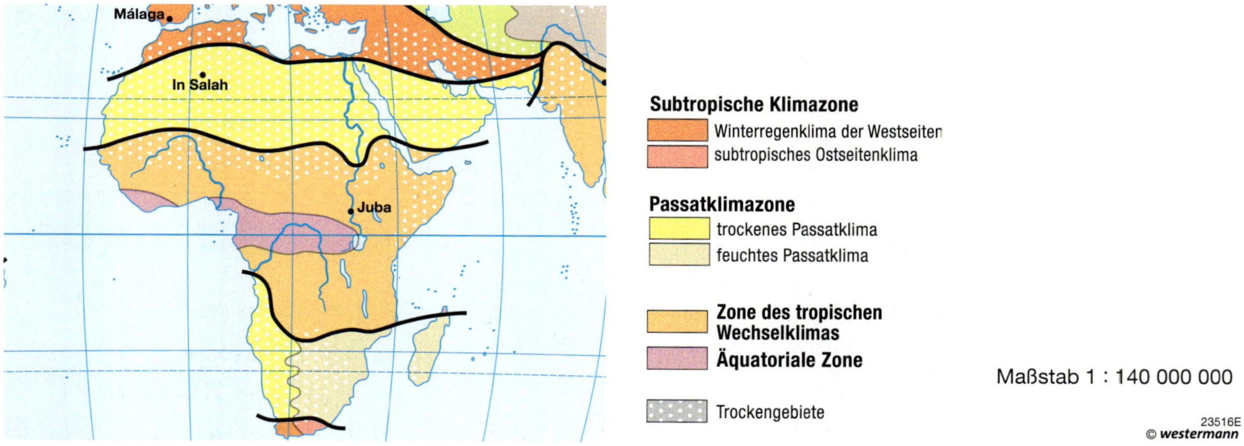

M2 Die Klimazonen Afrikas (nach Neef)

www.heimatundwelt.de
HW-127, 174

gemäßigte Luft	Passatluft	Äquatorialluft
Merkmale: - kommt aus westlichen Richtungen - milde Temperaturen im Winter - warme Temperaturen im Sommer	*Merkmale:* - kommt als Nordostpassat und als Südostpassat - hohe Temperaturen - trocken (vom Festland kommend) - feucht (vom Meer kommend)	*Merkmale:* - Eigenschaften der Luftmassen verändern sich im Jahresverlauf kaum - hohe Temperaturen - hohe Luftfeuchtigkeit - niederschlagsreich - nachmittags Gewitter und Starkregen

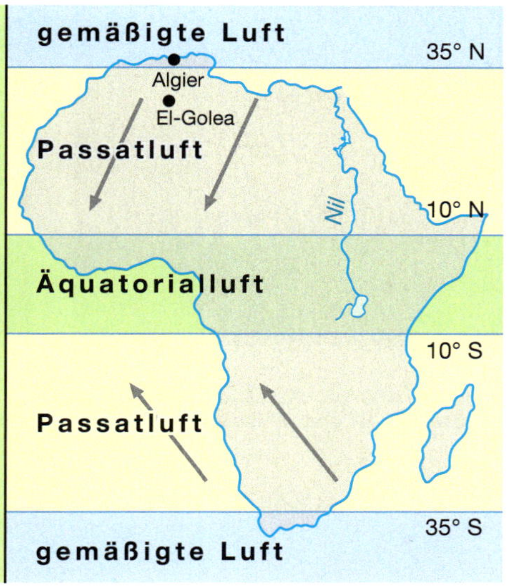

23515E

M3 Eigenschaften und Lage der Luftmassen über Afrika am 21.03. und 23.09.

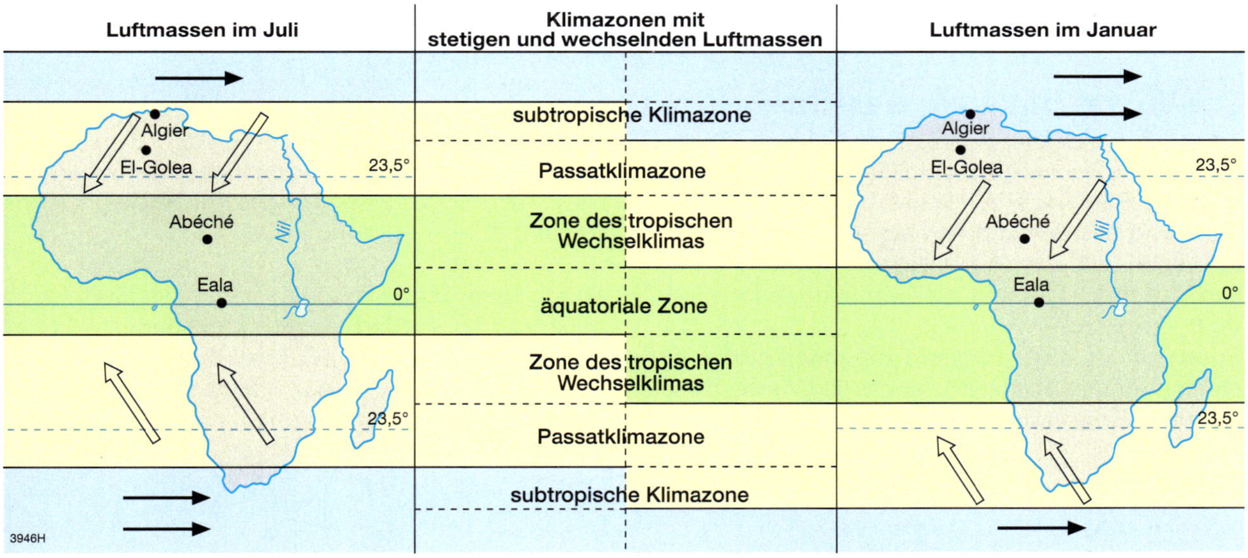

M4 Aus der Verlagerung der Luftmassen im Jahresverlauf ergibt sich die Anordnung der Klimazonen

Aufgaben

1 In Afrika gibt es verschiedene Klimazonen.

a) Nenne die Klimazonen in Afrika auf der Nordhalbkugel in ihrer Abfolge von Norden nach Süden (M2, Atlas).

b) „Die Eigenschaften der Luftmassen bestimmen das Klima in den Klimazonen Afrikas." Erläutere (M2 – M4).

c) Erkläre die Begriffe „stetiges Klima" und „Wechselklima".

2 Du planst eine Reise nach Abéché (M4). Begründe die Wahl deiner Kleidung.

Grundbegriffe

- **Äquatorialklima**
- **tropisches Wechselklima**
- **Passatklima**

Fels- und Blockwüste (Hamada)
etwa 70 % aller Wüsten

Kieswüste (Serir)
etwa 10 %

Sandwüste (Erg)
etwa 20 %

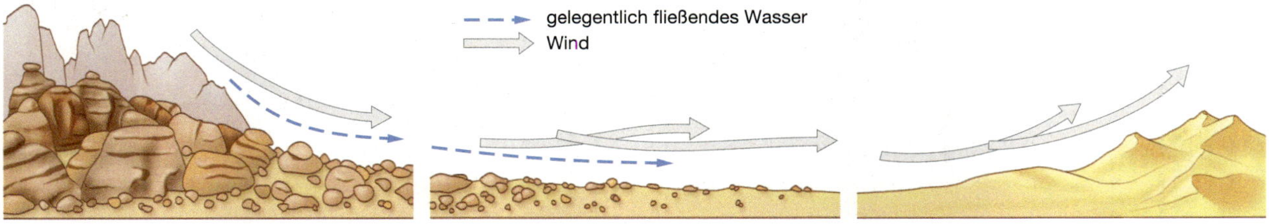

M1 Wüstenarten nach der Beschaffenheit ihrer Oberfläche

Die Wüste hat viele Gesichter

Trockenwüsten bedecken ein Fünftel unserer Erde. In diesen Regionen regnet es fast nie und die Verdunstung ist sehr hoch. Am Tag steigen die Temperaturen bis 60 °C an. Wenn die Sonne untergeht, wird es schnell kalt und die Temperatur kann bis unter 0 °C sinken.
Aufgrund der ausgeprägten Trockenheit gibt es nur einen geringen Pflanzenbewuchs. Ein Viertel dieser Wüsten ist aufgrund der Wasserarmut überhaupt nicht bewachsen. Allerdings haben sich einige Tiere und Pflanzen den Bedingungen der Trockenheit angepasst.

Durch Wind, Sonne und Wasser wird das Gestein zerstört, transportiert und an einem anderen Ort abgelagert. So kann je nach den Bedingungen aus einer Fels- und Blockwüste eine Kies- und eine Sandwüste entstehen.

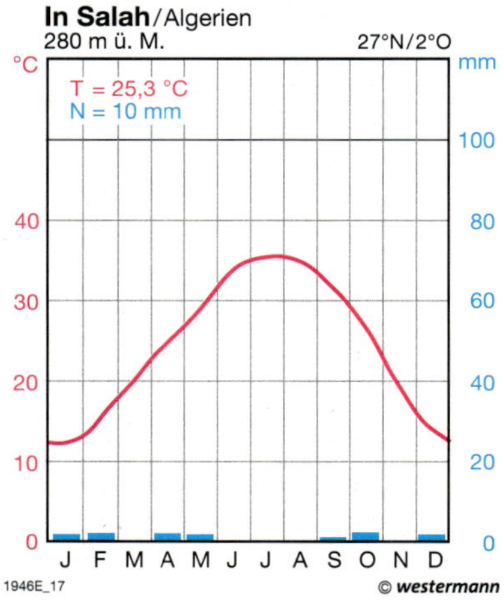

M2 Klimadiagramm In Salah

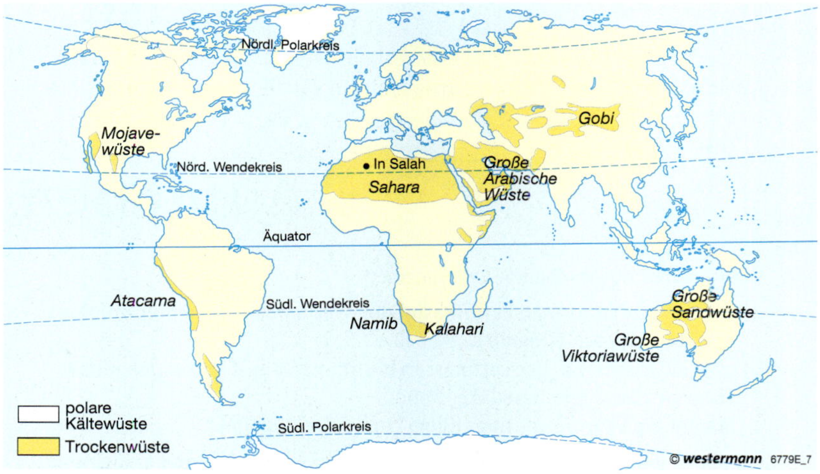

M3 Wüsten der Erde

www.heimatundwelt.de
HW-128, 179

M4 Nach einem seltenen Regenschauer – die Wüste erblüht

Überlebenskünstler in der Trockenheit

Unglaublich, bis zu 17 Tage bei über 50 °C ohne Wasser in der Wüste. Das schaffen nur wahre Überlebenskünstler wie die Dromedare. Sie sind perfekt für das Leben in der Wüste ausgerüstet. Lange Beine schützen ihren Körper vor übermäßiger Hitze, denn bereits einige Zentimeter über dem Boden ist es mehrere Grad kühler.
Auch andere Tiere haben sich angepasst. So strahlt der Wüstenfuchs über seinen langen Schwanz Wärme ab und der Dornschwanz nutzt seinen Schwanz als Wasserreserve. Eidechsen, Schlangen, Skorpione und Wüstenkäfer vergraben sich tagsüber im kühlenden Sandboden und huschen erst nachts über den Boden.
Pflanzen, wie zum Beispiel Aloe und Agave, sind Sukkulenten. Diese speichern viel Wasser in ihren dicken, fleischigen und lederartigen Blättern. Dadurch können sie jahrelange Trockenheit überdauern. Mit langen Wurzeln reichen Bäume, wie Dattelpalmen und Schirmakazien, bis zu den tief liegenden unterirdischen Wasservorräten der Sahara.

M5 Wüstenbewohner: Skorpion und Wüstenfuchs

Grundbegriffe

- **Fels- und Blockwüste**
- **Kieswüste**
- **Sandwüste**

Aufgaben

1 a) **Beschreibe das Aussehen der drei Wüstenarten (M1).**
b) **Ordne den drei Wüstenarten folgende Merkmale zu. Fertige dazu eine Tabelle an:** *Sand – Geröll – Felsen – Dünen – etwa ein Fünftel der Fläche – knapp vier Fünftel der Fläche – Gebirge – Wandern von Dünen – Wirkung des Windes – zerkleinerte Felsblöcke*

2 **Erkläre die Entstehung der Wüstenarten (M1).**

3 **Nenne Anpassungsmerkmale von Pflanzen und Tieren (M4, M5).**

4 **Lege eine Informationssammlung (als Hefter oder als Datei) zu Wüsten an (Atlas, Internet).**

M1 Die „Big Five“

Savannen – Grasländer der Tropen

Als Savannen („weite Ebenen“) werden die mit einzeln stehenden Bäumen und Sträuchern durchsetzten Grasländer der Gebiete des tropischen Wechselklimas bezeichnet. Die Savannen nehmen etwa 15 Prozent der Festlandsfläche der Erde ein.

Besonders große Savannengebiete findet man in Afrika, Australien und Südamerika. Grundlagen ihrer Entstehung sind unterschiedliche Niederschlagsmengen, sandige oder tonhaltige Böden und immer wiederkehrende natürliche oder vom Menschen angelegte Buschbrände.

Der Jahresrhythmus der Savannen richtet sich nach dem Wechsel von Regen- und Trockenzeit. In der Trockenzeit leiden Menschen, Tiere und Pflanzen unter dem Wassermangel. Die Gräser verdorren, die Büsche und Bäume werfen ihre Blätter ab. Für einige Monate färbt sich die Savanne gelb. Wenn der Regen, oft mit heftigen Gewittern, einsetzt, dann erwachen die Natur und das Leben in den Savannen.

Ursache für die Ausbildung der drei Savannenarten – Dornstrauchsavanne, Trockensavanne und Feuchtsavanne – ist die unterschiedliche Dauer der Regenzeit.

M2 Baobab (Affenbrotbaum)

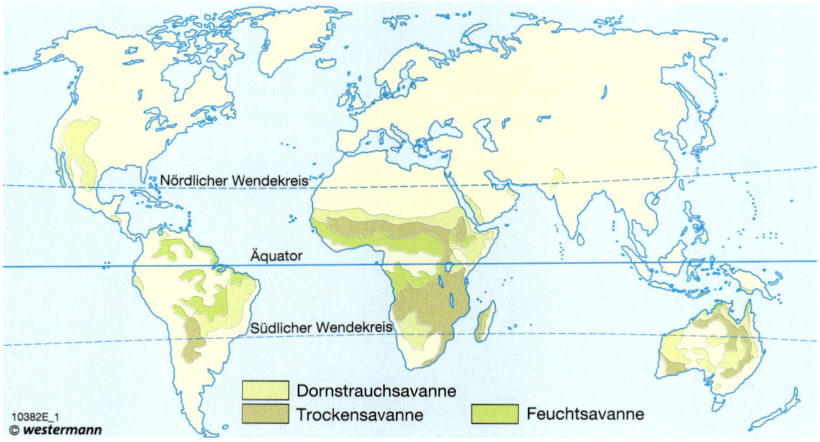

M3 Zone der Savannen

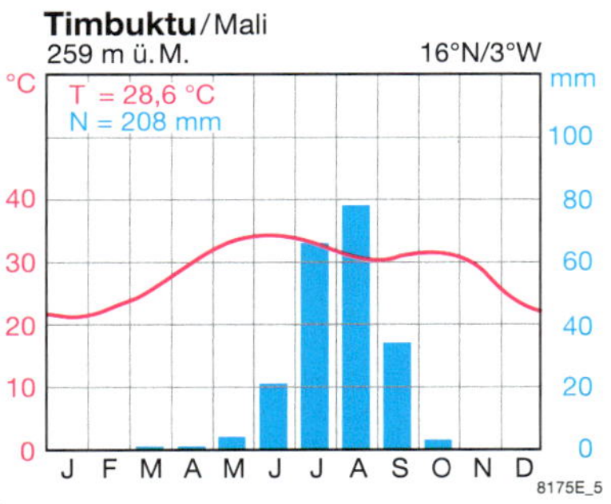

Da in der Dornstrauchsavanne nur zwei bis vier Monate lang Regenzeit vorherrschen und nur geringe Niederschlagsmengen fallen, ist das Pflanzenwachstum gehemmt. Hier reicht es nur zu einem Graswuchs mit geringen Wuchshöhen. Ab und zu findet man niedrige, dornige Büsche.

M4 Dornstrauchsavanne

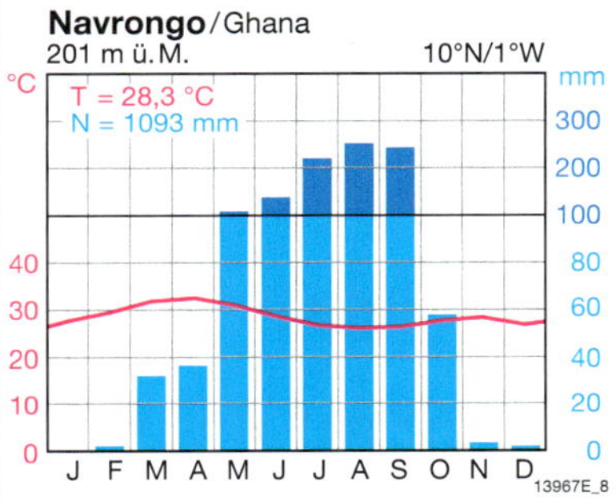

In der Trockensavanne dauert die Regenzeit vier bis sechs Monate. Hier wächst das Gras höher. Man trifft auf weite, dichte Grasflächen, in denen einzelne Bäume auftreten. Vereinzelt gibt es lichte Trockenwälder, die in der regenlosen Zeit ihr Laub abwerfen.

M5 Trockensavanne

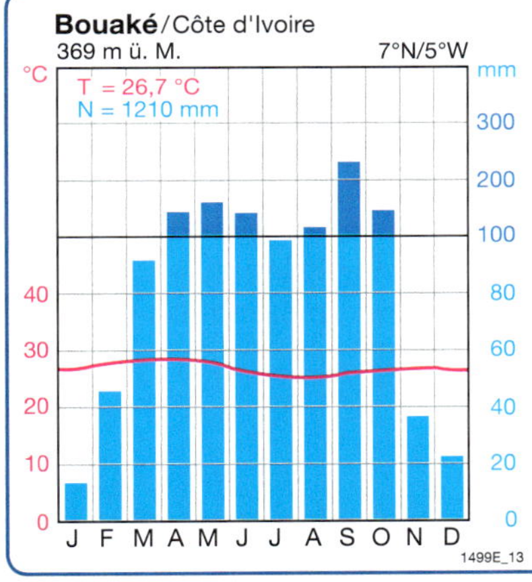

Die üppigste Vegetation hat die Feuchtsavanne, in der die Regenzeit bis zu zehn Monate dauern kann. Niederschlagsmengen von 1000 bis 1500 mm im Jahr sind hier die Regel. So bildet sich eine artenreiche Vegetation aus. Das Elefantengras kann bis zu sechs Meter hoch werden. Die Bäume stehen in Gruppen zusammen bzw. wachsen in Wäldern.

M6 Feuchtsavanne

Aufgaben

1 **Beschreibe die Lage der Savannen (M3, Atlas).**

2 **Recherchiere zu den „Big Five" in den Savannen (M1, Internet).**

3 **Erläutere Klima- und Vegetationsmerkmale der unterschiedlichen Savannenarten (M2 – M6).**

Grundbegriff
- **Savanne**

M1 Nach einem Gewitter im tropischen Regenwald

Der tropische Regenwald – ein außergewöhnlicher Lebensraum

Die tropischen Regenwälder erstrecken sich beiderseits des Äquators bis etwa 10° nördlicher und südlicher Breite.
Neben dem Amazonasbecken in Südamerika ist das Kongobecken in Zentralafrika ein weiteres großes, zusammenhängendes Regenwaldgebiet der Erde.

Die Pflanzenwelt ist üppig und sehr artenreich. Im tropischen Regenwald führen die meisten Pflanzen einen ewigen Kampf ums Licht. Weil durch das geschlossene Blätterdach der ausgewachsenen Bäume kaum Sonnenlicht in das Innere des Waldes dringt, bildet sich nur am Rand des Waldes eine undurchdringliche Kraut- und Strauchschicht aus.

Um näher am Licht zu sein, gedeihen manche Pflanzen, die Aufsitzerpflanzen, auf Ästen von Bäumen. Unterschiedlich hohe Strauch- und Baumschichten bilden den Stockwerkbau des tropischen Regenwaldes.

Weil es ganzjährig warm und feucht ist, kann es sein, dass ein Baum oder Ast in voller Blüte steht, während an einem anderen Baum oder Ast gerade die Knospen sprießen oder Früchte reifen. Daher erscheint der Regenwald ganzjährig immergrün. Die bis zu 60 m hohen Bäume bilden mächtige Brettwurzeln, die ihnen sicheren Stand ermöglichen.

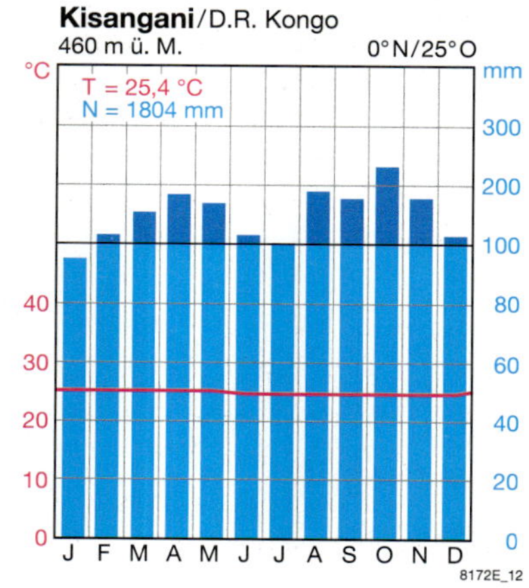

M2 Klimadiagramm Kisangani

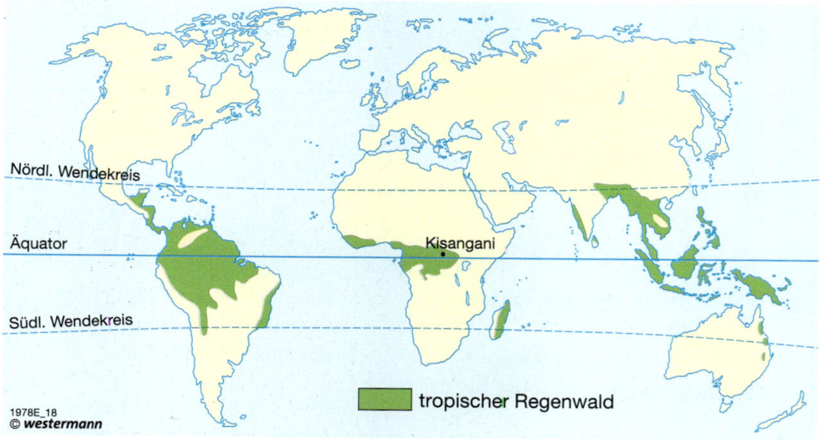

M3 Zone des tropischen Regenwaldes

www.heimatundwelt.de
HW-178

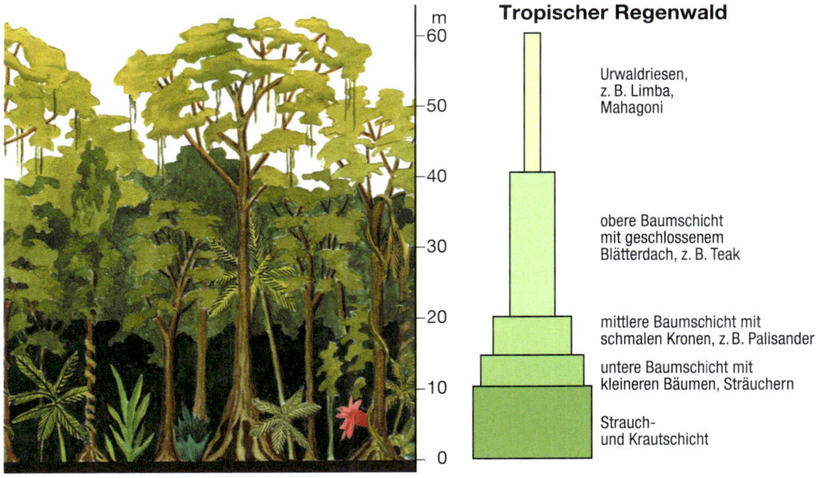

M4 Stockwerkbau im tropischen Regenwald (Fläche der Rechtecke entspricht der Biomasse des Stockwerkes)

M7 Baumriese mit Brettwurzeln

„Reiche“ Vegetation trotz „armer“ Böden

Im feuchtwarmen Äquatorialklima der tropischen Regenwälder werden abgestorbene Blätter und Zweige in wenigen Stunden oder Tagen zersetzt und so dem Boden ständig neue Nährstoffe zugeführt. Trotzdem bildet sich an der Oberfläche nur eine dünne Humusschicht, weil die zahlreichen Pflanzen die Nährstoffe sofort wieder aufnehmen. Außerdem spült das Sickerwasser Nährstoffe, die nicht gleich verbraucht werden, aus den oberen Bodenschichten in große Tiefe. Selbst für Urwaldriesen, die mit ihren Brettwurzeln Halt in dem immerfeuchten Boden finden, sind die Nährstoffe in der Tiefe verloren. Der Boden ist ausgewaschen und somit nährstoffarm. Besonders deutlich wird das, wenn dieser Nährstoffkreislauf durch Abholzung oder Brandrodung unterbrochen wird.
Auf Feldern sind die Nährstoffe des Bodens nach zwei bis drei Jahren schnell verbraucht.

M5 Gorilla

M6 Aufsitzerpflanze Orchidee

Grundbegriff

- **Tropischer Regenwald**

Aufgaben

1 Nenne die Merkmale der Vegetation des tropischen Regenwaldes (M1, M4, M6, M7).

2 Begründe, warum die Pflanzen im tropischen Regenwald einen ewigen Kampf ums Licht führen (M1, M4, M6).

3 Begründe, warum der Boden im tropischen Regenwald unfruchtbar ist.

4 Erkläre, warum der tropische Regenwald immergrün ist (M1).

5 Begründe, warum Baumriesen Brettwurzeln haben (M7).

6 Recherchiere zu Tieren im tropischen Regenwald (M5).

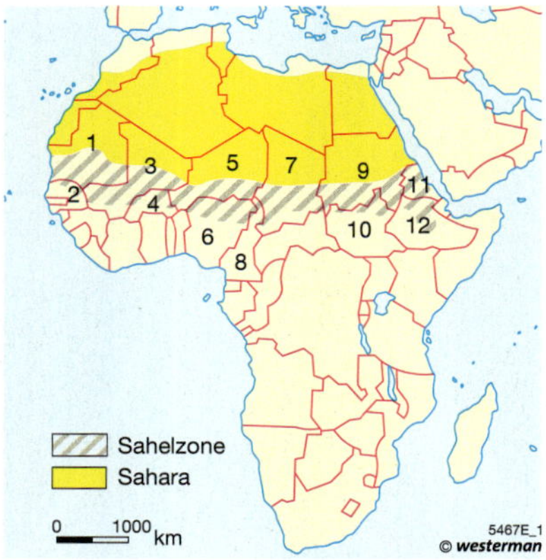

M1 Die Sahelzone südlich der Sahara

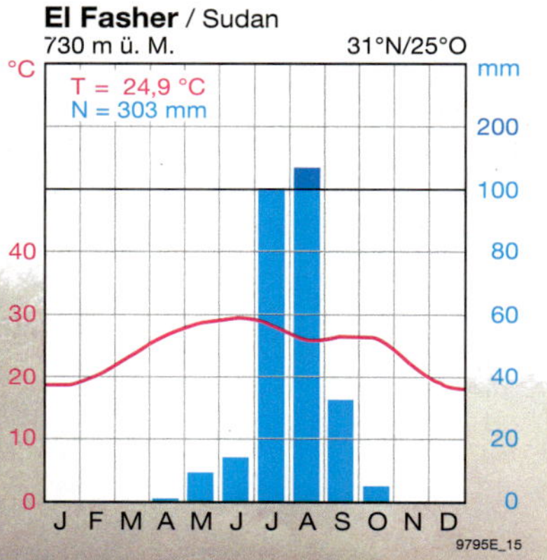

M2 Klimadiagramm

Wandern mit dem Regen

Südlich an die Sahara schließt sich die Sahelzone an, auch „der Sahel" genannt. Das Wort kommt aus dem Arabischen und bedeutet „Ufer". Die Sahelzone erstreckt sich vom Atlantischen Ozean bis nach Ostafrika. Sie gehört nicht mehr zur Wüste, sondern zur Savanne, denn hier fällt mehr Regen als in der Wüste.

In der Sahelzone wachsen Dornsträucher und niedrigere Gräser. Hier dauert die Trockenzeit mehr als sechs Monate. Während der Regenzeit zwischen Mai und Oktober wächst sehr schnell frisches Gras. Die Niederschlagsmengen reichen aber nicht aus, um Hirse oder Mais anzubauen. Ackerbau ist in der Sahelzone ohne intensive und teure Bewässerung nicht möglich.

Um zu überleben, haben sich die Menschen den natürlichen Gegebenheiten angepasst. Lebensgrundlage sind ihre Viehherden.

Mit ihren Schafen, Rindern und Ziegen sind die Menschen ständig auf Wanderschaft. Sie sind Nomaden. Das Wort Nomade bedeutet „mit Herden umherziehend". Die Nomaden wandern auf festgelegten Routen von Weideplatz zu Weideplatz. Aus ihren Erfahrungen wissen sie, wann die Regenzeiten sind. Zu Beginn der Regenzeit treiben die Nomaden ihre Herden nach Norden. Dort fällt weniger Niederschlag. Aber für kurze Zeit finden die Tiere auch hier Wasser und Nahrung. Zum Ende der Regenzeit ziehen sie wieder nach Süden. Da hier mehr Regen fällt, ist auch in der Trockenzeit noch Gras zum Weiden für die Tiere vorhanden.

So wandern die Nomaden in einem Jahr mehrere Hundert Kilometer. Zelte und der gesamte Hausrat werden dabei auf Kamelen transportiert.

M3 Nomaden auf Wanderung

www.heimatundwelt.de
HW-128,.129

M4 Nomaden haben ihre Hütte an einem neuen Lagerplatz gebaut.

Halima muss alle paar Monate ihre Sachen packen und umziehen. Sie gehört zu einem Nomadenvolk, das mit Kamelen, Kühen und Ziegen durch die Sahelzone wandert – immer auf der Suche nach Weideland und Wasser. Halima sammelt Feuerholz, hütet die Ziegen, hilft beim Kochen und holt Wasser.

M7 Leben als Nomadin

Wenn zu wenig Regen fällt

Die Niederschlagsmengen in der Sahelzone sind von Jahr zu Jahr sehr unterschiedlich. In manchen Jahren regnet es kaum. Dann herrscht eine solche Dürre, dass an den Wasserstellen nicht genug Wasser zum Tränken des Viehs vorhanden ist. Es wächst auch kaum Gras. Viele Tiere sterben.

Vor allem in diesen Dürrejahren ziehen die Nomaden weit nach Süden. Dabei kommt es zu Konflikten zwischen ihnen und den Ackerbauern am Südrand der Sahelzone.
Der Konflikt um Wasserstellen führt in manchen Regionen sogar zu Kämpfen.

Grundbegriff

- **Sahel**

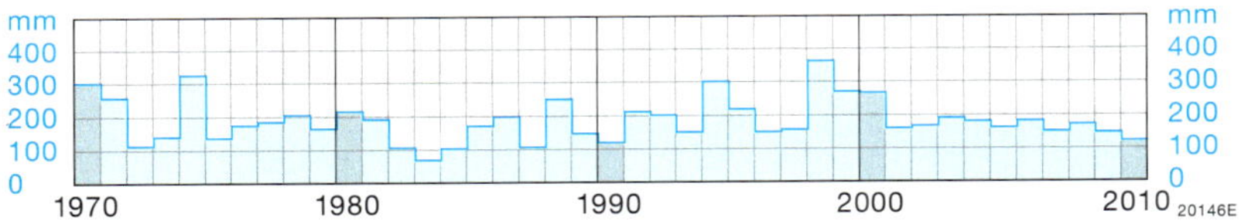

M5 El Fasher: Summe der Niederschläge 1970 – 2010

„Die Nomaden sind schlimmer als Heuschrecken! Wo sie vorbeiziehen, wächst kein Gras mehr! Und unsere Brunnen haben nicht genug Wasser, dass es auch für ihre riesigen Herden reichen würde. Wie oft habe ich erlebt, dass sie ihre Kühe absichtlich in unsere fast reifen Hirsefelder treiben, weil sie dort Nahrhafteres zu fressen finden als auf den Weiden. Das ruiniert uns, denn die Böden sind sowieso nicht mehr so fruchtbar wie früher. Wir brauchen die Flächen, um unsere Familien zu ernähren. Um unsere Kosten zu decken, müssen wir außerdem Erdnüsse und Baumwolle anbauen, die wir verkaufen können. Deshalb dürfen die wenigen Flächen, die uns für den Hirseanbau bleiben, nicht noch verwüstet werden."

M6 Bericht eines Ackerbauern

Aufgaben

1. Die Sahelzone zieht sich in einem 200 – 800 km breiten Band durch den Norden Afrikas. Nenne die zwölf Staaten, die im Sahel liegen (M1, Atlas).
2. Werte das Klimadiagramm zu El Fasher aus (M2).
3. Erläutere die Lebensbedingungen in der Sahelzone (M2 – M7).
4. Benenne die Jahre, in denen die Lebensbedingungen besonders gut und besonders schlecht im Sahel waren (M5).
5. Vergleiche das Leben von einer Nomadin wie Halima mit deinem Leben (M3, M4, M7).
6. Erläutere Konflikte zwischen Nomaden und Ackerbauern (M6, M7).

M1 Dürre in der Sahelzone

M3 Arbeiten auf einem Erdnussfeld

Eingriffe des Menschen

Übernutzung durch Viehwirtschaft ...

In manchem Jahr fällt im Sahel nur wenig oder kein Niederschlag. Dann herrscht Dürre. Während einer Dürre ziehen die Nomaden nicht weit nach Norden, sondern bleiben mit ihren Herden lange an einem Ort. Da sich die Bevölkerung in der Sahelzone in den letzten Jahrzehnten mehr als verdoppelt hat, haben sich die Herden vergrößert. Der Wasserbedarf ist enorm gewachsen.

... und Folgen

Die Tierherden fressen alles kahl. Das Gras kann nicht schnell genug nachwachsen. Um die Herden mit Wasser zu versorgen, haben die Nomaden zusätzliche Brunnen gegraben und starke Motorpumpen angeschlossen. Wegen der großen Wasserentnahme sinkt der Grundwasserspiegel und die wenigen Bäume sterben ab. Dort, wo nichts mehr wächst, dringt die Wüste weiter vor. Die Wüstenwinde der Sahara haben kaum Mühe, den ungeschützten Boden fortzutragen. Wo vor wenigen Jahren noch Herden grasten, türmen sich nun meterhohe Dünen auf.

Staat	Bevölkerung in Millionen				
	1970	1980	1990	2000	2008
Burkina Faso	5,38	6,96	8,99	11,95	15,2
Mali	5,48	6,86	9,21	10,69	12,7
Niger	4,17	5,59	7,73	10,08	14,7
Sudan	15,5	18,7	27,3	35,08	39,4

M2 Bevölkerungsentwicklung in der Sahelzone

Übernutzung durch Ackerbau ...

Am südlichen Rand der Sahelzone kann während der Regenzeit Hackbau betrieben werden. Die Hackbauern brennen die spärliche Vegetation nieder und verwenden die Asche zur Düngung ihrer kargen Hirsefelder. Wegen des Bevölkerungswachstums in der Sahelzone wurden die Anbauflächen ständig vergrößert. Sie dehnen sich inzwischen in sehr trockene Gebiete aus. Diese sind für den Ackerbau aber nicht geeignet. Neben Hirse für den Eigenbedarf werden so auch Exportkulturen wie Erdnuss und Baumwolle angebaut.

... und Folgen

Aber schon nach wenigen Jahren gehen die Ernteerträge zurück. Der Boden ist ausgelaugt und die Bauern wandern weiter (Wanderfeldbau). Die Vegetation verdorrt. Auf den verlassenen, ausgedörrten Feldern tragen nun Wind und Wasser den schutzlosen Boden fort. Man spricht von Bodenerosion. Bleibt der Regen aus, durchziehen Trockenrisse den Boden. Eine kahle, nackte Wüste bleibt zurück. „Man-made-desert" oder Desertifikation sagen die Wissenschaftler dazu. Das ist eine vom Menschen geschaffene Wüste. Der Lebensraum für Mensch und Tier wird immer kleiner. Desertifikation findet auch ohne menschliches Zutun statt. In trockenen Jahren wirkt sie stärker als in feuchten Jahren. Die natürliche Desertifikation wird durch die landwirtschaftliche Nutzung verstärkt.

www.heimatundwelt.de
HW-128

Holzsammlerin in der Sahelzone

Info

Mangelware Holz

Holz ist der wichtigste Brennstoff in den Ländern der Sahelzone. Auch als Baumaterial ist Holz unentbehrlich. Frauen und Kinder sind ständig auf Holzsuche. Die Umgebung der Dörfer ist jedoch schnell abgeholzt. So müssen sie weit laufen, um Bäume zu finden, und immer häufiger werden auch grüne Äste oder junge Bäume abgeschlagen. Die Männer betreiben den Handel mit Holz in Städten. Holz ist in der Sahelzone mittlerweile so kostbar geworden wie Wasser.

Organisationen der Entwicklungszusammenarbeit versuchen, gemeinsam mit den Hackbauern der Ausbreitung der Wüste entgegenzuwirken. Damit der Boden nicht so schnell austrocknet, werden Schatten spendende Bäume angepflanzt. Windschutzstreifen aus Büschen und Gräsern sollen das Abwehen des Bodens verhindern. Mit Stein- und Erdwällen versucht man, abfließendes Regenwasser aufzuhalten. Die Hackbauern nutzen Getreidesorten, die die Trockenheit gut vertragen.

M4 Maßnahmen zur Verhinderung der Wüstenausbreitung

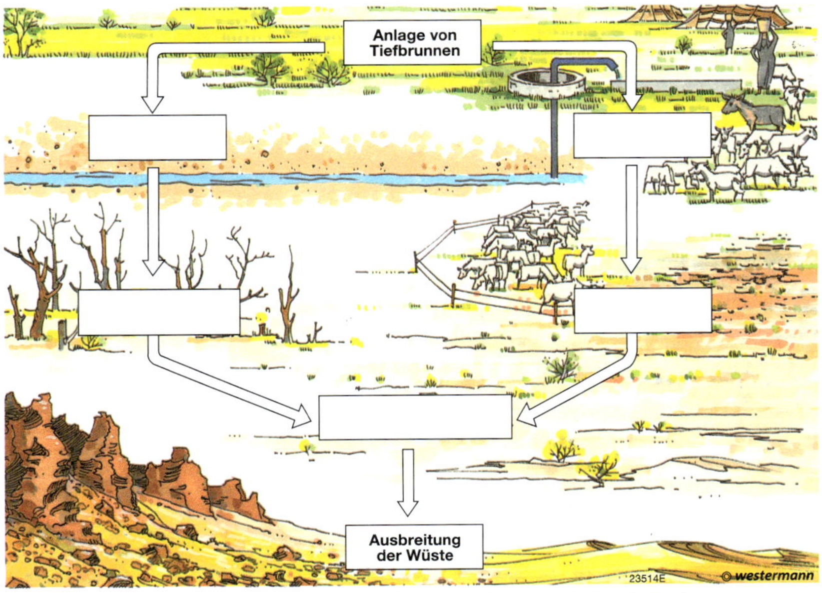

M5 Negative Auswirkung des Baus von Tiefbrunnen im Sahel

Grundbegriff

- **Entwicklungszusammenarbeit**

Aufgaben

1. Nenne Ursachen für die Wüstenbildung in der Sahelzone.
2. Vervollständige das Schema zu den Auswirkungen der verstärkten Wasserentnahme im Sahel. Nutze folgenden Wortgruppen: Zerstörung des Bodens und der Pflanzendecke, Bäume vertrocknen und sterben ab, große Herden – Überweidung, Absenkung des Grundwassers, großes Wasserangebot (M5, ÜF).

Sahara

M1 Sahara und ihre Lage

Die Wüste Sahara

Die Sahara ist die größte Wüste der Erde. Mit acht Millionen km² ist sie 30-mal größer als Deutschland.

Die Wüste Sahara ist ein lebensfeindlicher Raum, denn sie ist sehr trocken. In manchen Gebieten fallen über mehrere Jahre keine Niederschläge.
Die seltenen Niederschläge fallen als kurze heftige Schauer. Innerhalb von wenigen Stunden fällt dann eine riesige Menge an Regen. Nun wachsen Pflanzen – allerdings nur für kurze Zeit.
Die Wassermassen fließen dann in den Wadis ab. Diese sonst trockenen Täler verwandeln sich schnell in reißende Sturzbäche.

In den Sommermonaten betragen die durchschnittlichen Temperaturen über 35 °C. Tatsächlich werden es aber häufig mittags mehr als 50 °C. Hier können Menschen nur mit genügend Wasser und ausreichendem Schutz vor der Gluthitze überleben. Pflanzen und Tiere haben sich an Hitze und Trockenheit angepasst. Pflanzensamen fallen in einen langen „Trockenschlaf", aus dem sie erst durch wolkenbruchartige Niederschläge für kurze Zeit erwachen. Angepasst an Hitze und Trockenheit haben sich auch Schlangen, Skorpione und Kamele. Kleine Tiere wie die Wüstenspringmaus vergraben sich am Tag tief im Sand und werden nachts aktiv.

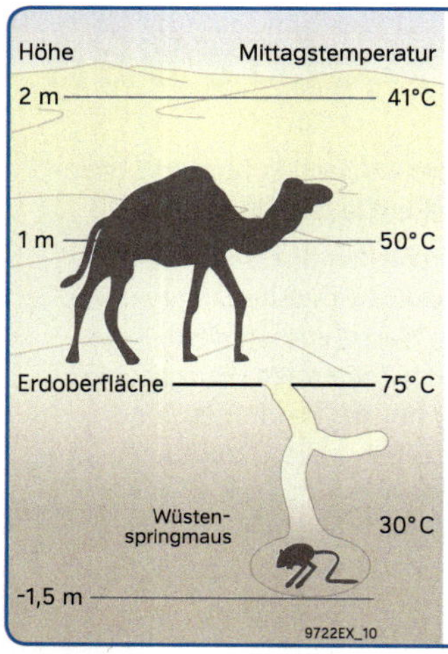

- Die tellergroßen Füße verhindern ein Einsinken im weichen Sand.
- Dicke Hornschwielen schützen die Füße vor der heißen Erde.
- Das Kamel kann Körperwasser bilden ohne zu trinken: Durch die Verbrennung von 100 Gramm Fett aus dem Höcker erhält der Körper des Tieres 107 Gramm Wasser.

M2 Das Kamel – Überlebenskünstler der Wüste

„Ich fühle keinen Hunger, nur Durst. Dabei habe ich so gut wie nichts gegessen, am ersten Tag einige Trauben, am zweiten und dritten Tag eine halbe Apfelsine und etwas Kuchen. Für mehr Nahrung hatten wir keinen Speichel. Der Durst aber ist allmächtig: die harte Kehle, die Zunge aus Gips, das Rasseln im Schlund und ein ekliger Geschmack im Mund. Einen Augenblick haben wir gerastet, nun geht es weiter.
Die Landschaft verändert sich, die Steine werden seltener und wir gehen auf Sand. Zwei Kilometer vor uns beginnen die Dünen mit einigen Anzeichen kleinen Pflanzenwuchses. Ich bringe keinen Speichel mehr hervor. Die Sonne hat alles ausgetrocknet."

(Quelle: Saint-Exupéry, Antoine de: Wind, Sand und Sterne. Hamburg 1964, S. 142)

M3 Bericht eines Wüstenreisenden

www.heimatundwelt.de
HW-128, 179

M4 Flussoase am Nil

M6 Grundwasseroase in der Sahara

Oase – Wasser, der kostbarste Schatz der Wüste

In der Wüste tritt Wasser nur selten an der Erdoberfläche aus. Lediglich in den Gebirgen liegen in schattigen Schluchten einige Quellen oder Wasserbecken. Sie werden von gelegentlichen Regenfällen gespeist. Das meiste Regenwasser verdunstet oder versickert in den sandigen, trockenen Böden und wird schließlich als Grundwasser gespeichert. Über den wasserstauenden Schichten im Untergrund sammelt sich das Wasser. Es bildet sich ein großer Wasservorrat. Dem Gefälle folgend findet das Wasser unterirdisch seinen Weg bis in weit entfernte Wüstenbecken. Dort wird es in Oasen mit Brunnen oder Pumpen gefördert oder tritt als artesisches Wasser unter Druck an die Erdoberfläche. Hier entstehen Grundwasseroasen, die durch einen reichen Pflanzenwuchs gekennzeichnet sind. An Flüssen, die große Trockengebiete durchfließen, entstehen sogenannte Flussoasen. Sie sind dicht besiedelt und werden landwirtschaftlich intensiv genutzt. Die größte Flussoase der Erde erstreckt sich entlang des Nils.

Grundbegriff

- **Oase**

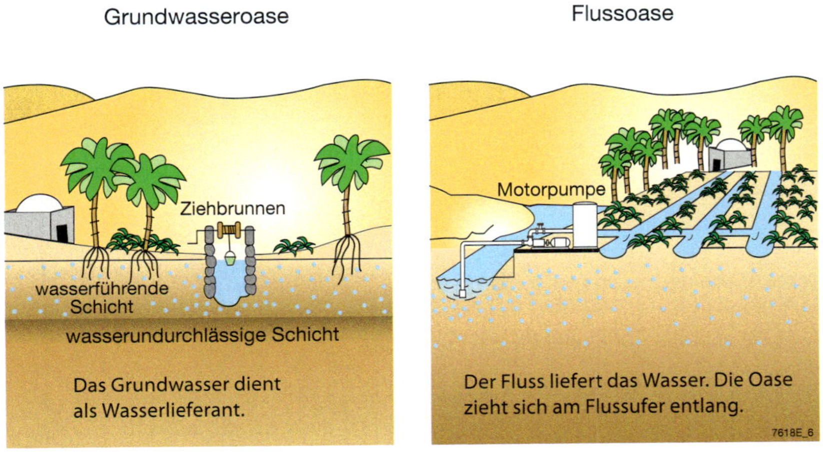

M5 Oasenarten

Aufgaben

1. „In der Wüste sind schon mehr Menschen ertrunken als verdurstet.“ Erkläre diese Aussage.
2. Beschreibe, wie sich das Kamel und die Wüstenspringmaus an die Hitze in der Wüste angepasst haben (M2).
3. Erkläre, warum es im Untergrund der Sahara Wasser gibt.
4. Nenne die Oasenarten. Beschreibe ihre Unterschiede (M4 – M6).

Entwicklungsländer

M1 Unterricht an einer Dorfschule in Mali

Ein Mittwochmorgen zur Zeit der großen Pause: Der elfjährige Sanjeeva fasst in Allahabad (Indien) 100 Streichhölzer zu einem Bündel zusammen und klebt ein Etikett darauf. Das macht er zehn Stunden am Tag, sechs Tage die Woche, für umgerechnet etwa 70 Cent (pro Woche). Er wohnt in einem firmeneigenen Zimmer mit acht Jungen; er ist der älteste von ihnen. Ferien und Feiertage gibt es keine. Der Besuch einer Schule, um Lesen und Schreiben zu lernen, bleibt für ihn ein Traum.

M2 Grundbedürfnisse der Menschen

Lebensbedingungen in Industrie- und Entwicklungsländern

Die Lebensbedingungen der Menschen auf der Erde sind sehr unterschiedlich. In sogenannten Entwicklungsländern sind die Grundbedürfnisse der meisten Menschen wie Nahrung, Trinkwasser, Bildung, Arbeit und medizinische Versorgung nicht gesichert. Zu den Entwicklungsländern zählen beispielsweise Äthiopien, Bangladesch und Nigeria.
In Industrieländern wie Deutschland dagegen werden die Grundbedürfnisse ausreichend befriedigt; viele Menschen leben sogar im Überfluss.
Unterschiede zu den Entwicklungsländern zeigen sich vor allem bei der Ernährung. Dort kommt es immer wieder zu Hungerkatastrophen. Etwa 20 Prozent der Weltbevölkerung sind heute von Unterernährung betroffen. Diese Menschen leben vorwiegend in Entwicklungsländern. Ihre Nahrung ist aus Armutsgründen einseitig, sodass lebensnotwendige Stoffe wie Eiweiß und Vitamine fehlen. Außerdem fehlt in den Entwicklungsländern eine medizinische Grundversorgung. Besonders Kinder sterben an vermeidbaren und heilbaren Krankheiten. Diese verlaufen oft tödlich, weil die Erkrankten unterernährt sind, ohne sauberes Trinkwasser und unter schlechten hygienischen Bedingungen leben müssen.
Einige Entwicklungsländer steigerten ihre industrielle Produktion und konnten dadurch ihren Entwicklungsstand verbessern. Oft hinken sie bezüglich anderer Entwicklungsmerkmale (Alphabetisierungsgrad, Säuglingssterblichkeit, Lebenserwartung und Demokratisierung) den Industrieländern weiter hinterher. Diese Staaten werden als Schwellenländer bezeichnet, denn sie stehen am Übergang zum Industrieland. Zu ihnen zählen neben Ägypten, Brasilien und Mexiko weltweit rund 40 Staaten.

Info

Mangelernährung: unzureichende Ernährung infolge fehlender oder in nicht ausreichender Menge vorhandener lebensnotwendiger Stoffe, z. B. Eiweiß, Vitamine und Kohlenhydrate

Jodmangel: während der Schwangerschaft eine der häufigsten Ursachen für geistige Behinderung bei Kindern

Unterernährung: unzureichende Versorgung mit Nahrungsmitteln, täglicher Kalorienbedarf kann nicht gedeckt werden, führt dauerhaft zur Schwächung des Körpers, zu Krankheit oder Tod

Vitamin-A-Mangel: häufigste Ursache für Blindheit von Kindern, 140 Millionen Kinder weltweit betroffen

Du bist erst 14 und viele Stunden täglich mit deinem Bauchladen am Strand unterwegs. Wie ist die Arbeit mit den anspruchsvollen Touristen?

Ich bin froh, diesen Job zu haben, der meine Familie ernährt. Meine Mutter versorgt meine Geschwister und mein Vater kann durch Krankheit nicht mehr arbeiten. Auf die Touristen sind wir angewiesen, denn durch sie haben viele Menschen hier Arbeit. Unser Land ist wegen seiner bedeutenden antiken Stätten vor allem bei Europäern beliebt. In der Vergangenheit gab es in den Urlaubsregionen immer wieder politische Anschläge. Auch durch die ägyptische Revolution und die damit verbundenen Unruhen (2010 und 2012) blieben viele Besucher weg. Einige Hotels sind sogar geschlossen worden und viele meiner Freunde wurden arbeitslos.

Wie sieht dein Arbeitsalltag aus?

Wir Strandverkäufer wohnen am Stadtrand in einem Block und werden täglich um 7 Uhr mit einem Bus in die Hotelpromenade gefahren. Nach 10 Stunden Arbeit werden wir zurückgebracht. Wir arbeiten 7 Tage die Woche und fahren alle 3 Monate zu unseren Familien nach Hause. Die Industriezentren mit besseren Verdienstmöglichkeiten liegen eher bei Alexandria und Kairo. Produziert werden dort vor allem Nahrungsmittel, Textilien, Tabak und Zigaretten, Baumwollprodukte und Metallerzeugnisse. In meinem kleinen Heimatort fern von der Küste wäre ich sicher auch arbeitslos wie viele der ägyptischen Jugendlichen.

M3 Interview mit Osama, einem Strandverkäufer in Hurghada

Ägypten – ein Schwellenland

Ägypten ist nach Südafrika das am stärksten industrialisierte Land Afrikas. Haupteinnahmequellen sind die Förderung und der Export von Erdöl und Erdgas sowie der Tourismus.
Auch der Suezkanal bringt Ägypten wichtige Transitgebühren.
Außerhalb der Ballungsgebiete spielt die Landwirtschaft eine große Rolle.
Die Wirtschaftskraft Ägyptens wächst seit 2003 stetig. Auch das Pro-Kopf-Einkommen legt zu. Das Land befindet sich auf dem Weg zum Schwellenland.

Ein Großteil der Ägypter ist im Dienstleistungssektor, zu dem unter anderem der Tourismus zählt, beschäftigt. Obwohl die Landwirtschaft nur einen geringen Teil zu den Einnahmen des Landes beiträgt, ist hier eine Vielzahl der Erwerbstätigen beschäftigt. Im Land fehlen ausreichend Arbeitsplätze, vor allem für junge Ägypter. Zudem haben politische Unruhen im Jahr 2012 und das damit verbundene Fernbleiben von ausländischen Investoren und Touristen zu einer erhöhten Arbeitslosigkeit geführt.

Ägypten

Hauptstadt: Kairo
Fläche: 1 Mio. km²
Einwohner: 82 Mio.
Bevölkerungsdichte: 81,8 EW/km²
Städtische Bevölkerung: 43 %
Einkommen: 3 160 US-$ pro EW/Jahr
Währung: Ägyptisches Pfund

M4 Steckbrief Ägypten (2015)

Aufgaben

1 a) Nenne Grundbedürfnisse der Menschen und erläutere sie kurz (M1, M2).
b) Vergleiche deren Erfüllung bei Sanjeeva und dir (M2).

2 Beschreibe die Absicherung der Grundbedürfnisse in Ägypten am Beispiel Osamas (M3).

3 a) Erkläre die Begriffe Industrie-, Entwicklungs- und Schwellenland.
b) Finde je drei Beispiele zu Industrie-, Entwicklungs- und Schwellenländern (Atlas).

Grundbegriffe

- Entwicklungsland
- Industrieland
- Schwellenland

M1 Stadtzentrum von Lagos

Nigeria

Hauptstadt: Abuja
Fläche: 923 768 km²
Einwohner: 177,5 Mio.
Bevölkerungsdichte: 192 EW/km²
Städtische Bevölkerung: 50 %
Einkommen: 2 760 US-$ pro EW/Jahr
Währung: Naira (N)

M2 Steckbrief Nigeria (2014)

Nigeria – Land der Widersprüche

Nigeria ist mit 177,5 Mio. Einwohnern das bevölkerungsreichste Land Afrikas. Die Hafenstadt Lagos ist mit mehr als 18 Mio. Einwohnern die am schnellsten wachsende Stadt Afrikas. Das Land ist reich an Erdöl, seit 1958 wird danach gebohrt. Heute werden täglich 2,5 Mio. Barrel Erdöl gefördert. Es könnte den Menschen ähnlich gut gehen wie denen anderer Erdölförderstaaten. Doch leben 70 Prozent der Menschen in Armut. Sie müssen mit weniger als einem Euro pro Tag auskommen. Die Lebenserwartung der Menschen beträgt nur 48 Jahre.

Nigerias Bevölkerung wächst schnell an. Für viele junge Menschen lautet die wichtigste Frage: Wie und wo finde ich Arbeit, von der ich leben kann? Die Landwirtschaft kann nur sehr wenigen eine Zukunft bieten. Deshalb suchen viele ihr Glück in Städten, zum Beispiel in Lagos. Doch viele der jungen Menschen, die in der Hoffnung auf Arbeit dorthin gehen, werden bitter enttäuscht: Sie müssen feststellen, dass die wenigen festen Stellen bereits an besser Ausgebildete oder Personen mit den richtigen Beziehungen vergeben sind. Dies gilt vor allem für die gut bezahlten Stellen in der boomenden Erdölwirtschaft. Daher müssen sich viele Zuwanderer als Kleinhändler, Tagelöhner oder Bettler durchschlagen.

M3 Lage der Jugend in Nigeria

Erdöl – es treibt die Wirtschaft Nigerias an und macht seine Strände kaputt. Regelmäßig schwappt es an Land, sagen die Dorfbewohner, ruiniert ihren Fang und ihren kargen Lebensunterhalt. Während die Weltöffentlichkeit gebannt auf die BP-Katastrophe im Golf von Mexiko starrt, gehört die Ölpest in Nigeria zum Alltag. Schwarzes Rohöl verpestet die Sümpfe, die Mangroven und Wasserläufe im Nigerdelta. […]

Nach amtlichen Angaben gab es in Nigeria von 1976 bis 2001 insgesamt 6 800 Ölunfälle, bei denen fast 500 Mio. Liter beziehungsweise drei Millionen Barrel Öl ausliefen. […]

Im Ogoniland probten die Einheimischen in den 1990er-Jahren den Aufstand und verjagten die Ölfirmen. Doch immer noch verlaufen Shell-Pipelines durch das Sumpfgebiet im Delta. In Bodo City im Ogoniland triefen bei Ebbe die freiliegenden Mangrovenwurzeln vor Öl. Es gibt keine Vögel am Himmel, keine Fische im Wasser. […]

Der Dorfvorsteher von Iwuo-Okpom verlangt von Exxon Mobil Milliardensummen für seine Gemeinde.

(Quelle: Gambrell, J.: Die ganz alltägliche Ölpest. Handelsblatt, 08.07.2010)

M4 Umweltzerstörung im Nigerdelta

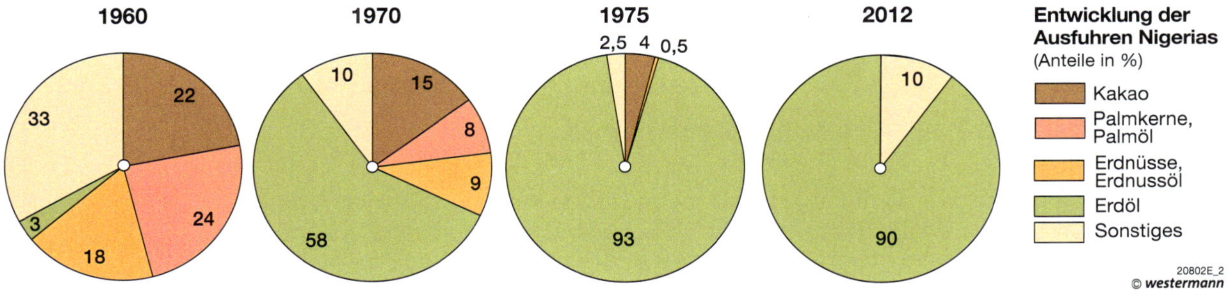

M5 Nigeria – Export

Der Öl- und Gasindustrie gingen in den letzten zehn Jahren rund 22 Mrd. Euro verloren. Verantwortlich sind Misswirtschaft und Korruption innerhalb der staatlichen Energiewirtschaft. Betrügereien im Zuge unzulässiger Preisabsprachen betreffen Regierungsbeamte und ausländische multinationale Ölkonzerne. Allein durch Öldiebstähle gehen dem Land jährlich rund 4,6 Mrd. Euro verloren.

Die Regierung versucht schon seit Jahren, eine Gesetzgebung zu verabschieden, die mit den illegalen Praktiken aufräumt. Bisher waren alle Versuche zum Scheitern verurteilt.

Zu diesem Ergebnis kommt ein aktueller Bericht der Petroleum Revenue Special Task Force, den der nigerianische Ölminister Alison-Madueke in Auftrag gab.

(Quelle: Öl-Misswirtschaft. www.pressetext.com, 05.11.2012)

M6 Ölboom fördert Bestechung und Korruption.

Aufgaben

1 a) Benenne Widersprüche in Nigeria (M3, M4, M6).

b) Schreibe zu jedem Material stichwortartig Gründe heraus.

c) Erkläre in einem zusammenhängenden Text, warum große Teile der Bevölkerung trotz Erdölvorkommen in Nigeria arm sind (M3, M6).

2 Erläutere anhand der Lage der Erdölfelder die Gefahren für die Umwelt in Nigeria (M4, Atlas).

3 Beurteile, ob das Erdöl für Nigeria eher als Fluch oder Segen anzusehen ist.

Die Republik Südafrika

M1 Jugendliche bei einem Gottesdienst in Kapstadt

Geschichte und Bevölkerung Südafrikas

Bereits vor 2 000 Jahren wurde die ursprünglich ansässige Bevölkerung Südafrikas von Viehzüchternomaden aus dem Norden in unwirtliche Gegenden vertrieben.
Im 15. Jahrhundert entdeckten portugiesische Forschungsreisende das Land, denen wenig später französische, deutsche und britische Siedler folgten. Die erste befestigte Siedlung am Kap wurde von den Holländern im Jahre 1652 errichtet.

Mit der britischen Verwaltung unzufrieden, zogen holländische Buren in Trecks ins Hinterland auf der Suche nach Ackerflächen. Die europäischen Kolonialherren besetzten die Weiden südafrikanischer Hirten, versklavten oder ermordeten die Einheimischen und plünderten die Schätze des Landes.
Sie sahen sich als „überlegene Rasse“ an und zwangen den ansässigen Volksgruppen ihre Kultur und Religion auf.

Republik Südafrika

Hauptstadt: Pretoria
(Parlamentssitz: Kapstadt)
Fläche: 1,2 Mio. km²
Einwohner: 53,7 Mio.
Bevölkerungsdichte: 44,8 EW/km²
Städtische Bevölkerung: 62 %
Einkommen: 7 190 US-$ pro EW/Jahr
Währung: Rand

Völker: Bantu (76 %), Weiße (9,6 %) und Coloured People (9 %), weitere (5,4 %)

M2 Steckbrief Südafrika (2014)

Die Weißen verstanden sich als Afrikaaner und sprachen als neue Sprache Afrikaans. Ursprüngliche Sprachen der Xhosa und Zulu gerieten lange in Vergessenheit.

Anfang des 19. Jahrhunderts verschärfte sich die Unterdrückung der Ureinwohner durch die Kolonialmacht Großbritannien. Als die Südafrikanische Union 1910 Kolonie des britischen Commonwealth wurde, war die Zukunft der Schwarzen gänzlich ungewiss.
Eine südafrikanische Ureinwohnerkommission sollte eine spezielle „Rassenpolitik“ für die südafrikanischen Provinzen festlegen. 1927 wurden die ersten Apartheidsgesetze erlassen.

M3 Rassentrennung während der Apartheid

M5 Armenviertel (Township) in Johannesburg

Apartheid – ein Problem der Vergangenheit?

Lange machte Südafrika als Apartheidsland negative Schlagzeilen. Die Apartheid wurde 1948 zur offiziellen Politik, als weiße Rassisten die Regierung übernahmen. Diese teilte die Bevölkerung in „Weiße", „Schwarze" und „Farbige" (Coloured) ein. Für sie galten verschiedene Gesetze. Der schwarzen Bevölkerung wurde die Staatsbürgerschaft aberkannt. Als „Ausländer" im eigenen Land waren sie nahezu rechtlos und massiv unterdrückt. Es gab nach Hautfarbe unterteilte öffentliche Einrichtungen. Schwarze durften beispielsweise nicht mit Weißen auf einer Parkbank sitzen, hatten kein Wahlrecht und mussten außerhalb der Städte in Homelands oder Townships unter schlechteren Lebens- und Arbeitsbedingungen leben. 1994 endete die Apartheid mit einem Regierungswechsel. Der schwarze Präsident Nelson Mandela erkämpfte viele Rechte für die Schwarzen zurück.

Einmal besuche ich einen Poetry-Slam, der regelmäßig von einem Verein der Uni organisiert wird. Die jungen Künstler und Künstlerinnen dichten über das Leben in den Townships, sexuelle Übergriffe und über die Gewalt. Themen, die für viele Menschen hier Alltag sind. [...] Südafrika befindet sich in einer völligen sozialen Schieflage. Ein großer Teil der farbigen Bevölkerung lebt noch immer in Armut, die Einkommen sind so ungleich verteilt wie in kaum einem anderen Land der Welt. Knapp 30 Prozent beträgt die Arbeitslosenquote laut dem südafrikanischen Zensus 2011. Im Schnitt sind 35,6 Prozent der dunkelhäutigen, aber nur 5,9 Prozent der weißen Südafrikaner erwerbslos. Damit hat sich die Lage seit dem Ende der Apartheid sogar noch verschlimmert.

(Quelle: Maisel, L.: Auslandsstudium in Südafrika. www.spiegel.de, 13.08.2013)

M4 Bericht einer Austauschstudentin

Grundbegriffe

- **Apartheid**
- **Township**

Aufgaben

1 Vergleiche die Daten Südafrikas und Deutschlands (M2, Internet).

2 Zeichne ein Kreisdiagramm zur Bevölkerungszusammensetzung Südafrikas (M2).

3 Begründe historisch die Zusammensetzung der Bevölkerung Südafrikas (M1, M2).

4 Beschreibe das Leben in Südafrika während der Apartheid (M3).

5 Erläutere die Folgen der Apartheid in Südafrika heute (M4, M5).

6 Informiere dich über das Wirken und die Bedeutung Nelson Mandelas (Lexikon, Internet).

7 Recherchiere zum Leben in einer Township (M5, Internet).

Die Republik Südafrika

M1 Kupfermine bei Phalaborwa

Anteil der Einfuhrgüter (in %)	
Erdöl	20,8
Maschinen	12,8
chemische Erzeugnisse	10,4
Elektronik	8,7
Kfz und Kfz-Teile	8,5
Sonstige	38,8
Anteil der Ausfuhrgüter (in %)	
Rohstoffe	18,1
NE-Metalle	11,5
Kfz und Kfz-Teile	8,6
Nahrungsmittel	7,8
chemische Erzeugnisse	7,1
Sonstige	46,9

M2 Südafrikas Außenhandel (2013)

Wirtschaftsgigant des Kontinents

Trotz der Entwicklungsfortschritte auf dem gesamten Kontinent ist Südafrika das mit Abstand am stärksten industrialisierte Land Afrikas. Kaum ein anderes Land Afrikas verfügt über so große Vorkommen an Bodenschätzen. Die Rohstoffe werden teils im Land verarbeitet und teils exportiert. Mit der Kombination von Verarbeitung und Export erreicht Südafrika eine höhere Unabhängigkeit vom Weltmarkt. Die Wertschöpfung findet somit im eigenen Land statt. Es gibt zwar immer noch eine hohe Arbeitslosenquote, aber dennoch haben die Menschen mehr Geld zur Verfügung als in anderen afrikanischen Ländern. Die damit verbundene erhöhte Inlandsnachfrage stärkt die einheimische Wirtschaft. Zudem erobern südafrikanische Agrarprodukte wie Weine und Zitrusfrüchte zunehmend den Weltmarkt.

Bergbau

Seit den letzten Jahren ist die Bergbauindustrie rückläufig. Die Förderung der Bodenschätze wird schwieriger und teurer, da sie in größeren Tiefen abgebaut werden müssen. Ebenso lassen die politische Unsicherheit, Stromausfälle und zunehmende Streiks der Minenarbeitern die Attraktivität der Minen sinken.

M3 Bergbau in Südafrika

Wirtschaftsstandort Südafrika

Südafrika ist im südlichen Afrika der wichtigste Handelspartner der Industrieländer Europas, Amerikas, Asiens und von Australien.
Internationale Konzerne, aber auch kleinere Unternehmen aus aller Welt produzieren in Südafrika und nutzen die vorteilhaften Standortbedingungen, wie beispielsweise das relativ gut ausgebaute Verkehrsnetz sowie die gut entwickelten Dienstleistungsbereiche (Telekommunikation, Finanzen, Recht). Die Unternehmen schaffen durch den Bau neuer Betriebe Arbeitsplätze, die wiederum zur Verbesserung der Lebensumstände der Bevölkerung beitragen. So unterstützen zum Beispiel deutsche Unternehmen soziale Hilfsprojekte für die ärmere Bevölkerung.

M4 Multinationale Konzerne in Südafrika

www.heimatundwelt.de
HW-126, 130

M5 Strand von Kapstadt

> Willkommen in Südafrika, dem Land, das eigentlich eine ganze Welt in sich vereinigt. [...] Da gibt es Wüsten, endlose Trockensavannen, Buschland, Lagunen und Feuchtgebiete, Hochplateaus, Mittelgebirge mit fruchtbaren Tälern und bizarre Hochgebirge. [...] Moderne Großstädte, [...] eine gute Infrastruktur und eine funktionierende Wirtschaft zeichnen Südafrika aus – vor allem aber die Menschen, die uns mit ihrer Aufgeschlossenheit und Lebensfreude in ihren Bann ziehen.
>
> *(Quelle: www.suedafrika.net, verändert)*

M8 Aus einem Reiseführer

Wirtschaftsfaktor Tourismus

Unterhält man sich mit den Südafrikanern, hört man oft diese Aussage: „Unser Land ist anders als der Rest von Afrika."
Dabei schwingt vielfach Stolz auf die Sonderstellung des Landes unter den afrikanischen Staaten mit. Durch gut ausgebildete Arbeitskräfte, eine leistungsfähige Industrie und Landwirtschaft sowie eine gute Infrastruktur hebt sich Südafrika immer noch vom Rest des Kontinentes ab.

In den letzten Jahren hat sich zunehmend der Tourismus als eine gute Einnahmequelle erwiesen. Die günstige Lage am Meer, abwechslungsreiche Landschaften mit exotischen Pflanzen und Tieren sowie ein mediterranes Klima locken viele Europäer in das Land am Kap der Guten Hoffnung. Besonders beliebt ist die Suche nach den „Big Five" auf einer Safari durch die zahlreichen Nationalparks des Landes.

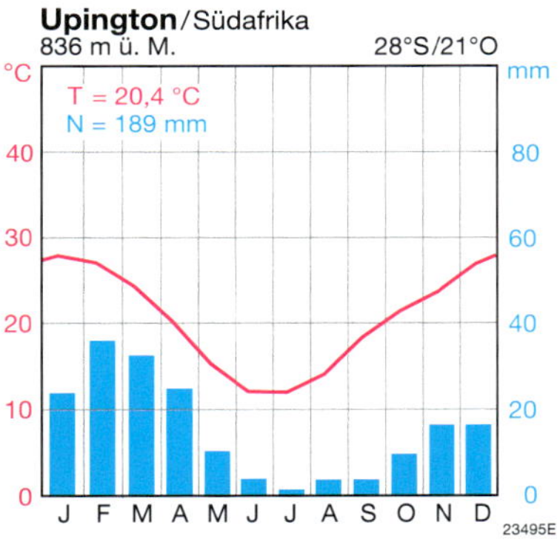

M6 Klimadiagramm Upington

Tourismus	2000	2010	2012
Internationale Ankünfte (in 1 000)	5 872	8 074	9 188
Tourismuseinnahmen (in Mio. US-Dollar)	3 338	10 308	11 201
Anteil Tourismuseinnahmen am BIP (in %)	2,5	2,8	2,9

M7 Tourismus in Südafrika

Aufgaben

1. Charakterisiere die Wirtschaft der Republik Südafrika (M2 – M4, M7).
2. Begründe Südafrikas wirtschaftliche Sonderstellung innerhalb Afrikas (M2, M4).
3. Beschreibe das mediterrane Klima Südafrikas (M6, Atlas).
4. Stelle die Entwicklung des Tourismus in Südafrika dar (M5, M7).

Gewusst – gekonnt

1 Auch für „Wüstenfüchse“ schwer zu knacken!

Löse das Rätsel und finde das Lösungswort (ÜF).

Ü = UE

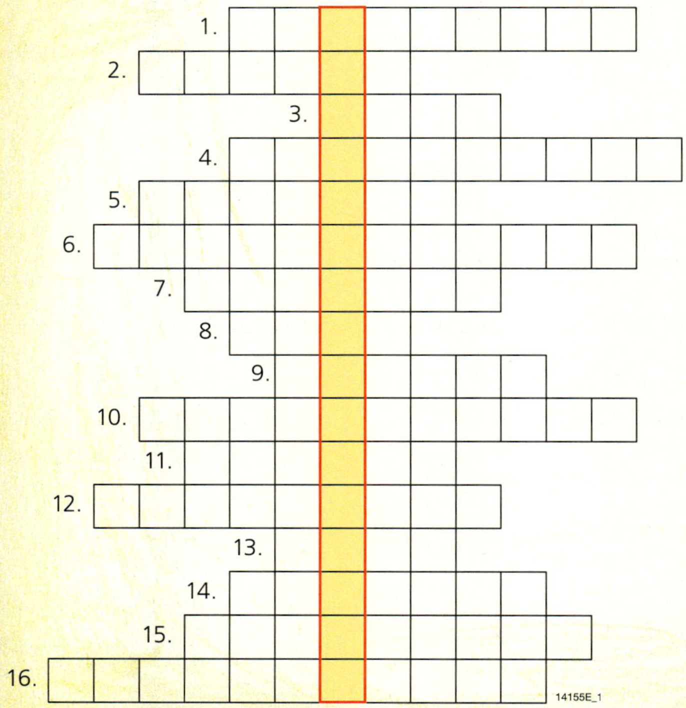

1. Zeit in der Savanne, in der die Niederschläge fallen
2. große Wüste in Nordafrika
3. Bedeutung des Wortes „Sahel“
4. Wüstenart, die einem Sandmeer gleicht
5. Menschen, die ständig mit ihren Herden auf Wanderschaft sind
6. Große Viehherden fressen alles kahl, das Gras kann nicht nachwachsen. Es kommt zur …
7. Vegetationszone zwischen Wüste und Regenwald
8. „grüne Insel“ in der Wüste
9. Land, das Anteil an der Sahara und der Sahelzone hat
10. wichtigste Oasenpflanze
11. lang anhaltende Trockenheit
12. Oasenart
13. Trockental in der Wüste
14. Temperaturschwankungen lassen es zerspringen.
15. Name des 200 – 800 km breiten Übergangsraums zur Wüste in Nordafrika
16. Zeit in der Savanne, in der keine Niederschläge fallen

2 Silbenrätsel aus der Trockenwüste

Auf den Decken der Kamele befinden sich Silben von Begriffen, die alle mit Trockenwüsten zu tun haben. Setze die Begriffe zusammen (ÜF).

1. trockenes Flussbett in der Wüste
2. Wüste im südlichen Afrika
3. Wüstenart mit Dünen
4. Antriebsgerät zur Bewässerung von Flussoasen
5. tierischer Überlebenskünstler in der Wüste
6. Völker ohne festen Wohnsitz
7. Transport durch die Wüste mit vielen Kamelen

3 Quer durch Afrika

Du unternimmst eine Reise entlang des 20. Längenkreises in Afrika.

I) Beschreibe die Landschaften, die du durchquerst, hinsichtlich ihres Reliefs, Klimas und ihrer Vegetation (Atlas).

II) Wähle ein Land entlang des Längenkreises aus und untersuche es genauer.
  a) Zeichne eine Faustskizze (S. 70).
  b) Fertige ein Profil durch die typischen Regionen an (S. 104/105).
  c) Analysiere die natürlichen Bedingungen des Landes (Atlas).

Rio de Janeiro

Gliederung Amerikas

M1 Die Stadt Nuuk auf Grönland

M3 Patagonien

Räumliche Gegensätze und Gliederung

Der Doppelkontinent Amerika bietet ein Bild voller Kontraste. Vieles wirkt in Amerika gigantisch. Hierzu gehören eindrucksvolle Hochgebirgslandschaften mit gewaltigen Vulkanen, ausgedehnte Tieflandsgebiete und Flüsse, die auch zu den längsten in der Welt zählen. Die Großen Seen in Nordamerika bilden die größte zusammenhängende Süßwasserfläche der Erde.
Mehr als 30 Länder liegen auf dem Doppelkontinent Amerika. Unter ihnen gibt es „Riesen" und „Zwerge". Kontrastreich sind auch die wirtschaftlichen, sozialen und kulturellen Ausprägungen zwischen den Ländern Nord- und Südamerikas sowie innerhalb der einzelnen Länder des Doppelkontinents. Er erstreckt sich von Nord nach Süd über rund 15 000 km und ist somit der Kontinent mit der größten Nord-Süd-Ausdehnung.

Nordamerika ist stark gegliedert. Die zahlreichen Inseln (Grönland, Baffin-Insel, Große und Kleine Antillen, Neufundland) und Halbinseln machen fast ein Viertel der Gesamtfläche aus.

M2 Gliederung Amerikas

Info

Nord-, Mittel- und Südamerika

Nordamerika wird von Grönland (zu Dänemark gehörig), Kanada und den USA gebildet. Als Mittelamerika werden die Länder bezeichnet, die zwischen den USA und dem Panamakanal liegen. Alle Länder südlich des Panamakanals gehören zu Südamerika.

Anglo- und Lateinamerika

Anglo- und Lateinamerika sind politisch-kulturelle Begriffe, die dazu dienen, den englischsprachigen vom spanisch-portugiesisch-sprachigen Raum abzugrenzen. In den angloamerikanischen Ländern USA und Kanada spricht man Englisch und Französisch, während in Lateinamerika Spanisch bzw. Portugiesisch gesprochen wird.

Amerika im Überblick

a) Vancouver: In welchem kanadischen Territorium befindet sich die Stadt?

c) Hauptsitz der Vereinten Nationen (UNO): In welcher Stadt liegt er?

d) French Quarter in New Orleans: An welchem Fluss liegt die Stadt?

b) Inka-Stadt Machu Picchu: Wie hoch liegt sie und wie heißt das Land, in dem sie sich befindet?

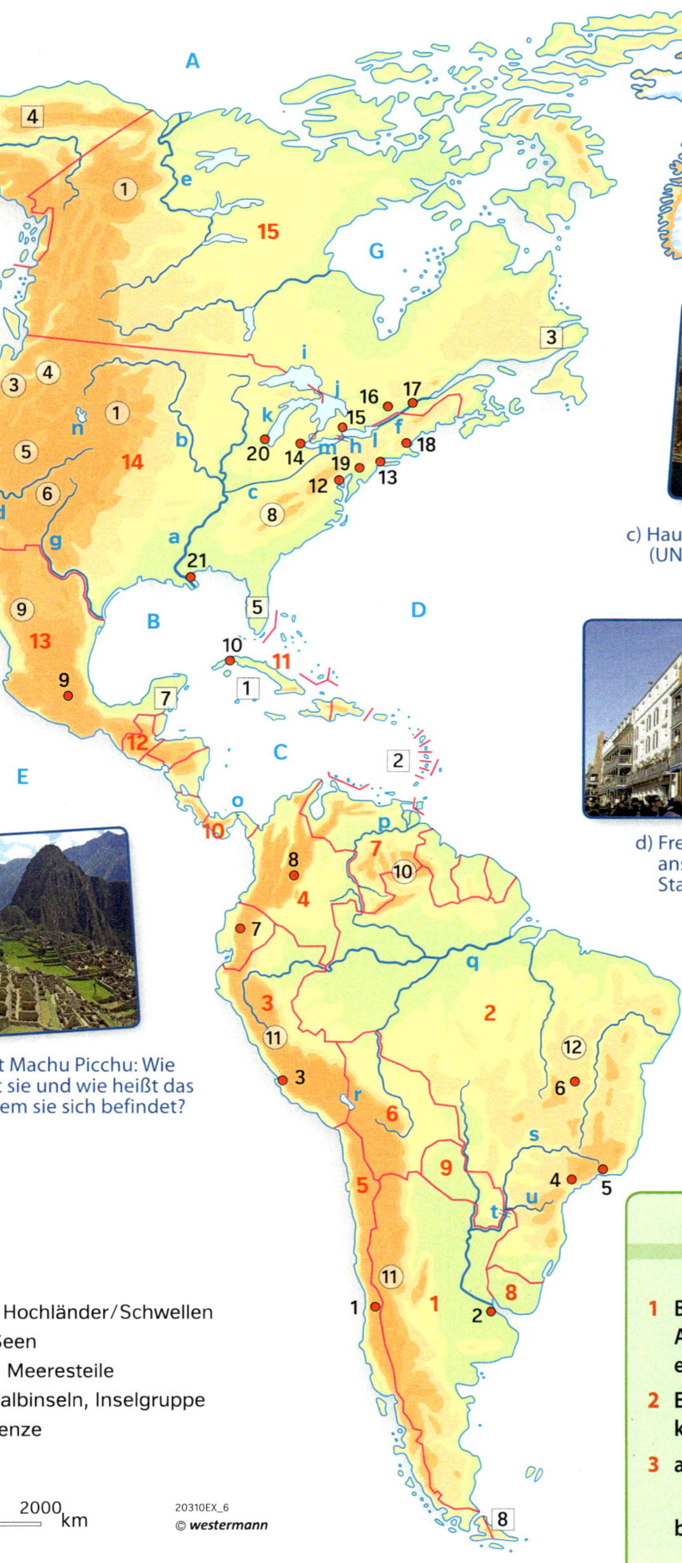

M4 Übungskarte zu Nord- und Südamerika

Grundbegriffe

- **Angloamerika**
- **Lateinamerika**

Aufgaben

1. Beschreibe die Gliederung Amerikas. Gib für jede Region einen Staat an (M2).
2. Erkläre die Begriffe „Angloamerika" und „Lateinamerika" (Info).
3. a) Bestimme die topografischen Objekte (M4).
   b) Beantworte die Fragen zu den Fotos a bis d (M4).

Die Großlandschaften Nordamerikas

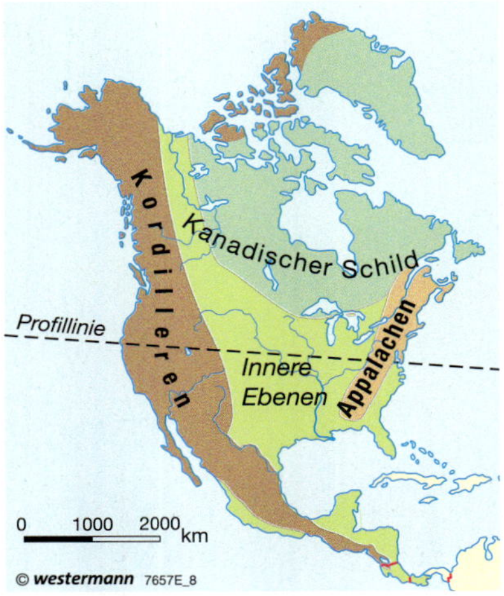

M1 Großlandschaften

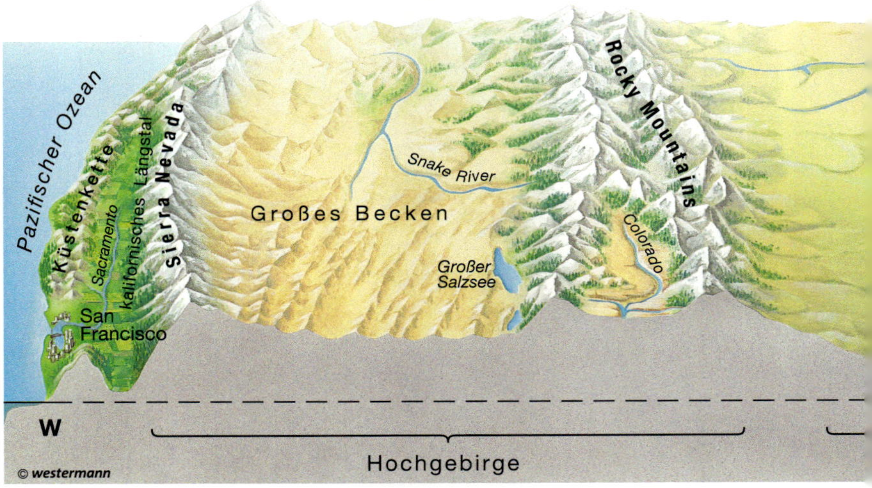

M3 Landschaftsprofil durch Nordamerika/USA (Profillinie in M1)

Info

Die Großen Seen

Die fünf Großen Seen (Great Lakes) sind der größte Süßwasserspeicher der Erde. Der Wasserspiegel der Seen liegt unterschiedlich hoch. Den Höhenunterschied zwischen Erie- und Ontariosee überwindet der Niagarafluss mit den riesigen Niagarafällen. Hier stürzen die Wassermassen etwa 50 m in die Tiefe.

Relief und Großlandschaften

Das Relief Nordamerikas weist eine einfache natürliche Gliederung auf.

Der Kanadische Schild

Vom Arktischen Ozean bis an die Großen Seen erstreckt sich der geologisch älteste Teil Nordamerikas, der Kanadische Schild. Er hat eine leicht gewellte, fast ebene Oberfläche. Man findet dort Tausende Seen mit großflächigen Sümpfen.

Die Kordilleren

Die Hochgebirge im Westen werden als Kordilleren bezeichnet. Sie gliedern sich in mehrere Gebirgsketten, zum Beispiel in die Alaskakette, die Sierra Nevada und die Rocky Mountains. Weiter Richtung Osten befinden sich ausgedehnte Hochflächen zum Beispiel das Coloradoplateau und Beckenlandschaften. Hier gibt es viele tätige Vulkane und heiße Quellen, Geysire genannt.

M2 Niagarafälle

M4 Rocky Mountains in Kanada

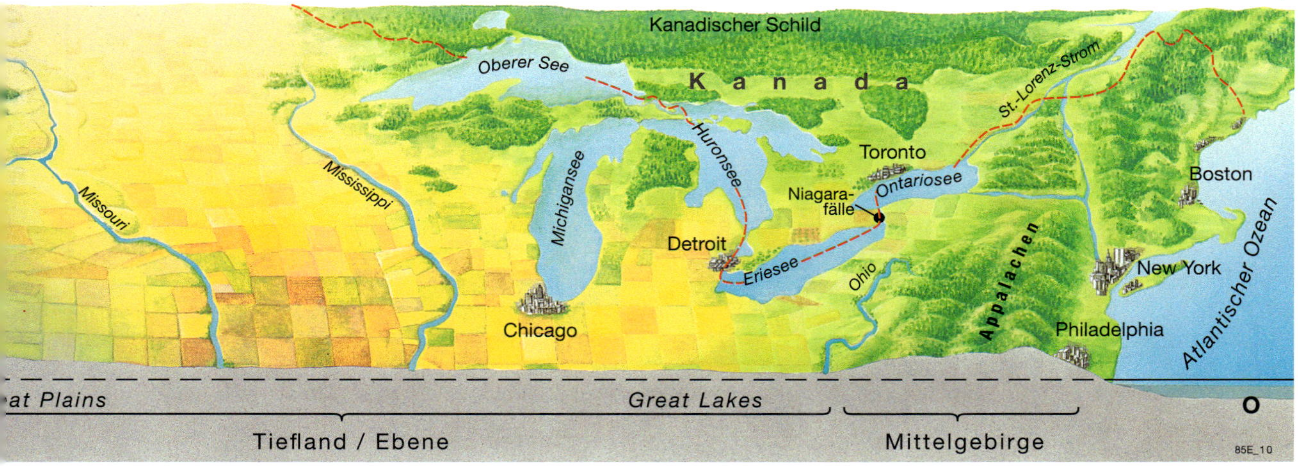

Die Inneren Ebenen

Östlich der Rocky Mountains dehnen sich die Inneren Ebenen aus, eine unendlich erscheinende, fast ebene Landschaft. Sie erstreckt sich von den Großen Seen bis zum Golf von Mexiko. Der Mississippi und seine Nebenflüsse transportieren die größte Schlammmenge der Erde. Jährlich verlagert er sein Delta um 80 bis 100 m in den Golf von Mexiko.

Die Appalachen

Die östliche Begrenzung der Inneren Ebenen ist ein Gebirge mit Mittelgebirgscharakter, die Appalachen. Sie fallen nach Osten allmählich, zum Küstentiefland dann steil ab. Das Gebirge erreicht Höhen über 2 000 m und ist mit Wald bedeckt. In den Appalachen entspringen große Ströme, die Nebenflüsse des Mississippi, wie beispielsweise der Ohio.

M6 Landschaft am Mount Mitchell

M5 Prärie in North Dakota

Aufgaben

1 Beschreibe das Relief Nordamerikas (M3, Atlas).

2 Fertige eine Faustskizze Nordamerikas an und trage die vier Großlandschaften sowie das Große Becken, die Rocky Mountains und die Großen Seen ein (M1, M3, S. 70, Atlas).

3 Ordne die Fotos den Großlandschaften zu (M2, M4 – M6, Atlas).

Klimabesonderheiten Nordamerikas

M1 Tornado in North Dakota

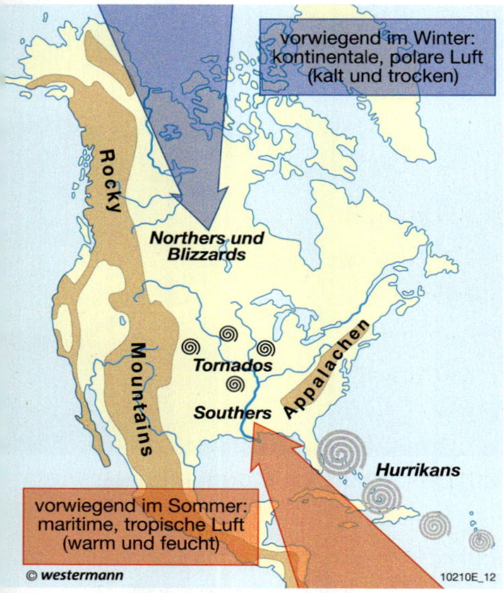

M2 Luftmassen in Nordamerika

Besonderheiten des Klimas

Ein Blick auf die Abfolge der Klimazonen in Nordamerika zeigt ein ähnliches Bild wie in Europa. Allerdings weist das gemäßigte Klima in Nordamerika eine größere Kontinentalität auf. Minus 20 °C sind im Winter in Chicago nicht selten, in Berlin dagegen eine Ausnahme. Weiterhin fehlen in Europa ausgesprochene Trockenräume wie in den USA zwischen der Pazifikküste und dem östlichen Vorland der Rocky Mountains. Solche Abweichungen bezeichnet man als Azonalität. Ursache für diese Besonderheiten ist die Gebirgsausrichtung.

Die in Nord-Süd-Richtung verlaufenden Gebirge hindern die vom Westen kommende feuchte Meeresluft daran, in das Innere des Kontinents vorzudringen. Durch die Korridorwirkung der Gebirge dringt feuchtwarme Luft von Süden weit nach Norden und arktische Kaltluft aus dem Norden weit in den Süden vor. Das Aufeinandertreffen dieser gegensätzlichen Luftmassen hat besondere Wettererscheinungen zur Folge.
So können Stürme mit einem gewaltigen Zerstörungspotenzial entstehen.

Hurrikan Katrina

Ende August 2005 suchte der gewaltige Hurrikan Katrina die Golfküste heim und verwüstete New Orleans. Die Stadt, die zu großen Teilen unter dem Meeresspiegel liegt, wurde überschwemmt, weil die Dämme des nahe gelegenen Lake Pontchartrain brachen. Hunderte Menschen kamen in den Fluten um, Tausende verloren ihren Besitz. Es kam zu Plünderungen. Die Regierung ließ die Stadt vollständig evakuieren und rief den Ausnahmezustand aus. Der Wiederaufbau wird noch viele Jahre dauern.

M3 Hurrikan Katrina traf New Orleans schwer.

www.heimatundwelt.de
HW-147

M4 Satellitenbild von Hurrikan Katrina (August 2005)

M6 Blizzard in New York (2014)

Hurrikans

Hurrikans sind tropische Wirbelstürme. Sie entstehen vor der Küste Afrikas bei einer Wassertemperatur von 27° C. Über dem Atlantik und der Karibik saugen sie große Mengen feuchtwarmer Luft an, welche die Energie für die extremen Windgeschwindigkeiten um 300 km/h liefert. Über dem Festland verliert der Sturm schnell an Kraft. In Küstengebieten jedoch ruft er starke Zerstörungen hervor.

Northers und Blizzards

Northers sind großräumige Kaltlufteinbrüche aus dem Norden, die im Winter und im Frühjahr in Nordamerika auftreten können. Dabei dringt polare Kaltluft bis weit nach Süden vor und kann in den subtropischen Südstaaten mit strengen Frösten große Schäden anrichten. Ein Blizzard ist ein heftiger Eis- und Schneesturm, der das Leben in den Städten stark behindert.

Southers

Southers sind feuchtwarme Winde, die aus Süden sehr weit nach Norden vordringen und dort im Winter für sehr milde Temperaturen sorgen. So schmilzt beispielsweise eine große Menge Schnee in kurzer Zeit. Sie entstehen in der Karibik.

Tornados

Tornados sind kleinräumige Wirbelstürme über dem Festland sowie über Wasser mit kurzer Lebensdauer, aber extremen Windstärken. Sie entstehen beim Aufeinandertreffen von sehr kalter und sehr warmer Luft und hinterlassen oft große Verwüstungen.

M5 Wettererscheinungen in Nordamerika

Grundbegriffe

- **Azonalität**
- **Hurrikan**
- **Northers**
- **Blizzard**
- **Southers**
- **Tornado**

Aufgaben

1 Ermittle, an welchen Klima- und Vegetationszonen Nordamerika Anteil hat (Atlas).

2 Erläutere, warum es in der gemäßigten Zone Nordamerikas zu extremen Wettererscheinungen kommt (M2, Atlas).

3 Beschreibe die Auswirkungen der extremen Wettererscheinungen auf das Leben der Menschen (M3 – M6).

4 Sammle Informationen über Wetterextreme in Nordamerika (Zeitungen, Internet).

USA – Besiedlung

M1 Über den Kontinent mit der Atlantisch-Pazifischen Eisenbahn (Gemälde von 1868)

Eroberung der Neuen Welt

Die Landung des britischen Seglers Mayflower (1620) gilt als Beginn der europäischen Besiedlung Nordamerikas. Tatsächlich war es nur eines von vielen Schiffen. Als erstes wurden Hafenstädte gegründet und der Küstenstreifen erschlossen. Auch die Gebiete um die Großen Seen wurden frühzeitig bevölkert. Im 19. Jahrhundert zogen mehr und mehr Menschen nach Westen, zunächst mit Planwagen. Die Besiedlung der Mitte und des Westens der USA beschleunigte sich ab Mitte des 19. Jahrhunderts mit dem Ausbau von Eisenbahnlinien.

Das Land wurde während der Erschließung vermessen. Jeder Siedler konnte ab 1863 ein 65 ha großes Stück kostenlos erwerben und bewirtschaften. Das Land gehörte vorher juristisch zwar niemandem, war aber Lebens- und Wirtschaftsraum der Ureinwohner. Für sie war die Kolonisierung dieser Gebiete eine Katastrophe. Die Ureinwohner verloren ihr Land und somit ihre Lebensgrundlage. Kriegerische Auseinandersetzungen waren die Folge, in denen die Ureinwohner letztlich unterlagen. Alle wurden in Reservate umgesiedelt.

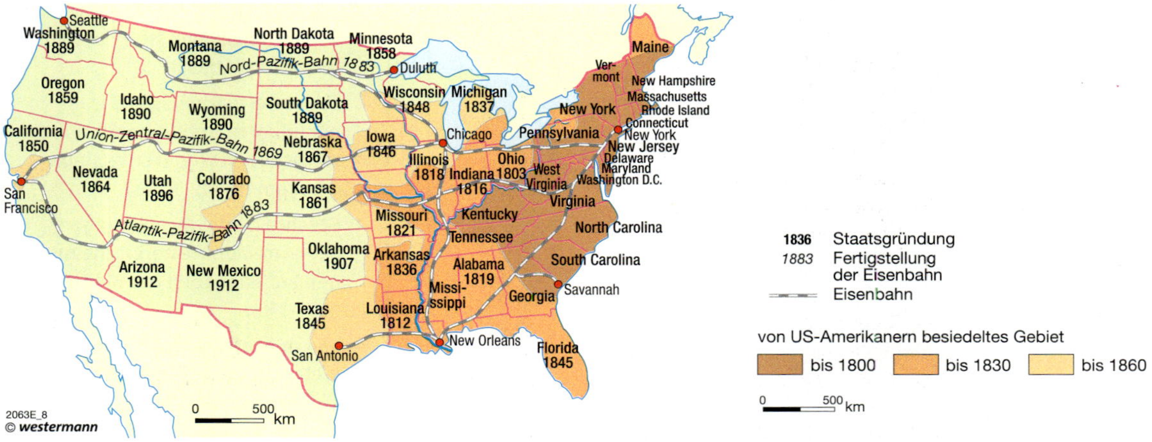

M2 Besiedlung der USA

M3 Deutsche Siedler im US-Bundesstaat Kentucky (1895)

M6 Deutsche Städtenamen in der Nähe der Großstadt St. Louis

Die Einwanderung in die USA begann mit der Ankunft der ersten Siedler im 16. Jahrhundert. Die erste Hauptphase der Zuwanderung, die mit der Besiedlung der USA einsetzte und bis etwa 1880 andauerte, war geprägt durch die Ankunft von Einwanderern aus Westeuropa, insbesondere aus England, Deutschland und Irland. Während der zweiten Massenzuwanderungsphase zwischen 1880 und 1920 kam die Mehrheit der Einwanderer aus süd- und osteuropäischen Ländern wie Italien, Polen oder Russland. Gleichzeitig setzte die Zuwanderung aus Mexiko und Japan ein. Der Ausbruch des Ersten Weltkrieges und die Verabschiedung mehrerer strenger Gesetze in den Jahren 1917, 1921 und 1924, die insbesondere auf die Beschränkung der Migration aus Asien sowie Süd- und Osteuropa zielten, beendeten die massenhafte Zuwanderung in die USA. Heute stammen die Zuwanderer vor allem aus Lateinamerika, Asien und der Karibik.

(Quelle: Parrott, N.: Länderprofil Migration – USA. www.bpb.de, 07.09.2012)

M4 Geschichte der Einwanderung

Mein letzter Brief wird hoffentlich gut in Lübeck angekommen sein, in dem ich nur mit wenigen Worten berichtet habe, dass wir Gott sei Dank glücklich angekommen sind. Das beste von allem hier im Lande, und deshalb kommen auch so viele, ist die Freiheit. Jeder kann glauben, leben und tun, was und wie er will, wenn er nur nichts Böses tut. Wer so viel hat, dass er noch etliche Taler übrig hat, um Land zu kaufen und ein Haus zu bauen, der kann hier sehr gut zurechtkommen. Wer aber mittellos herkommt, der muss anfangs hart arbeiten, bis er etwas Land und ein Haus bekommt. Es sei denn, er hat einen guten Beruf.
Es sind derweil vier Schiffe mit Menschen angekommen und fast täglich kommen mehr Leute an. Das Land wird in kurzer Zeit sehr voll sein.

(Quelle: Guttkuhn, P.: Lübecker in Nordamerika. In: Lübecker Beiträge zur Familien- und Wappenkunde/Arbeitskreis für Familienforschung, Lübeck 1973, Heft 13, S. 47ff.)

M5 Johann Jawert aus Lübeck berichtet im 18. Jahrhundert aus seiner neuen Heimat Germantown/Pennsylvania

Aufgaben

1 **Beschreibe die Besiedlung Amerikas (M1 – M6).**

2 **a) Nenne Nationen, die Nordamerika erschlossen haben (M4).**

b) Nenne Gründe für die Einwanderung der Menschen nach Amerika (M4, M5).

3 **Erläutere, warum die Besiedlung durch die Europäer für die Ureinwohner katastrophal war.**

USA – Wirtschaft

M1 Erfolgreiche Unternehmer der USA

Wirtschaftsmacht USA

Seit vielen Jahren sind die USA die führende Wirtschaftsmacht der Welt. Viele der wirtschaftsstärksten Unternehmen der Welt stammen aus den USA. Sie kommen insbesondere aus den Branchen Kommunikation, Werbung und Unterhaltung. Die Wirtschaft in asiatischen Ländern wächst rasant und es stellt sich die Frage, ob die USA ihre Position halten können.
Dass die USA eine Weltwirtschaftsmacht werden konnten, hat vielfältige Ursachen und ist vorrangig in den Standortvorteilen zu suchen. Ein Unternehmen lässt sich nur dort nieder, wo der Standort den gestellten Anforderungen gerecht wird. Diese Anforderungen bezeichnet man als Standortfaktoren. Man unterscheidet harte und weiche Standortfaktoren. Harte Standortfaktoren gehen unmittelbar in die Kosten eines Unternehmens ein. Dazu gehören Grundstückspreise, Mieten, Lohnkosten, verfügbare Rohstoffe, vorhandene Infrastruktur, staatliche Förderungen, Höhe der Abgaben und Steuern. Die weichen Standortfaktoren nehmen an Bedeutung zu, denn sie stehen für die Wohn- und Arbeitsbedingungen der Mitarbeiter sowie für das Image der Unternehmen.

USA

Hauptstadt: Washington, D. C.
Fläche: ca. 9,85 Mio. km²
Einwohner: 320 Mio.
Bevölkerungsdichte: 33 EW/km²
Städtische Bevölkerung: 82 %
Einkommen: 53 670 US-$ pro EW/Jahr
Währung: US-Dollar ($)

M2 Steckbrief USA (2015)

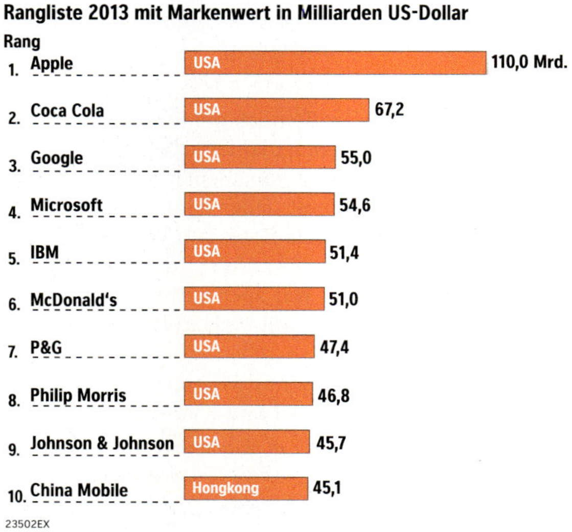

M3 Rangliste wertvoller Marken (2013)

M4 Standortvorteile der USA (Auswahl)

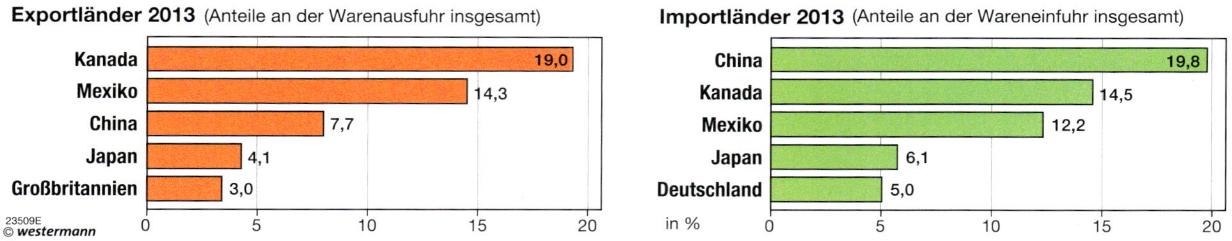

M5 Export- und Importländer

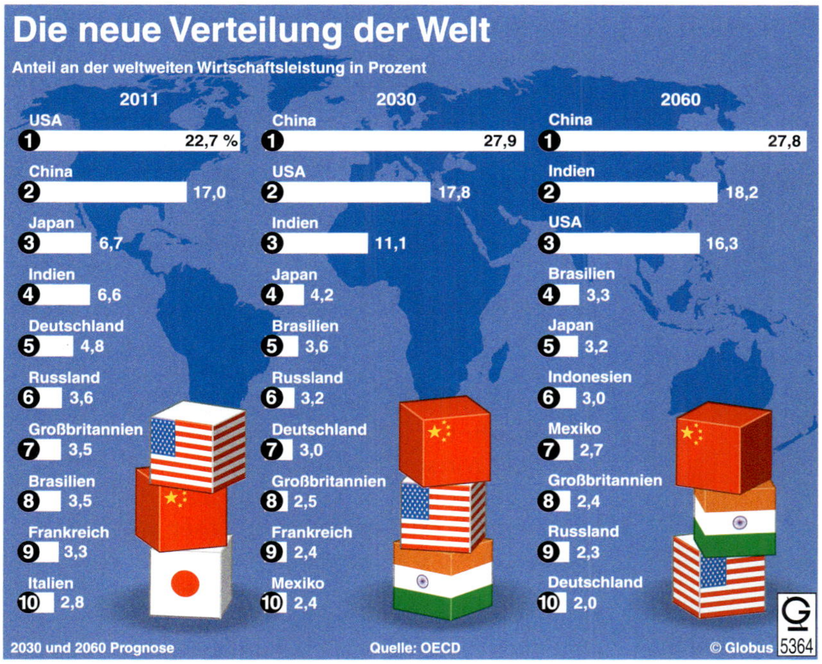

M6 Weltweite Wirtschaftsleistung im Vergleich (Prognose)

Grundbegriff

- **Standortfaktor**

Aufgaben

1 Fertige einen Steckbrief zu einer Person aus M1 an (Internet).

2 Stelle ein US-amerikanisches Unternehmen in einem Kurzvortrag oder einer Präsentation vor (M3, Internet).

3 Begründe, warum die USA noch die führende Wirtschaftsmacht sind (M3 – M6).

4 Markiere die Standortfaktoren, die inzwischen nicht mehr nur Vorteile in den USA sind (M4, ÜF).

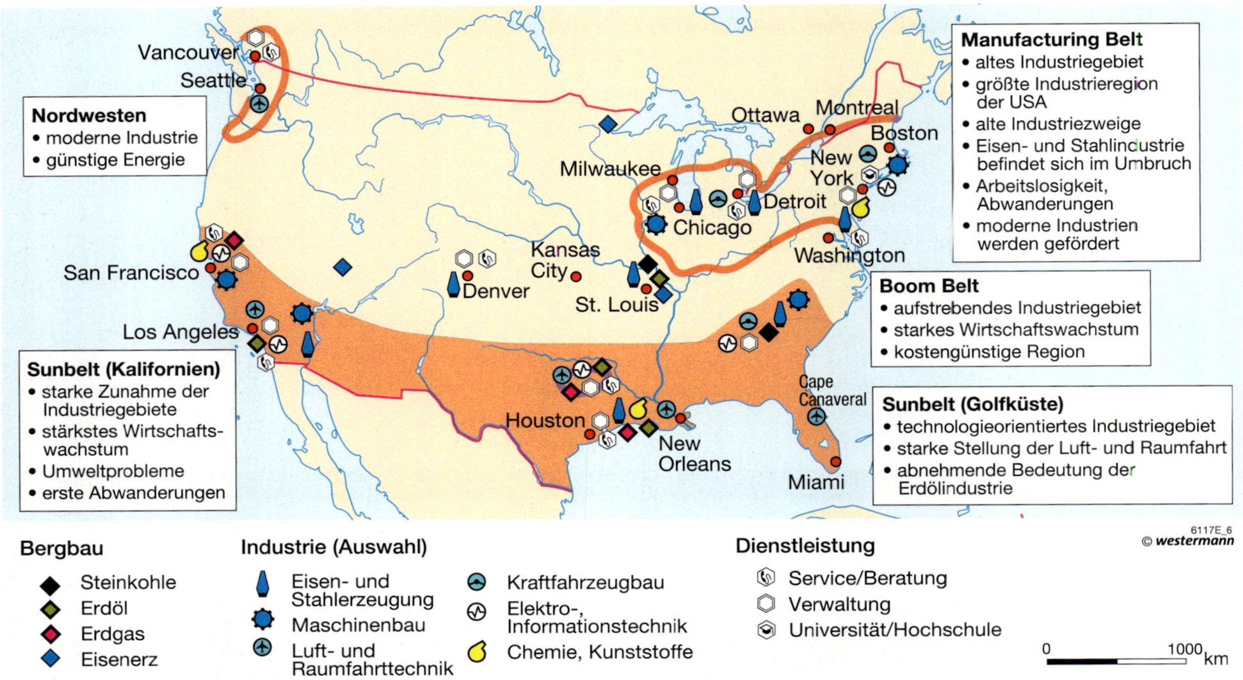

M1 Bedeutende Industrieregionen in den USA

Manufacturing Belt

Der Manufacturing Belt (manufactory: Fabrik, belt: Gürtel) liegt im Nordosten der USA. Er ist einer der größten Industrieräume der Erde. Dieser erstreckt sich von Boston am Atlantischen Ozean bis Milwaukee am Michigansee und bis St. Louis am Zusammenfluss von Missouri und Mississippi.

M2 Autoproduktion in Detroit

In Pittsburgh wurde bereits um 1890 in Hochöfen Eisen erzeugt. Der Standort war ideal. Mächtige Kohlenflöze am Rand der Appalachen konnte man im Tagebau abbauen. Eisenerzlagerstätten waren in der Nähe vorhanden. Bereits um 1900 war die Ostküste der USA dicht besiedelt. Zahlreiche Arbeitskräfte aus Europa und anderen Gebieten der USA fanden im Manufacturing Belt eine Beschäftigung. Im verarbeitenden Gewerbe wurde die Autoindustrie größter Arbeitgeber der Region. Die amerikanischen Autokonzerne konzentrieren sich bis heute im Umland von Detroit. Hier wurde einst die Fließbandproduktion eingeführt, die zur Senkung der Autopreise führte. Es siedelten sich auch zahlreiche Automobilzulieferer sowie Forschungs- und Entwicklungseinrichtungen an. Detroit hat in den letzten Jahrzehnten viele Einwohner verloren. Aufgrund der Wirtschaftskrise 2008 / 2009 waren die ansässigen großen Automobilhersteller in ihrer Existenz bedroht. Tausende Menschen wurden arbeitslos. General Motors (GM), der größte Autokonzern Amerikas, musste vom Staat „gerettet" werden. 2011 schrieb GM bereits wieder hohe Gewinne. Auch Chrysler und Ford haben sich von der Krise erholt und wachsen wieder.

www.heimatundwelt.de
HW-156, 157

M3 Branchenvielfalt im Sunbelt

Sunbelt – viele attraktive Standorte

„Als die Probleme im Manufacturing Belt zunahmen, wurde der Sunbelt für viele US-amerikanische Unternehmen und Arbeitskräfte höchst interessant", berichtet Mrs. Dabel, die Sprecherin in der Hauptverwaltung von IBM in New York. „Auch wir haben im Sunbelt einige neue Niederlassungen errichtet. Dafür gab es unterschiedliche Gründe. Besonders wichtig waren die hervorragenden Human Ressource, das heißt gut ausgebildete und hoch motivierte Wissenschaftler. Sie ließen sich leicht unter den Studienabgängern der über 80 Hochschulen Kaliforniens finden. Um Kosten zu sparen und neue Ideen rasch umzusetzen, arbeiten wir sehr eng mit den Hochschulen, aber auch mit Hightech-Unternehmen der Region zusammen. So können wir uns gegenüber der weltweiten Konkurrenz behaupten."

Der Sunbelt besteht, ähnlich wie der Manufacturing Belt, aus einzelnen wirtschaftlichen, städtischen Zentren. Dort haben sich viele Dienstleistungsunternehmen und Industrien angesiedelt, darunter die petrochemische Industrie und die Rüstungsindustrie. Ein Großteil der staatlichen Rüstungsaufträge und Forschungsgelder gehen an die wichtigen Industriestandorte des Sunbelt. Die Region ist außerdem ein Zentrum der Unterhaltungsindustrie (Hollywood).

Die Standortvorteile des Sunbelts gegenüber dem Manufacturing Belt sind: niedrigere Steuern, geringere Umweltauflagen, zahlreiche gut ausgebildete Arbeitskräfte, der hohe Freizeitwert, ein angenehmes Klima und die gute Infrastruktur, zum Beispiel zahlreiche Schulen und Versorgungsmöglichkeiten.

Silicon Valley

Das „Tal des Siliziums" ist die erfolgreichste Hightech-Schmiede der Welt. In den 1980er-Jahren wurden hier Mikrochips produziert. Das Material Silizium, das zu ihrer Herstellung benötigt wird, gab dem Gebiet südlich von San Francisco seinen Namen.

Aufgaben

1 **Lokalisiere wichtige Wirtschaftsstandorte des Sunbelt und des Manufacturing Belt und ordne ihnen Städte zu (M1, Atlas).**

2 **Nenne die Standortfaktoren im Sunbelt und begründe die Standortentscheidung von IBM (M1).**

3 **Vergleiche die Industriezweige des Sunbelt mit denen des Manufacturing Belt (M1 – M3, Atlas).**

USA – Wirtschaft

M1 Kuner Feedlot (Colorado) – einer der größten Rindermastbetriebe der USA

Bedeutung der Landwirtschaft für die USA

In den USA umfassen die ackerbaulich genutzten Flächen nur etwa 20 Prozent der Landesfläche, sind aber mit 170 Mio. ha größer als die gesamte Ackerbaufläche der Europäischen Union.
Die besten Anbaugebiete liegen in den Great Plains. Ein ausgeglichenes Klima und fruchtbare Böden begünstigen dort den Ackerbau. Mithilfe großer Maschinen werden die weiten Ebenen sehr effizient bearbeitet. 70 Prozent der Höfe sind Familienbetriebe mit 100 000 bis 500 000 US-Dollar Jahresumsatz. Einige von ihnen sind hoch verschuldet. 30 Prozent sind Großbetriebe mit zum Teil über fünf Millionen US-Dollar Jahresumsatz.

Wo die Niederschläge für den Ackerbau nicht mehr ausreichen und nur noch Präriegras wächst, liegen die traditionellen Rinderzuchtgebiete. Früher wurden hier auf riesigen Ranches die Rinder großgezogen und dann in wochenlangen Trecks von Cowboys zu den Eisenbahnstationen und Schlachthöfen getrieben. Heute sind die Rinderherden in großen Rindermastbetrieben (Feedlots) untergebracht. Oft werden mehr als 200 000 Jungrinder in genormten Mastbuchten das ganze Jahr über im Freien gehalten. Jede dieser Buchten kann bis zu 2 000 Rinder aufnehmen. Um die Fütterung sicher zu stellen, wird großflächig Soja angebaut.

M2 Viehtrieb früher

Info

Sojapflanze

Die Sojapflanze gehört zur Familie der Hülsenfrüchte. Sie wird etwa 80 – 100 cm hoch. Am besten wächst sie bei Temperaturen zwischen 24 °C und 34 °C in feuchtwarmem Klima. Soja ist ein wichtiger Eiweißlieferant und zur Herstellung von Margarine unverzichtbar. Weitere Soja-Erzeugnisse, wie das Sojamehl, sind als Viehfutter in der Mastviehhaltung stark verbreitet.

GPS-gesteuerte Ernte in den Great Plains

Typisch für die Landwirtschaft in den USA sind GPS-gesteuerte Landmaschinen. Mithilfe von GPS-Satelliten werden die Fahrzeuge zentimetergenau in der Spur geführt. Die Abweichung beträgt nur 2 cm. Diese Präzision verbreitet sich heute rasend schnell in allen Bereichen der Landwirtschaft. So wird auch das Futter elektronisch gegeben. Hierbei werden die Futtermengen vom Computer berechnet und von den Lastwagen über Fließbänder in die Futtertröge gepumpt. Vorbei ist es mit der Cowboyromantik. Ritten früher die Farmer auf ihren Pferden, um Vieh und Farm zu kontrollieren, so fahren sie heute mit Motorrad oder Auto.

M3 Hochtechnisierte Landwirtschaft

Industrielle Landwirtschaft

Die Zukunft der amerikanischen Landwirtschaft gehört der hoch mechanisierten Factory Farm. Sie hat einen großen Maschinenpark, benötigt große Geldsummen für Investitionen, produziert mit wenig Personal große Mengen für den Markt und wird wie ein Industriebetrieb geführt.

Computer steuern die Tätigkeit des Farmers. Neueste agrarwissenschaftliche Erkenntnisse gehen in seine Arbeit ein. Nur so ist die ständige Steigerung der Erträge zu gewährleisten. Dies ist für den Farmer notwendig, wenn er wettbewerbsfähig bleiben will. Früher kannte ein Farmer jedes seiner Tiere persönlich – heute hat er mehrere Tausend. Diese neue Art der Landwirtschaft wird als Agrobusiness bezeichnet. Auch große Konzerne oder Banken bewirtschaften riesige Flächen. Jedoch wächst die Kritik an dieser hoch industrialisierten Landwirtschaft.

Manche Farmer suchen in der ökologischen Landwirtschaft eine Alternative. Sie halten die Tiere möglichst artgerecht und schonen durch natürliche Düngung, Fruchtwechsel und abwechslungsreichen Anbau ihre Böden. Dafür benötigen sie aber mehr Kapital und die Akzeptanz der höheren Produktpreise durch die Verbraucher.

Kaum ein Lebensmittel in den USA ist frei von Gentechnik. […] Seit 1996 sind genetisch veränderte Zutaten fester Bestandteil der US-Lebensmittelindustrie. 70 bis 80 Prozent aller heute verkauften Produkte enthalten Inhaltsstoffe, deren DNA verändert wurde. […] Heutzutage sei es für Landwirte nahezu unmöglich, überhaupt noch Mais oder Sojabohnen zu finden, die nicht auf irgendeine Art genetisch verändert worden seien. Doch langsam wächst auch in der Gen-Nation USA der Widerstand. In inzwischen 26 Bundesstaaten haben Verbraucherschützer und Kritiker bis heute Gesetzesvorschläge eingebracht, die eine Kennzeichnung von Lebensmitteln vorschreiben, die gentechnisch veränderte Bestandteile beinhalten.

(Quelle: Schröder, Th.: Die Gen-Nation. www.zeit.de, 17.02.2014)

M4 Gentechnik in den USA

Aufgaben

1. **Nenne die Hauptanbaufrüchte der USA und ihre Anbaugebiete (Atlas).**
2. **Begründe, warum den Factory Farms wahrscheinlich die Zukunft in der US-amerikanischen Landwirtschaft gehört (M3).**
3. **Informiere dich über die Vor- und Nachteile der Gentechnik in der Landwirtschaft (Internet).**

Die nordamerikanische Stadt

M1 Zentrum von San Francisco

	2013 (Einw. in Mio.)
New York	19,9
Los Angeles	13,1
Chicago	9,5
Dallas	6,8
Houston	6,3
Philadelphia	6,0
Toronto	6,0
Miami	5,8

M2 Die größten Stadtlandschaften Nordamerikas

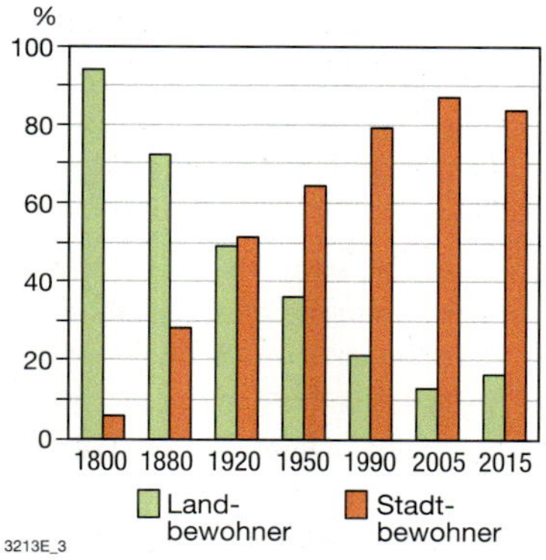

M3 Anteil von Stadt- und Landbevölkerung in den USA

Nordamerikas große Stadtlandschaften

Endlos erscheinende Stadtlandschaften sind typisch für Nordamerika. Immer mehr Städte wachsen zu Städtebändern oder städtischen Verdichtungsräumen zusammen. Mit etwa 750 km Länge und fast 50 Mio. Einwohnern ist „BosWash" das größte Städteband der USA. Es reicht von Boston über New York bis Washington, D. C. Auch an der Westküste und rund um die Großen Seen sind mit „SanSan" und „ChiPitts" große Städtebänder entstanden. Nicht nur in diesem ausufernden Wachstum, sondern in der gesamten Struktur und Entwicklung sind sich die meisten Städte in den USA und Kanada ähnlich.

Im Zentrum liegt die City, auch Central Business District (CBD) genannt. Schon von weitem sind die hohen Bürotürme dieser Zone zu sehen.
In ihrer unmittelbaren Nähe befinden sich häufig einige unsanierte oder sogar leere Flächen. Die Randbereiche der Kernstadt beherbergen oftmals Wohngebiete von ethnischen Minderheiten und Einwohnern mit geringem Einkommen.
Typisch für die nordamerikanischen Städte sind die Vorstädte (Suburbia) in den Außenzonen. Das sind Wohngebiete der Mittel- und Oberklasse mit eigenen Versorgungszentren.

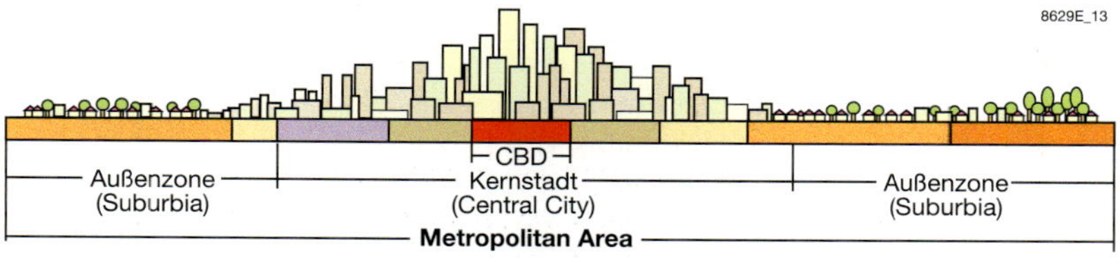

M4 Gliederung der nordamerikanischen Stadt (Profilschnitt)

www.heimatundwelt.de
HW-145, 158

M5 Downtown Los Angeles

M7 Suburbia von Los Angeles

Die Stadt der „Engel"

Die kalifornische Stadt Los Angeles ist die zweitgrößte der USA. Mit einer Einwohnerzahl von rund 13 Mio. gehört der Ballungsraum zu den größten der Welt.
Die Stadtgeschichte ist noch sehr jung. Erst im Jahre 1781 wurde die Siedlung, die sich damals noch in Mexiko befand, gegründet. Sie erhielt 1850 US-amerikanisches Stadtrecht und hatte gerade mal 1 600 Einwohner. Mit der Industrialisierung kam hier die starke Zuwanderung. Los Angeles erhielt überregionale Bahnanschlüsse und einen großen Überseehafen, der zeitgleich mit dem Panamakanal den Betrieb aufnahm. Heute ist der Flughafen von L.A. ein bedeutender internationaler Verkehrsknotenpunkt. Im Jahr 2013 wurden ca. 67 Mio. Passagiere abgefertigt. Wichtiger Wirtschaftszweig der Stadt ist die Musik- und Filmbranche. Viele Medienunternehmen haben hier ihren Sitz. Auch der Tourismus ist ein wichtiges wirtschaftliches Standbein. Los Angeles hat, wie alle anderen Großstädte in den USA, an den Folgen des starken Individualverkehrs zu leiden. Staus, volle Parkplätze und sehr hohe Werte der Luftverschmutzung belasten die Stadt. Auch die Wasser- und Energieversorgung der Großstadt ist immer schwieriger zu bewältigen.

M6 Los Angeles

Grundbegriff

- **Metropole**

Info

Metropole

Der Begriff Metropole stammt vom griechischen „mitrópoli" – Mutterstadt ab. Dabei handelt es sich um Orte, die großen Einfluss sowie wichtige Funktionen für eine Region besitzen. Dies können kulturelle, politische, soziale oder auch wirtschaftliche Funktionen sein. Der Prozess der Herausbildung von Metropolen wird als Metropolisierung bezeichnet.

Aufgaben

1 Nenne Gründe für das Entstehen von Stadtlandschaften in Nordamerika (M2).

2 Beschreibe den Aufbau einer nordamerikanischen Stadt (M1, M4, M5, M7).

3 a) Nenne Probleme die in den Stadtlandschaften auftreten (M6).
b) Diskutiert Lösungsmöglichkeiten.

4 Erläutere die Entwicklung der Stadt- und Landbevölkerung in den USA (M3).

Kanada

M1 Holztransport in Kanada

M5 Weizenernte im Peace-River-Gebiet

Kanada

Hauptstadt: Ottawa
Fläche: ca. 9,98 Mio. km²
Einwohner: 35,5 Mio.
Bevölkerungsdichte: 3,5 EW/km²
Städtische Bevölkerung: 80 %
Einkommen: 52 200 US-$ pro EW/Jahr
Währung: Kanadischer Dollar (CAD)

M2 Steckbrief Kanada (2014)

Kanadas Wirtschaft

Kanada besitzt eine hoch entwickelte, vielseitige Industrie sowie eine leistungsfähige Land-, Forst- und Fischereiwirtschaft. Wie in anderen bedeutenden Industrieländern der Erde nimmt auch in Kanada der Dienstleistungssektor eine herausragende Stellung ein: Mehr als zwei Drittel aller Beschäftigten arbeiten in ihm.
Einer der wichtigsten Wirtschaftsbereiche ist die Holzwirtschaft. Weitere reiche Naturressourcen wie Kohle, Erdöl und Erdgas, Wasser und fruchtbarer Boden bilden eine wichtige Grundlage für die kanadische Wirtschaft. Hinzu kommen ein hohes Niveau der technischen Ausstattung und eine hohe Arbeitsproduktivität. Das Lebensniveau der Mehrheit der Bevölkerung ist hoch.
Kanada bildet zusammen mit den USA ein Zentrum der Weltwirtschaft. Enge wirtschaftliche Verflechtungen bestehen neben den USA aber auch mit Japan und der Europäischen Union. US-amerikanische Unternehmen haben hohe Summen in die verarbeitende Industrie und in den Bergbau Kanadas investiert.

	Anteil Weltproduktion (in %)	**Exportplatz weltweit**
Uran	15	3.
Nickel	9	5.
Diamanten	12	5.
Zink	4,5	7.
Gold	3,5	7.
Kupfer	3	8.

M3 Bergbauprodukte (2013)

Kanadas „Kornkammern“

Kanada gehört zu den führenden Getreideproduzenten und -exporteuren der Welt. Mit modernster Technik bewirtschaften die Farmer der Prärieprovinzen Manitoba, Alberta und Saskatchewan riesige Flächen fruchtbarer Schwarzerde. Die Größe einer Farm beträgt durchschnittlich 500 Hektar. Neue Getreidesorten mit kurzer Reifedauer ermöglichen die weitere Ausdehnung des Getreideanbaus nach Norden bis an die natürliche Ackerbaugrenze.

M4 Getreideanbau in Kanada

Von Meer zu Meer („a mari usque ad mare"), so wie es der Wappenspruch Kanadas verkündet, verbinden die Canadian Pacific Railway und der Trans Canada Highway, mit fast 8 000 km die längste Autobahn der Welt, die Küsten des Atlantischen und Pazifischen Ozeans. Sie spielen für die Wirtschaft im Süden eine große Rolle. Zahlreiche Verkehrswege führen auch in die benachbarten USA. Nach Norden beschränkt sich das Verkehrsnetz auf Stichbahnen oder -straßen. Sie dienen insbesondere dem Güter- und Rohstofftransport. Eine besondere Verkehrsbedeutung kommt den Großen Seen und dem St.-Lorenz-Strom zu.

M6 Verkehrswege verbinden Räume

Der Süden – Kanadas Hauptwirtschaftszone

Kanadas Wirtschaft, Bevölkerung und Verkehrswege konzentrieren sich in einer etwa 300 km breiten, jedoch nicht durchgängigen Zone entlang der Grenze zu den USA. Im Osten liegt der wirtschaftliche Schwerpunkt des Landes.
Der Süden der beiden Provinzen Quebec (Zentrum Montreal) und Ontario (Zentrum Toronto) zählt zu den bedeutendsten Industriezentren der Erde. Entlang des St.-Lorenz-Stromes und an den Ufern der Großen Seen ist die verarbeitende Industrie angesiedelt. Es bestehen enge wirtschaftliche Verflechtungen zum benachbarten Manufacturing Belt in den USA.

Als industrielle Wachstumsregionen zählen im Westen die Gebiete um Calgary, Edmonton und um Vancouver. Sie sind in ihren Handels- und Wirtschaftsverflechtungen auch auf den pazifischen Raum ausgerichtet.
Die Farmen in der Umgebung der Städteballungen im Süden versorgen die Bevölkerung insbesondere mit Frischprodukten.

Info

Winterfeste Städte

In einigen Städten Kanadas, so in Edmonton, Toronto oder Montreal, existiert ein unterirdisches oder überdachtes Wegenetz. Auf direktem Weg sind Kaufhäuser, Restaurants, Bahnhöfe, Bürogebäude und auch Parkplätze zu erreichen. In den strengen Wintern kann man ohne Mantel einkaufen gehen.

Aufgaben

1. **Beschreibe die Lage Kanadas im Gradnetz. Vergleiche mit Europa (Atlas).**
2. **Begründe, warum die Westprovinzen Kanadas als „Kornkammern" bezeichnet werden (M4, Atlas).**
3. **Nenne Ursachen für das wirtschaftliche Ungleichgewicht zwischen den nördlichen und südlichen Landesteilen (M1, M5, Atlas).**

Die Großlandschaften Südamerikas

M1 Großlandschaften

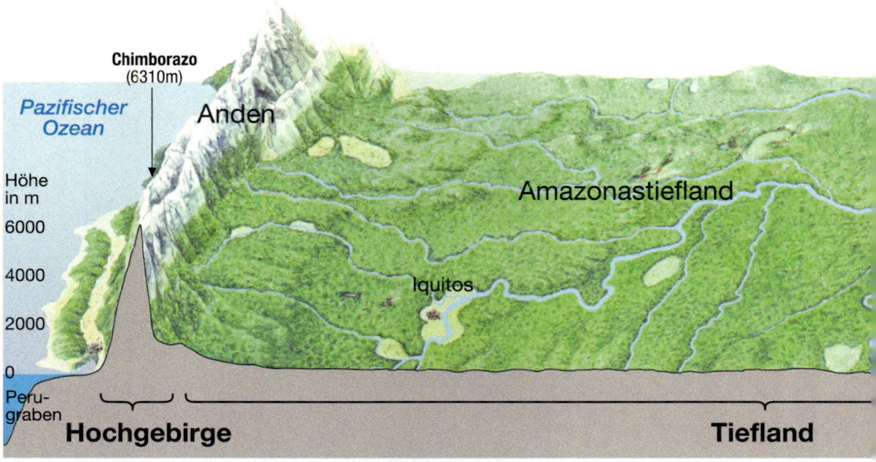

M3 Landschaftsprofil durch Südamerika (Profillinie in M1)

Großlandschaften Südamerikas

Südamerika weist von West nach Ost eine ähnliche Gliederung der Oberflächengestalt wie Nordamerika auf.
Parallel zur Westküste verlaufen die Kordilleren, die hier Anden genannt werden. Die großen Tiefländer des Amazonas, Orinoco und Paraná nehmen die Mitte Südamerikas ein. Das Bergland im Osten wird vom Amazonas zweigeteilt – in das Bergland von Guayana und das Brasilianische Bergland mit Höhen von bis 3 000 m.

Kordilleren (Anden)

Charakteristisch für die Anden ist der außerordentliche Steilabfall zum Pazifik, der sich untermeerisch fortsetzt. Ebenso wie die nordamerikanischen Kordilleren bestehen die Anden aus mehreren Gebirgsketten, die abflusslose Hochbecken einschließen. Zahlreiche Vulkane wie der Chimborazo und der Cotopaxi überragen die Ketten. Der höchste Berg der Anden ist mit 6 960 m der Aconcagua.
Er ist aber kein Vulkan.
Der Westrand der Anden und der benachbarte Atacamagraben bilden gemeinsam den größten Höhenunterschied der Erde. Er beträgt bis zu 14 km.

M2 Großlandschaften Südamerikas

www.heimatundwelt.de
HW-162, 163

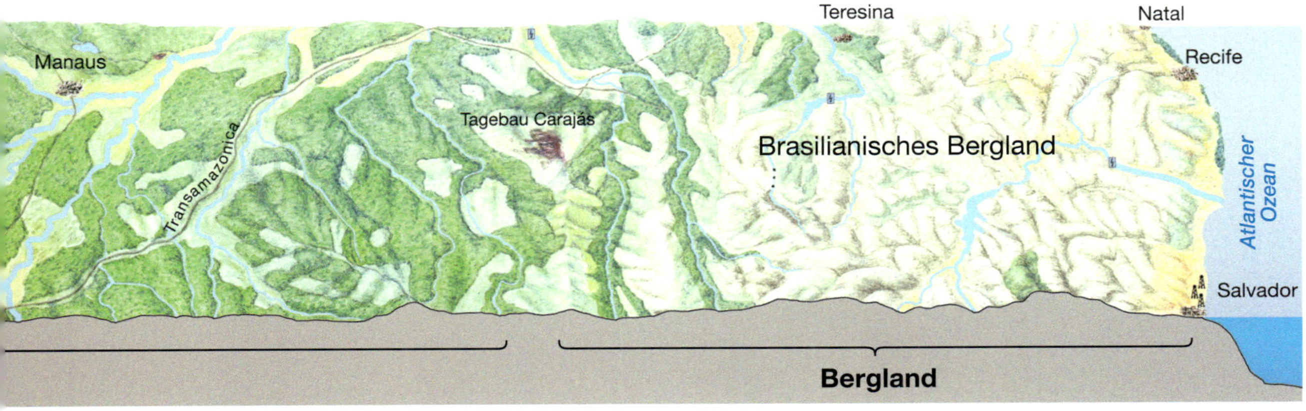

Amazonastiefland

Im Zusammenhang mit der Gebirgsbildung der Kordilleren entstand ein weiträumiges Becken, das vom Amazonastiefland eingenommen wird. Etwa zwei Drittel der Fläche gehören zu Brasilien. Der Amazonas entwässert das Gebiet, wobei er vielerorts wie eine Kette von Seen und Sümpfen erscheint. Hier breitet sich das größte zusammenhängende Regenwaldgebiet der Erde aus.

Pampa (auch Pampas)

Die Pampa, eine weite Ebene, nimmt große Teile Argentiniens ein. Die ursprünglich baumlose Steppe (Grasland) wurde weitgehend kultiviert. Der heiße Norden eignet sich weniger für eine agrarische Nutzung, der Süden dagegen gilt als Kornkammer Südamerikas. Auf eingezäunten Koppeln der Pampa weiden Millionen von Rindern, aber auch die Schweine- und Schafhaltung ist verbreitet.

Brasilianisches Bergland

Das Brasilianische Bergland nimmt eine Fläche von etwa fünf Millionen Quadratkilometern ein. Es ist somit halb so groß wie Europa. Die Gesteine des Berglandes zählen zu den ältesten der Erde und sind reich an Erzen. Ein beeindruckendes Naturschauspiel kann im Südosten des Berglandes bewundert werden. Auf einer Breite von 2 700 m stürzt der Fluss Iguaçu („Großes Wasser") 75 m in die Tiefe.

3

4

Aufgaben

1 Beschreibe die Naturräume Südamerikas von Westen nach Osten (M1, M3).

2 a) Ordne die Fotos (1 – 4) den Großlandschaften zu (M1, M2).

b) Ergänze die Tabelle zu den Großlandschaften (M1 – M3, Atlas).

Großlandschaft	Beispiel	Merkmale
...	...	...

Tropischer Regenwald

M1 Tropischer Regenwald

Der tropische Regenwald – eine Schatztruhe

Tropische Regenwälder liefern eine Vielzahl von Rohstoffen, die überall auf der Welt benötigt werden. Auch unser Leben wäre ohne diese Produkte kaum vorstellbar. Aus den Regenwaldgebieten stammen Rohstoffe, die in den Industrieländern sehr begehrt sind. Dazu gehören beispielsweise der Kautschuk, das Öl von Kokos- und Ölpalmen oder die tropischen Edelhölzer. Daher sind sie für einige Staaten im Regenwald ein wichtiges Exportgut. Aus den Wirkstoffen vieler Pflanzen des Regenwaldes werden Arzneimittel gewonnen.

Die Gewinnung dieser Rohstoffe führt dazu, dass mehr als die Hälfte der Regenwälder bereits gerodet wurde. Große Teile wurden schwer geschädigt, etwa durch den Bau von Straßen. Der Regenwald ist ein empfindliches Ökosystem. Jeder einzelne Baum ist der Lebensraum vieler Tier- und Pflanzenarten. Wird er gefällt, sterben auch dessen Bewohner. So wird das Gleichgewicht im Zusammenleben zwischen Pflanzen und Tieren stark gestört. Auch die Lebensgrundlage der Ureinwohner des tropischen Regenwaldes wird dadurch zerstört.

M2 „Schatztruhe" tropischer Regenwald

Amazonien – vielfältige Nutzung und deren Folgen

Der Einschlag von Edelhölzern führt zur Zerstörung großer Waldflächen. Für den Abtransport der Stämme werden Schneisen zu Straßen ausgebaut. Die größte ist die Transamazônica.

Immer mehr Touristen erkunden die Natur Amazoniens und die Kultur seiner Bewohner. Häufig fahren sie dazu mit Schiffen stromaufwärts und steuern Dschungel-Lodges an.

Große Flächen des Regenwaldes werden zur Ausdehnung der Rinderhaltung gerodet. Für mehr als ein Drittel der Zerstörung des Regenwaldes ist die Rinderhaltung verantwortlich.

In Amazonien gibt es umfangreiche Vorkommen unterschiedlichster Bodenschätze. Riesige Tagebaue durchziehen die Landschaft. Rekultivierung wird nicht betrieben.

Das wasserreiche Amazonasbecken eignet sich für die Errichtung von Wasserkraftwerken. An zahlreichen Stellen wurden Staumauern gebaut. Die Stauseen überfluten den Regenwald.

M3 Nutzung des tropischen Regenwaldes

Grundbegriff

- **Ökosystem**

Aufgaben

1 Nenne Länder, die Anteil am tropischen Regenwald in Süd- und Mittelamerika haben (Atlas).

2 Der Regenwald wird als Schatztruhe der Natur bezeichnet. Erkläre (M2).

3 Fertige ein Plakat zur Nutzung des tropischen Regenwaldes sowie deren Folgen an (M2, M3).

Brasilien

M1 São Paulo

Brasilien

Hauptstadt: Brasília
Fläche: ca. 8,4 Mio. km²
Einwohner: 203,7 Mio.
Bevölkerungsdichte: 24 EW/km²
Städtische Bevölkerung: 85,4 %
Einkommen: 11 690 US-$ pro EW/Jahr
Währung: Real

M2 Steckbrief Brasilien (2014)

Brasilien – nicht nur ein Land des Fußballs

Spätestens seit der Fußballweltmeisterschaft 2014 ist das Land Brasilien weltbekannt.

Es ist das flächengrößte Land Südamerikas. Mit dem größten Regenwaldgebiet und dem wasserreichsten Fluss der Erde besitzt Brasilien unschätzbare Naturreichtümer.
Genau in diesen Gebieten gibt es riesige Vorkommen an wertvollem Eisenerz, Kupfer, Nickel, Zinn, Gold und Titan.

Brasilien verfügt über eine vielfältige und leistungsstarke Industrie.

In den Großstädten wie São Paulo oder Rio de Janeiro gibt es jedoch große soziale Probleme, die sich insbesondere bei den Wohnverhältnissen und der Jugenderwerbslosigkeit zeigen: 15,5 Prozent der Jugendlichen zwischen 15 und 24 Jahren sind erwerbslos (2012).

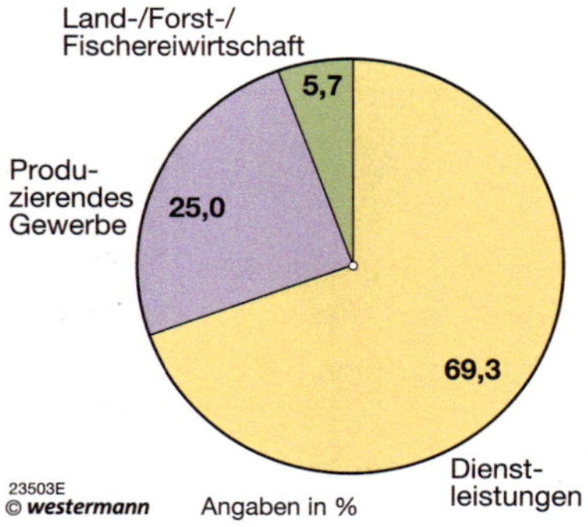

M3 Anteil der Wirtschaftsbereiche an der Gesamtwertschöpfung

Wachstumsrate der Industrieproduktion	2,3 % (2013)
Arbeitslosenrate	5,6 % (2014)
Mobiltelefone	271,1 Mio (2013)
Internetnutzer	113,7 Mio (2015)
Lebenserwartung	73 Jahre (Weltrang 127; 2013)
Bevölkerungsanteil unterhalb der nationalen Armutsgrenze	31 % (2013)

M4 Daten zur Entwicklung Brasiliens

www.heimatundwelt.de
HW-151

M5 Fertigungshalle im Volkswagen-Werk Anchieta

M7 Kaffeeernte

Brasiliens wirtschaftliche Entwicklung

Brasília, so heißt seit 1960 die bereits dritte Hauptstadt Brasiliens. Jede der drei Hauptstädte – Salvador, Rio de Janeiro und Brasília – kennzeichnet einen besonderen Abschnitt in der wirtschaftlichen Entwicklung des Landes. 1549 wurde Salvador gegründet und war Hauptstadt der portugiesischen Kolonie. Die Reichtümer des Landes, vor allem Tropenhölzer und Zucker, wurden mit Schiffen nach Europa gebracht. Ausgedehnte Plantagen entstanden an der Küste. Im 18. Jahrhundert lösten Gold- und Diamantenfunde im Brasilianischen Bergland die Verlagerung des wirtschaftlichen Schwerpunktes nach Rio de Janeiro aus. Rio entwickelte sich zur wichtigsten Hafenstadt und wurde ab 1763 Hauptstadt. Im Verlauf der letzten 200 Jahre führte der Abbau der reichen Erzvorkommen um Belo Horizonte dazu, dass der Süden zum Zentrum der Schwerindustrie wurde. Brasilien ist heute einer der größten Stahlproduzenten der Erde. Außerdem verfügt das Land im Süden über fruchtbare Böden sowie günstiges Klima. Der Aufschwung des Kaffeeanbaus begünstigte die weitere wirtschaftliche Bedeutung des Südens und Südostens.
Die dritte Hauptstadt, Brasília, liegt nicht an der Küste. Sie ist auf die Erschließung des Landesinneren ausgerichtet und sollte das überbevölkerte Rio de Janeiro als Hauptstadt entlasten.

Exportprodukte	Importprodukte
Transportgeräte	Maschinen
Eisenerz	Kfz-Teile
Sojabohnen	Erdöl
Schuhe	Transportgeräte
Kaffee	elektrische Geräte
Autos	Chemieprodukte

M6 Brasiliens Ex- und Importprodukte (2013)

Aufgaben

1 a) Fertige eine Faustskizze Brasiliens an (S. 70, Atlas).
b) Trage ein, wo sich bedeutende Rohstoffvorkommen befinden (Atlas).

2 Markiere im Text die Stellen, die über die wirtschaftliche Entwicklung Brasiliens Auskunft geben (ÜF).

M1 Rio de Janeiro – das Strandleben an der Copacabana (links) und die Wohnhäuser einer Favela (rechts)

Stadt	Einwohnerzahl in Mio.
São Paulo	11,79
Rio de Janeiro	6,45
Salvador	2,90
Brasilia	2,75
Fortaleza	2,57
Belo Horizonte	2,49
Manaus	2,01

M2 Größte Städte Brasiliens (2014)

Brasilien – ein Land im Aufschwung

Große räumliche Unterschiede prägen das Land. Rund 90 Prozent der etwa 192 Mio. Brasilianer leben an der Küste im Süden und Südosten. Diesen industriell hoch entwickelten Gebieten stehen dünn besiedelte, wirtschaftlich schwache Regionen im Landesinneren gegenüber.

Innerhalb der großen Ballungsgebiete wie São Paulo, Belo Horizonte und Rio de Janeiro entstanden neben räumlichen auch soziale Gegensätze zwischen armen und reichen Bevölkerungsschichten.
Die Wohnviertel der ärmeren Bevölkerungsschichten – häufig sind die Häuser hier mit einfachen Baumaterialien errichtet – bilden einen starken Kontrast zu den gut bewachten, modernen Wohnkomplexen der Oberschicht.

Norden

- Amazonasgebiet mit tropischem Regenwald
- dünn besiedelt, Lebensraum der Ureinwohner
- reich an Bodenschätzen
- Erschließungsgebiet (mit ökologischen und sozialen Folgen)

Mittelwesten

- Übergangsbereich von tropischen Regenwäldern zu Feuchtsavannen
- Viehhaltung

Nordosten

- ärmste Region des Landes
- Trockensavannen, Dürregefahr
- hauptsächlich Landwirtschaft
- alte Besitzstrukturen mit Großgrundbesitz, Landarbeitern
- starke Abwanderung in die Städte

Süden und Südosten

- dicht besiedelt mit starken Gegensätzen zwischen Arm und Reich
- industriell hoch entwickelt
- Reichtum an Bodenschätzen

M3 Brasiliens Großregionen und ihre Merkmale

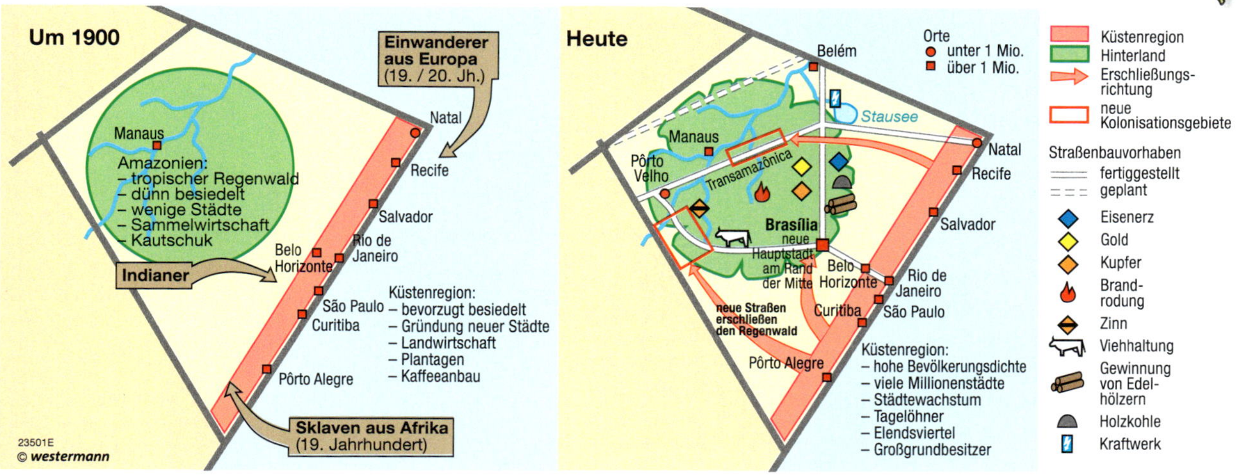

M4 Entwicklungsmodell Brasiliens (um 1900 und heute)

Überwindung der Disparitäten

Zur Überwindung der räumlichen Disparitäten wurde in den 1950er-Jahren begonnen, eine Großstadt mitten im Regenwald des Landesinneren zu bauen. Brasilia wurde die neue Hauptstadt.
Außerdem beschloss die 1964 an die Macht gekommene Militärregierung die Erschließung Amazoniens. Es wurden Straßen (z. B. die Transamazônica), Eisenbahnstrecken und Kraftwerke gebaut. Entlang der Straßen sollten Siedlungen entstehen und mittellosen Siedlern Land zur Bearbeitung überlassen werden. Dies nennt man Agrarkolonisation. Die Ernten der Siedler waren jedoch nur kurz ertragreich, da die Nährstoffe schnell verbraucht waren. Viele Siedler waren dadurch auf der Suche nach Arbeit. So bildeten sich Siedlungen nur nahe industrieller Großprojekte. Der Plan der Erschließung des Landesinneren schlug fehl.
Die Agrarreform war eine weitere Maßnahme zum Abbau von Disparitäten. 1985 wurde geplant, bis 2000 die ungenutzten Agrarflächen an Millionen Familien zu verteilen. Mithilfe günstiger staatlicher Kredite sollten sie eine Existenz aufbauen. Das Projekt wurde jedoch nicht entschlossen verfolgt und stieß auf die Gegenwehr der Großgrundbesitzer.

M5 Bau und Verlauf der Transamazônica

Grundbegriffe

- **Disparitäten**
- **Transamazônica**

Aufgaben

1. **Nenne Regionen Brasiliens, die eine hohe Bevölkerungsdichte aufweisen (Atlas). Begründe die Verteilung.**
2. **Ordne Wirtschaftszweige Brasiliens den Großregionen zu (Atlas).**
3. **Beschreibe Disparitäten in Brasilien (M1, M3).**
4. **Erläutere M4.**

1 Kreuzworträtsel

Löse das Kreuzworträtsel (ÜF).

Waagerecht:
1 Gebirge in Amerika
3 Hauptstadt Kanadas
4 einer der großen Seen
5 Stadt im Westen der USA
9 Vegetationszone
10 Halbinsel in Nordamerika
11 wasserreichster Fluss der Erde

Senkrecht:
2 berühmte Wasserfälle
6 Hauptstadt in Südamerika
7 Gebirge in Südamerika
8 Bundestaat der USA

2 Außenseiter

Welcher Begriff passt nicht in die Reihe? Unterstreiche den Außenseiter und ersetze ihn durch einen passenden Begriff (ÜF).

a) Alaska – Kalifornien – Florida – Yucatan
b) Michigansee – Titicacasee – Ontariosee
c) New York – Toronto – Boston – Seattle
d) Anden – Appalachen – Aconcagua – Rocky Mountains

3 Kennst du dich aus?

Ordne die Schlagworte den topografischen Objekten zu. Ergänze die Objekte in der Karte rechts (ÜF).

Trichtermündung	Rio de Janeiro
tropischer Regenwald	Südspitze Amerikas
Hochgebirge	Brasilien
Zuckerhut	Amazonas
Fußball-WM 2014	Anden
Kap Hoorn	Amazonastiefland

4 Erkennst du die Umrisse?

Ordne den Umrissen die entsprechenden Staaten zu. Markiere die genaue Lage der Hauptstadt mit einem Punkt und benenne sie (Atlas, ÜF).

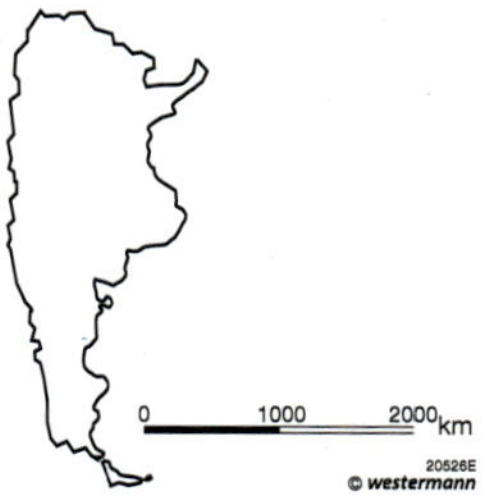

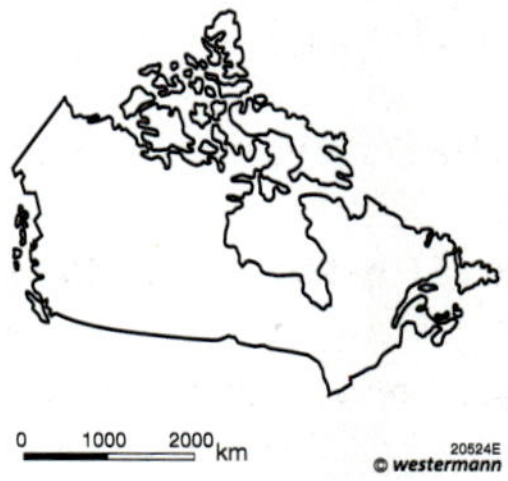

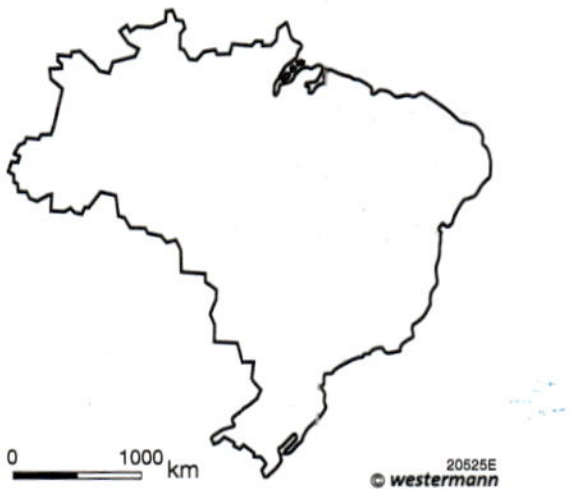

5 Löse das Wissensrätsel

A Hier liegt die größte Stadt Alaskas. Gib ihre geografische Lage an.
B Durch diesen See verläuft eine Eisenbahnlinie. Nenne seine Besonderheit.
C Diese Brücke muss besonders erdbebensicher sein. Gib ihren Namen an und erkläre.
D Gib den Namen des Landes an, in dem diese Pyramiden errichtet wurden.
E Wer durch diesen Kanal fährt, kürzt den Seeweg um Amerika erheblich ab.
F In der Nähe des Titicacasees befindet sich die höchstgelegene Hauptstadt der Erde.
G Der höchste Berg Amerikas befindet sich hier. Gib Name, Höhe und Land an, in dem er sich befindet.
H Bei 33° S und 70° W befindet sich diese Hauptstadt. Gib Name und Land an.
I Diese Insel hat einen besonderen Namen. Finde ihn sowie die Länder, zu denen sie gehört.
J Gib den Namen dieses besonderen Berges sowie den Namen der Stadt an, in der er sich befindet.
K Wähle einen der Orte (A - J) aus und informiere dich genauer über ihn. Fertige ein Plakat an.

Australien, Ozeanien und Polargebiete

Sydney – Metropole am Pazifischen Ozean

Australien – dort ist fast alles anders

Australien

Hauptstadt: Canberra
Fläche: 7,6 Mio. km^2
Einwohner: 23,5 Mio.
Bevölkerungsdichte: 3 EW/km^2
Städtische Bevölkerung: 89 %
Einkommen: 65 520 US-$ pro EW/Jahr
Währung: Australischer Dollar

M1 Steckbrief Australien (2014)

Australien im Überblick

Australien liegt auf der Südhalbkugel und ist der kleinste Kontinent der Erde.

Australien kann in drei Großlandschaften eingeteilt werden.
Das Westaustralische Tafelland mit den Großen Wüsten und Steppengebieten gehört zu den ältesten Gesteinsformationen der Erde. Es umfasst unter anderem die große Sandwüste, die große Victoriawüste und die Simpsonwüste. Mitten in der Wüste gibt es vereinzelt Berge, wie zum Beispiel den 863 m hohen Ayers Rock (Uluru).

Das Ostaustralische Gebirge wird von der 3 200 km langen Great Dividing Range geprägt. Der Mount Kosciuszko ist mit 2 230 m der höchste Berg des australischen Festlandes. Insgesamt liegt jedoch die Hälfte des Kontinents nicht höher als 300 m über dem Meeresspiegel.

Die Mittelaustralische Senke zwischen Westaustralischem Tafelland und Ostaustralischem Gebirge ist ein Becken. Hier befindet sich das große Flusssystem von Murray und Darling.

Besonderheiten des Wasserhaushalts

Australien ist der trockenste Kontinent der Erde. Ausreichend Niederschläge fallen nur in den Randgebirgen. Viele Flüsse führen nur zeitweise Wasser. Meist enden sie in der trockenen Mitte des Kontinentes.
Australien ist jedoch sehr reich an Grundwasser. Es bildet sich aus versickernden Niederschlägen in den Hohlräumen von Sedimentschichten. Unter großen Teilen Australiens ist artesisches Wasser vorhanden.

Besonders reiche Vorräte gibt es im Großen Artesischen Becken. Seine Schüsselform ist die Voraussetzung dafür, dass sich hier Wasser ansammeln kann. Das Wasser stammt von den Niederschlägen, die im regenreichen Ostaustralischen Bergland fallen.

Diese Wasservorkommen machen eine landwirtschaftliche Nutzung im Landesinneren überhaupt erst möglich.

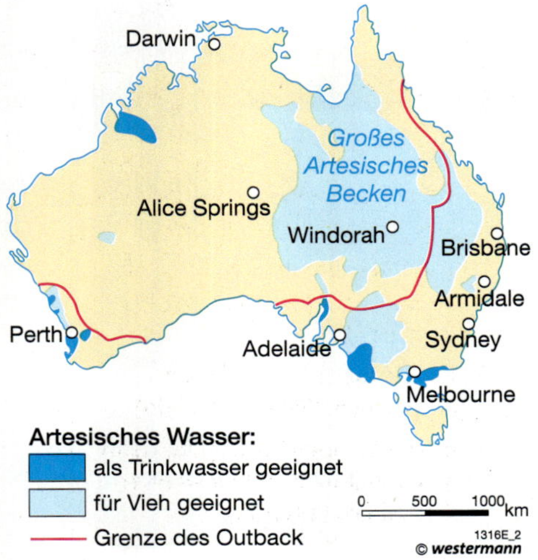

M2 Artesische Wasservorkommen

Info

Artesisches Wasser – artesische Brunnen

Als artesisches Wasser wird das Wasser einer wasserführenden Erdschicht bezeichnet. Sie befindet sich zwischen zwei wasserundurchlässigen Schichten in einem geologischen Becken. Durch den schüsselförmigen Verlauf der Schichten steht das Wasser an der tiefsten Stelle unter Druck. Wird hier ein Brunnen gebohrt, tritt das Wasser allein durch den Überdruck zutage.

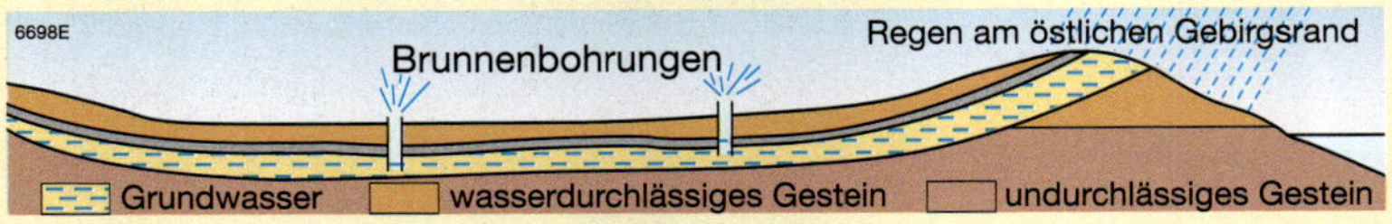

Schnitt durch das Große Artesische Becken

www.heimatundwelt.de
HW-141

Lebensweise der Aborigines früher und heute

Vor etwa 50 000 Jahren wanderten die Vorfahren der Aborigines vermutlich über eine Landbrücke von Südostasien aus und nach Australien ein. Der Meeresspiegel lag damals ungefähr 250 m tiefer als heute, sodass Australien mit Flößen erreichbar war. Die Aborigines lebten als Jäger und Sammler. Ihre Hauptsiedlungsgebiete lagen im Norden und Osten Australiens.

Mit der europäischen Besiedlung im 17. Jahrhundert begann für die Aborigines eine schwere Zeit. Viele wurden aus den fruchtbaren Gebieten verdrängt, fielen Massakern oder eingeschleppten Krankheiten zum Opfer. Oft wurden die Ureinwohner gezwungen, in abgegrenzten Reservaten zu leben. Auch heute noch ist die Situation vieler der etwa 350 000 Aborigines schwierig. Meist leben sie an den Rändern der Großstädte oder in selbst verwalteten Reservaten. Ihr Lebensstandard und ihre Lebenserwartung liegen unter dem Landesdurchschnitt. Die Arbeitslosigkeit ist sehr hoch.
Im Jahr 1967 erstritten sie das Wahlrecht und ihre Gleichberechtigung wurde in der Verfassung Australiens verankert. Einige Aborigines-Gruppen leben heute noch so wie ihre Vorfahren vor der europäischen Besiedlung.

Für viele Aborigines stellen Land und Boden, Tiere und Pflanzen die Lebensgrundlage dar. Ihrer traditionellen Mythologie zufolge wurde die Natur in einer Ur- und Schöpfungszeit, der „Traumzeit", durch übernatürliche Wesen geschaffen. Für diese müssen sie die Natur bewahren und mit ihr in vollkommener Harmonie leben.

M3 „Traumzeit"

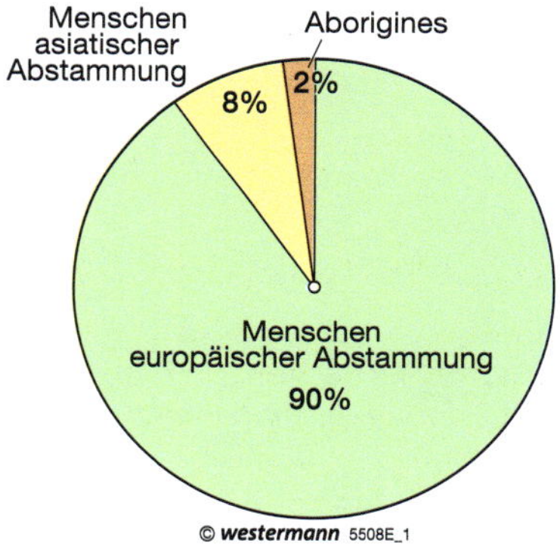

M5 Australiens Bevölkerung

M4 Der Lebensstandard der Aborigines ist häufig sehr niedrig.

Grundbegriffe

- **artesischer Brunnen**
- **Aborigines**

Aufgaben

1 Nenne Länder und Landschaften auf der Erde mit gleicher Breitenlage wie Australien (Atlas).

2 Erläutere, warum Australien oft als Einwanderungsland bezeichnet wird (M5).

3 Erkläre die Entstehung von artesischem Wasser (M2, Info).

4 Erarbeite einen Vortrag zur heutigen Situation der Ureinwohner Australiens (Internet).

Australien – dort ist fast alles anders

Im „Road Train“ durch Australien

John freut sich riesig. In diesen Ferien darf er seinen Vater begleiten und mit dem Road Train von Süden nach Norden durch Australien reisen. Mehr als 4 500 km werden sie zurückzulegen.
Begleitet John dabei und lernt so Australien besser kennen.

M3 Australische Road Trains können eine Länge von 50 m erreichen.

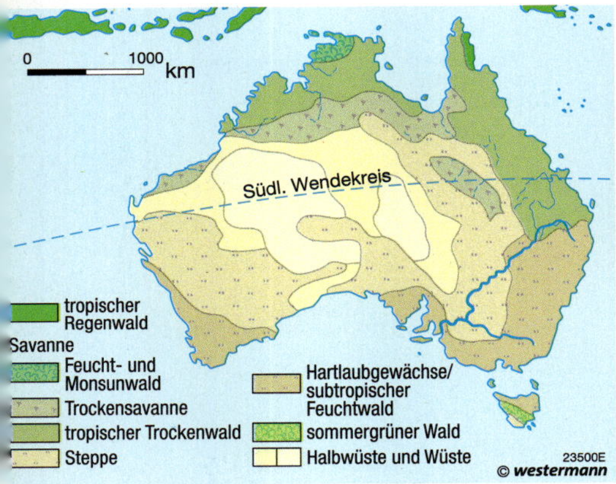

M1 Australiens Vegetationszonen

Bio

M2 Achtung Wildtiere!

Johns Reise beginnt in Hobart auf Tasmanien. Hier wachsen in der gemäßigten Zone sommergrüne Laub- und Mischwälder. Nachdem sie mit der Fähre über die Bass-Straße übergesetzt sind, wird es wärmer und trockener. Um Melbourne gedeihen, ähnlich wie im Mittelmeerraum, Hartlaubgewächse. In Australien wachsen hier vor allem Eukalyptusbäume und Akazien. Ihre Fahrt führt sie durch die Stadt Adelaide. Innerhalb der nächsten drei Tage wird es immer trockener, denn sie durchfahren die Savanne. Zuerst wachsen noch Gräser. Sie dienen als Futterpflanzen für riesige Schafherden. Fleisch und Wolle der Schafe werden meist exportiert. Nachdem sie Tarcoola passiert haben, fahren sie in den inneren Teil Australiens, auch Outback genannt. Hier ist es äußerst trocken und es wachsen nur wenige oder keine Pflanzen. John und sein Vater machen einen kleinen Abstecher zum weltbekannten Ayers Rock (Uluru), bevor sie zum Auffüllen ihrer Vorräte einen Stop in Alice Springs einlegen. Erst am 7. Reisetag erscheinen wieder die ersten niedrigen Bäume der tropischen Savanne und sie erreichen am Abend die Stadt Tennant Creek. Nahe dem Zielort Darwin, im Norden Australiens, werden die Wälder wieder dichter. Hier, im feuchteren tropischen Wechselklima, wächst der tropische Feucht- und Monsunwald. John hat gehört, dass im Nordosten sogar Regenwald wachsen soll. Er hat auf der 9-tägigen Fahrt durch sein Heimatland viele Eindrücke gesammelt.
In Darwin besucht er noch das naturkundliche Museum. Hier erfährt er viel über die Pflanzen- und Tierwelt Australiens: Durch die isolierte Lage über Jahrmillionen entwickelten sich viele Pflanzen und Tiere nur hier. Bekannt sind die Beuteltiere, die ihre Jungen nach der Geburt in einer Hautfalte schützen und säugen, etwa das Känguru. Daneben existieren aber noch andere urtümliche Arten, wie zum Beispiel das Eier legende Schnabeltier.

Australien im Überblick

ORIENTIERUNG

M4 Übungskarte zu Australien

Aufgaben

1 Zeichne Johns Route in die Karte ein und bearbeite diese (M4, Atlas, ÜF).

2 Verbinde Johns Fotos mit den passenden Orten entlang seiner Route (M4, Atlas, ÜF).

3 Nenne die Vegetationszonen und Bundesstaaten, die John durchquert (M1, Atlas).

4 Präsentiere deiner Klasse ein interessantes Tier oder eine Pflanze, die nur in Australien zu finden sind (M2, M4, Internet).

Australien – dort ist fast alles anders

M1 Farm im Outback

Besonderheiten der Landwirtschaft

Australiens Hauptlandwirtschaftsgebiet liegt im Südosten des Landes. Auch heute noch ist die Landwirtschaft ein wichtiger Wirtschaftszweig. Die meisten Farmen haben sich auf die Schaf- und Rinderzucht oder auf den Weizenanbau spezialisiert. Viele Farmer betreiben sowohl Viehzucht als auch Ackerbau. Die Größe der Farmen reicht von wenigen Hektar bis zu riesigen Weidegebieten von 150 000 ha und mehr. Große Gefahren für die exportorientierte Landwirtschaft stellen vor allem anhaltende Dürreperioden und Buschfeuer dar. Dann bleiben die Ernteerträge weit hinter den Erwartungen zurück oder sie werden sogar vernichtet. In diesen Dürrezeiten fehlt auch das Wasser zur Versorgung der Tiere und ganze Herden verenden.

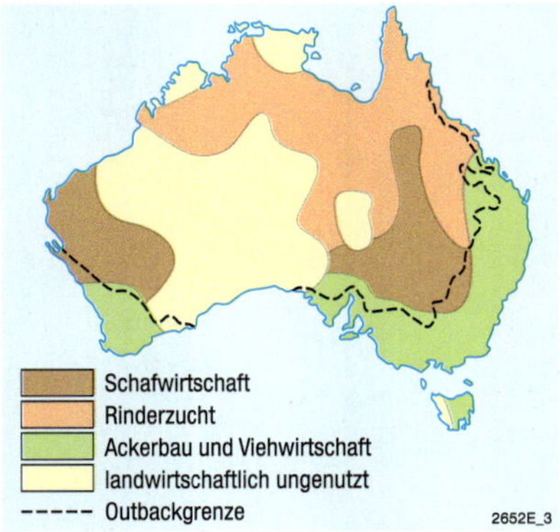

M2 Landwirtschaftsregionen

Produkt	in Mio. t
Weizen	17,66
Gerste	4,5
Luzerne (Futterpflanze)	1,44
Rindfleisch	1,17
Ölpalmen	2,13
Kaffee	0,002
Reis	0,28
Schweinefleisch	0,33
Mais	0,04
Geflügelfleisch	0,03

M3 Export landwirtschaftlicher Produkte Australiens (2011)

Nach 500 Flugkilometern landet ein Postflugzeug auf einer harten Piste direkt neben dem Farmhaus. Die Lennox-Schaffarm ist erreicht. Hier weiden auf etwa 100 000 ha rund 25 000 Schafe. Sie dienen ausschließlich der Gewinnung von Wolle.

Schafe weiden fast über das ganze Land verteilt, denn bei der Futtersuche sind die Herden sich selbst überlassen. Zur Schafschur werden die Schafe zu Pferde, mit Motorrädern oder Flugzeugen zusammengetrieben. An mehreren Stellen der Farm sind Viehtränken zu erkennen. Mr. Lennox berichtet, dass das Grundwasser mithilfe von Tiefbrunnen erschlossen und von Windrädern oder Dieselmotoren hochgepumpt wird. Ohne diese Art der Wassergewinnung wäre das Land nicht nutzbar.

M4 Besuch auf einer Schaffarm im Outback

M5 Eisenerzabbau in der Pilbara-Region und ein Giant Truck

Bergbauprodukte	„Weltrangliste"
Bauxit	1.
Blei	2.
Diamanten	3.
Braunkohle	5.
Eisenerz	2.
Gold	3.
Kupfer	6.
Silber	4.
Uran	3.
Zink	2.

M7 Bergbau in Australien (2010)

Rohstoffquelle Australien

Australien ist eines der rohstoffreichsten Länder der Erde. Der Abbau von Energierohstoffen wie Steinkohle und Braunkohle konzentriert sich vor allem entlang der Ostküste in unmittelbarer Nähe zu den dicht besiedelten Gebieten. In der Steinkohlenförderung nimmt das Land den 4. Platz in der Welt ein.
Im dünn besiedelten Norden und Westen werden Eisenerz, Gold, Bauxit, Nickel und andere Bodenschätze abgebaut. Zahlreiche Bergwerksunternehmen befinden sich im Besitz von ausländischen Konzernen. Sie haben meist nur Interesse an einer kostengünstigen Förderung der Bodenschätze. An einem Ausbau der Infrastruktur und einer wirtschaftlichen Entwicklung sind sie weniger interessiert.
In der Pilbara-Region zum Beispiel befinden sich die weltweit reichsten Eisenerzlagerstätten. Nur Stichbahnen führen zu den Fördergebieten und auch zu den Exporthäfen. Das zu Pellets aufbereitete Eisenerz ist fast vollständig für den Export bestimmt. Die Exporterlöse tragen wesentlich zum hohen Lebensstandard der Australier bei.

Ein Gewitter zwang im Jahr 1952 den Viehzüchter Lang Hancock, im Tiefflug über die Berge und Schluchten der Pilbara-Region hinwegzufliegen. Er bemerkte, dass die Berge blau-metallisch glänzten und die Instrumente der Maschine durcheinander gerieten. Als man daraufhin das Gestein untersuchte, erwies es sich als höchst konzentriertes Eisenerz. Seitdem wird der Berg, dessen Erzkörper 120 Meter mächtig ist, unter schwierigen klimatischen Bedingungen abgetragen.

M6 Lang Hancocks Entdeckung

Aufgaben

1 **Beschreibe die Verbreitung der Landwirtschaftsregionen Australiens und begründe ihre Lage (M2, Atlas).**

2 **Berichte über das Arbeiten auf einer Farm im Outback (M4, Internet).**

3 **Beschreibe die Lage der Bergbauregionen (Atlas).**

4 **Erkläre, warum die Verarbeitung der geförderten Erze in den meisten Fällen nicht im Fördergebiet stattfindet (M5).**

Ozeanien – der „nasse“ Kontinent

M1 Willkommen auf dem „nassen“ Kontinent

I Melanesien („Schwarze Inseln“)

Salomonen	27 556 km²
Neukaledonien*	19 103 km²
Fidschi	18 376 km²
Vanuatu	12 190 km²

II Mikronesien („Kleine Inseln“)

Karolinen-Inseln	1 194 km²
Nördliche Marianen*	457 km²
Marshall-Inseln	181 km²
Nauru	21 km²

III Polynesien („Viele Inseln“)

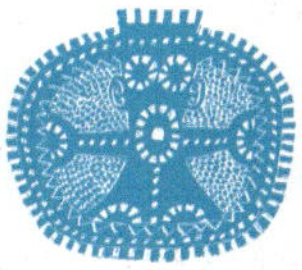

Französisch-Polynesien*	4 167 km²
Samoa-Inseln	2 831 km²
Tonga-Inseln	748 km²
Tuvalu	26 km²

* abhängige Gebiete

M2 Inseln und Inselgruppen

Inselwelt im Pazifik

Über eine Meeresfläche von 70 Mio. km² verstreut liegen Tausende Inseln, die insgesamt nur eine Landfläche von rund 220 000 km² haben. Diese als Ozeanien bezeichnete Inselwelt gliedert sich in zwei Inselgürtel und mehrere Inselgruppen im Pazifik. Während die westlichen Inseln zum Festlandssockel gehören und größere Flächen aufweisen, sind die östlichen weiter voneinander entfernt. Sie sind überwiegend kleine Vulkan- und Koralleninseln. Infolge der geringen Flächenausdehnung und begrenzten Nutzungsmöglichkeiten sind von den über 7 500 Inseln aber nur rund 2 100 bewohnt. Besiedelt wurden sie während und nach der letzten Eiszeit von Asien aus. Heute leben auf den Inseln rund 15 Mio. Menschen. Wir Europäer verbinden mit Ozeanien paradiesische Vorstellungen: weiße Strände und türkisblaue Lagunen. Doch das Paradies ist bedroht.

M3 Ozeanien – Lage und Gliederung

M4 Auf Hawaii

M5 Zerstörungen durch einen Taifun (Fidschi, 2009)

Natur – vielfältig und arm zugleich

Aufgrund der Lage in den Tropen herrschen auf den meisten Inseln ganzjährig hohe Temperaturen. In Abhängigkeit vom Relief und der Entfernung zum Äquator fallen unterschiedlich große Niederschlagsmengen.

Die Tier- und Pflanzenwelt ist vielfältig und exotisch, die Meere sind reich an Korallentieren, Muscheln, Seeschildkröten und Fischen. In den tropischen Wäldern kreischen farbenprächtige Vögel.

Der Artenreichtum nimmt jedoch in östlicher Richtung ab, da die großen Entfernungen einen Austausch zwischen den Inseln verhindern. Auf den Galápagos-Inseln zum Beispiel konnte sich eine einzigartige Tier- und Pflanzenwelt entwickeln. Aus anderen Kontinenten mitgebrachte Tiere wie Ziegen, Katzen und Ratten sowie Pflanzen verändern die verletzlichen Ökosysteme. Rohstoffe sind auf den meisten Inseln nicht zu finden.

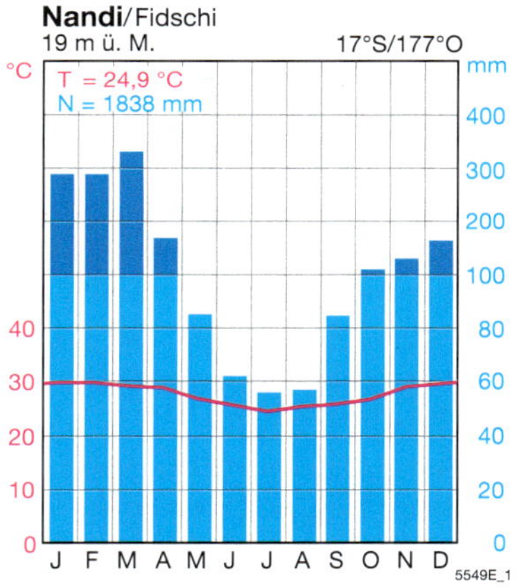

M6 Klimadiagramm Nandi

Info

Naturkatastrophen suchen die Inseln heim

Durch die Lage in einem geologisch unruhigen Gebiet treten häufig Vulkanausbrüche und Erdbeben auf. Für die kleinen Inseln haben sie verheerende Auswirkungen. Viele Inseln liegen zudem im Wirbelsturmgürtel der Erde und werden mitunter mehrmals im Jahr von Hurrikans bzw. Taifunen heimgesucht. Überschwemmungen, Erdrutsche und weggespülte Küstenstriche sind die Folge. Durch den globalen Klimawandel und einen damit verbundenen Meeresspiegelanstieg um durchschnittlich zwei Millimeter pro Jahr könnte die Gefahr noch verstärkt werden. Einige Forscher gehen jedoch nicht davon aus, dass die pazifischen Inseln im Meer versinken werden. Sie glauben, dass einige auch noch anwachsen könnten.

Aufgaben

1 Erkläre, warum Ozeanien als der „nasse" Kontinent bezeichnet wird (M6).

2 Ordne Inselgruppen Ozeaniens den Inselgürteln zu (M2, M3, Atlas).

3 Werte das Klimadiagramm von Nandi aus und ordne es einer Klima- und Vegetationszone zu (M6).

4 Nenne Folgen, die der Meeresspiegelanstieg für die Inselbewohner hat (Internet).

Ozeanien – der „nasse" Kontinent

M1 Lavastrom auf Hawaii

Grundbegriffe

- **Vulkaninsel**
- **Koralleninsel**
- **Atoll**

Aufgaben

1 Weise nach, dass sich die pazifische Inselwelt in einem geologisch unruhigen Gebiet befindet.

2 Beschreibe die Entstehung der verschiedenen Koralleninseln (M2 – M4).

3 Erkläre die perlenschnurartige Anordnung der Vulkaninseln Ozeaniens (Atlas).

Entstehung der Inselwelt

Vulkaninseln – hohe Inseln

Ozeanien wird von einer Vielzahl von Vulkaninseln perlenschnurartig durchzogen. Diese bilden sich insbesondere an Plattenrändern. Aber auch innerhalb der Pazifischen Platte ragen Vulkaninselketten aus dem bis zu 5 000 m tiefen Meer hoch empor.
Ursache für ihr Entstehen sind Hot Spots, ortsfeste Aufschmelzungspunkte im Erdmantel. Darüber bewegt sich die Pazifische Platte mit einer Geschwindigkeit von etwa einem Zentimeter pro Jahr. So sind zum Beispiel die Galápagos-Inseln und die 2 500 km lange Vulkankette der Hawaii-Inseln entstanden. Die jüngste und größte Insel des Hawaii-Archipels ist Hawaii, auch Big Island genannt. Der Süden der Insel wächst noch immer durch heftige Vulkanausbrüche. Hier befindet sich der aktivste tätige Vulkan der Erde, der Kilauea. Der Mauna Kea ist vom Meeresboden aus gerechnet mit über 10 000 m Höhe der eigentlich höchste Berg der Erde.

Koralleninseln – flache Inseln

Die nur wenige Meter hohen Koralleninseln Ozeaniens verdanken ihre Entstehung kleinen Meerestieren, den Korallen. Diese bauen auf dem Felsuntergrund, der meist aus Vulkanmassiven besteht, Riffe auf. Deren Entwicklung steht im Zusammenhang mit Meeresspiegelschwankungen oder Senkungen bzw. Hebungen des Ozeanbodens.
Korallenriffe sind komplexe Ökosysteme mit einer großen Artenvielfalt. Sie säumen rund ein Viertel aller Küsten der Erde und schützen diese als natürliche Wellenbrecher.
Viele Riffsysteme sind durch eine vielfältige Nutzung gefährdet: Überfischung, Massentourismus, Abbau von Korallenblöcken als Baumaterial, Hafenausbau und Schifffahrt.
Zudem führt die Erwärmung der Erde zur Übersäuerung der Meere und damit zum weltweiten Korallensterben. Korallen stehen deshalb heute unter Artenschutz.

Info

Korallen
sind formenreiche, farbenprächtige Hohltiere, die Plankton und Meerwasser in Kalk umwandeln.
Wachstumsbedingungen: 20° bis 30 °C warmes, sauerstoff- und nährstoffreiches Meerwasser mit drei bis vier Prozent Salzgehalt.
Wachstum: 10 bis 25 mm / Jahr, Kalkreste türmen sich zu Riffen auf; ohne Erwärmung des Meerwassers führt ein langsamer Meeresspiegelanstieg zu weiterem Korallenwachstum.

Taucher an einem Korallenriff

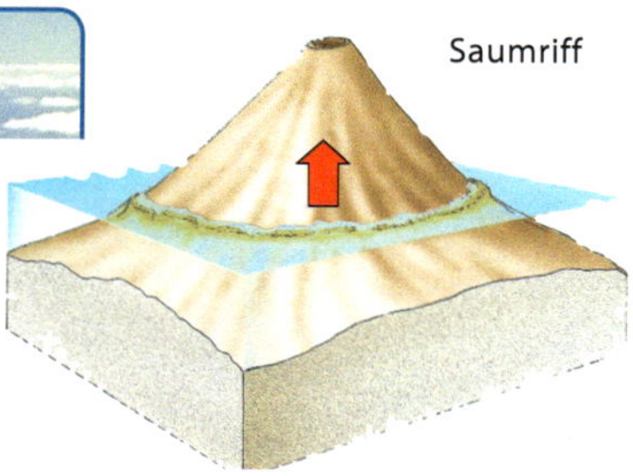

Saumriffe bilden sich in Küstennähe rings um eine Vulkaninsel. Die Korallen wachsen zur Meerseite. Zwischen dem Riff und der Insel entsteht ein schmaler Kanal.

M2 Riffgesäumte Insel vulkanischen Ursprungs (Rarotonga, Cook-Inseln)

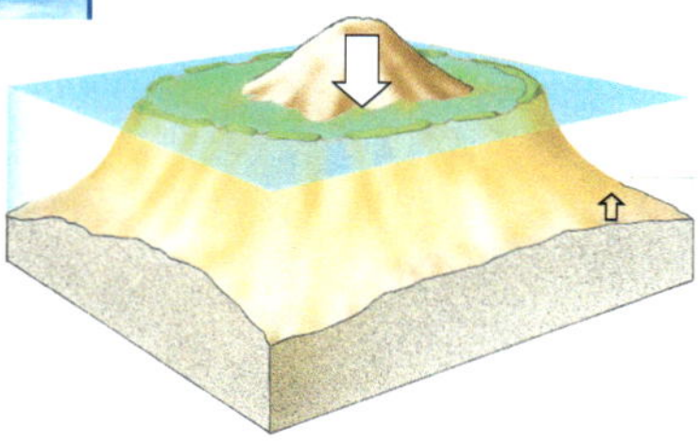

Wallriffe entstehen, wenn die Insel langsam absinkt oder der Meeresspiegel steigt und das Wachstum der Korallen Schritt halten kann. Zwischen Riff und Insel bildet sich eine flache Lagune.

M3 Wallriff und Lagune (Bora Bora)

Bio

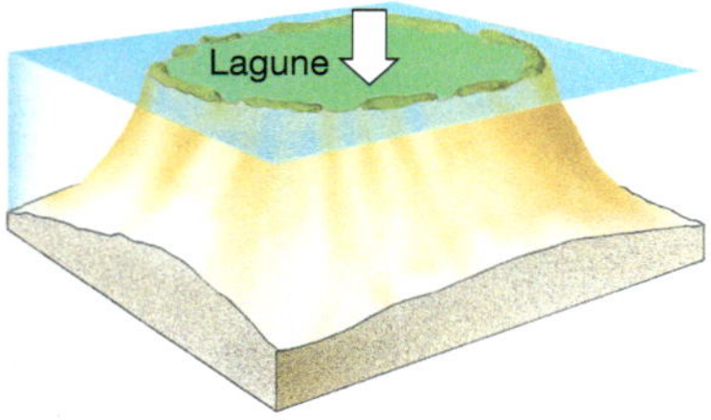

Atolle sind ringförmige Korallenriffe. Sie bilden sich, wenn die Insel ganz im Meer versinkt und das Wachstum der Korallen anhält. In der Mitte entsteht eine tiefe Lagune.

M4 Atollring (Atoll aus dem Tuamotu-Archipel)

Polargebiete – die kalten Regionen der Erde

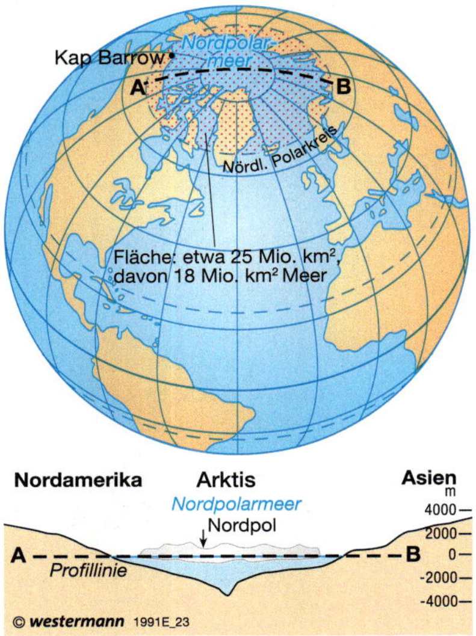

M1 Die Arktis

M3 Eisbär auf einem Eisberg

Info

Arktis und Antarktis

Der Name Arktis ist abgeleitet vom Griechischen arktos = Bär, gemeint sind die Sternbilder des Großen und Kleinen Bären. Antarktis kommt vom Griechischen anta und arktos = gegenüber den Bären.
Die Arktis ist bewohnt, wohingegen die Antarktis unbesiedelt ist.

Arktis – Meer und Land

Die polare Zone breitet sich jeweils um Nord- bzw. Südpol aus. Arktis und Antarktis gehören zu den lebensfeindlichen Regionen der Erde.
Da die Sonne diese Gebiete mit flachem Einstrahlwinkel bescheint, kann sich die Erdoberfläche kaum erwärmen. In den Polargebieten treten Polartag und Polarnacht auf.

Die Arktis wird vor allem vom Nordpolarmeer eingenommen. Zu ihr gehören aber auch Inseln und Küstengebiete Amerikas, Europas und Asiens.
Im Winter ist das Nordpolarmeer von Treibeis bedeckt, das durch Meeresströmungen und Wind zu mächtigem Packeis aufgetürmt wird. Gefürchtet sind driftende Eisberge, die oft nur zu einem Achtel aus dem Wasser ragen.

Nansen und seine Mannschaft auf dem Weg zum Nordpol

Der Wettlauf zum Nordpol

Erst im 19. Jahrhundert begann die Entdeckung der Polgebiete. Zahlreiche Forscher begaben sich Anfang des 20. Jahrhunderts auf den Weg zum Nordpol.
Der Norweger Fridtjof Nansen erreichte 1896 als erster Mensch 86° Nord. 1906 gelang es wohl Robert Edwin Peary, den Pol zu erreichen. Bei seiner Expedition wurde er von Inuit und zahlreichen Schlittenhunden begleitet. Lange Zeit glaubte man ihm nicht, da es in seinen Aufzeichnungen und Berichten Unstimmigkeiten gegeben hatte. Man bezweifelte, dass er in nur 16 Tagen den Weg vom Basislager zum Nordpol zurückgelegt haben konnte. Man nahm sogar zwischenzeitlich an, dass sein Konkurrent Frederick Cook als erster den Nordpol erreicht hatte.

M2 Die Erforschung der Arktis

www.heimatundwelt.de
HW-166

M4 Forscher an der deutschen Antarktisstation Neumayer III

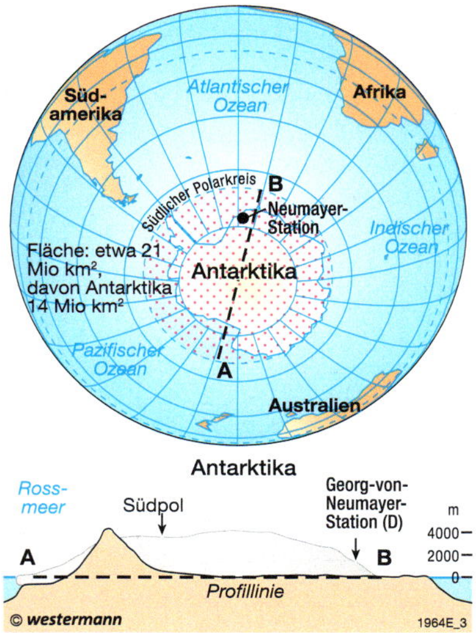

M6 Die Antarktis

Antarktis – Kontinent und Meer

Die Antarktis wird durch den südlichen Polarkreis begrenzt. In ihrem Zentrum befindet sich der Kontinent Antarktika, dessen höchste Erhebungen bis rund 5 000 m reichen. Bedeckt ist Antarktika von einem Inlandeispanzer, der eine durchschnittliche Mächtigkeit von etwa 2 000 m aufweist. Das Inlandeis Antarktikas umfasst 90 Prozent allen Eises und speichert 75 Prozent der Süßwasservorräte der Erde. Die Eismassen des Inlandeises schieben sich vom Inneren zum Festlandsrand vor. Als Schelfeis wird das Inlandeis zum Teil weit über die Küsten hinausgeschoben. Bricht es ab, entstehen gewaltige Tafeleisberge.
Während es auf Antarktika nur Moose und Flechten gibt, sind die antarktischen Gewässer reich an Plankton und Kleinkrebsen.

Grundbegriffe

- **Treibeis**
- **Packeis**
- **Eisberg**
- **Schelfeis**

Amundsen am Südpol

Eroberung des Südpols

Einen Wettlauf um das Erreichen des Südpols lieferten sich im Jahre 1911 der Norweger Roald Amundsen und der Engländer Robert Scott. Amundsen erreichte am 14.12.1911 den Südpol als Erster. Scott erfror auf dem Rückweg. Amundsen hatte sich für seine Expedition hoch verschuldet. Nur wenn er der Erste am Südpol war, konnte er diese Gelder zurückzahlen. Scott dagegen wollte mit Motorschlitten das Ziel erreichen, doch diese versagten in der klirrenden Kälte.

M5 Die Erforschung der Antarktis

Aufgaben

1 **Nenne die Kontinente, die die Arktis umgeben. Ordne ihnen je ein Land zu, das Festlandsgebiete nördlich des Polarkreises hat.**

2 **Antarktika weist das größte Süßwasserreservoir der Erde auf. Erkläre (M6).**

3 **Vergleiche Arktis und Antarktis hinsichtlich ihrer geographischen Lage, Entdeckung, Tierwelt und Eisbedeckung (M1 – M6).**

Polargebiete – die kalten Regionen der Erde

M1 Inuitsiedlung auf Grönland

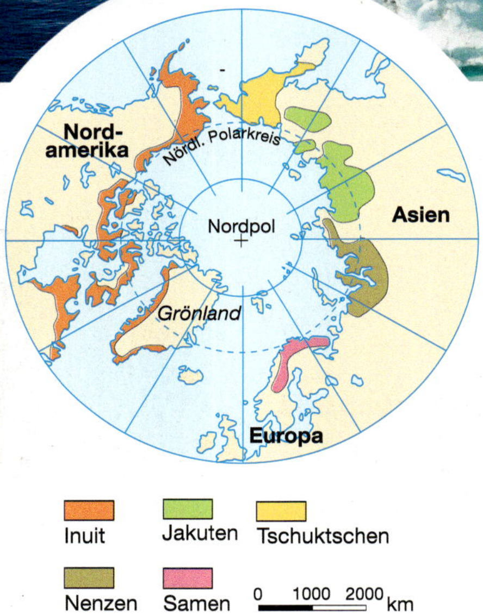

M2 Arktische Völker

Lebens- und Wirtschaftsraum Arktis

Trotz der extremen Bedingungen leben seit einigen Tausend Jahren im Nordpolargebiet Menschen. Die Bevölkerung, etwa zwei Millionen Menschen, setzt sich aus Polarvölkern (z. B. Inuit, Sámi, Ewenken, Tschuktschen) und aus Bevölkerungsgruppen, die von außerhalb in die Arktis eingewandert sind, zusammen. Sie sind entweder Nomaden oder leben in kleinen Siedlungen.

Die Inuit jagten früher überwiegend die unterschiedlichsten Beutetiere der Arktis: Karibus, Fische, Robben und Wale.
Nach dem Zweiten Weltkrieg begann man, die Inuit sesshaft zu machen. Man baute für sie Holzhäuser und Siedlungen. Doch viele Inuit können heute nicht mehr von der Jagd leben. Sie müssen durch staatliche Zuwendungen unterstützt werden.

M3 Inuit auf Grönland

Grönland – Kalaalit Nunaat

Grönland ist mit zwei Mio. km² die größte Insel der Erde und gehört politisch zu Dänemark. Sie ist etwa sechsmal so groß wie Deutschland. Die Hauptstadt ist Nuuk. Die Ureinwohner Grönlands, die Inuit, nennen ihr Land Kalaalit Nuaal, was übersetzt „Land der Menschen" heißt.

Die ersten europäischen Einwanderer waren um das Jahr 986 n. Chr. die Wikinger. Sie gaben der Insel den Namen Grönland (grünes Land). Der größte Teil der Insel ist heute jedoch von Schnee und Eis bedeckt. Nur an der Küste gibt es einen schmalen eisfreien Streifen, der besiedelt ist. Auf der Insel leben etwa 56 000 Menschen. Der wichtigste Wirtschaftszweig ist der Fischfang.

Die Sámi – Viehzüchter des Nordens

Die Sámi leben als Viehzüchter in der nordskandinavischen Landschaft Lappland. Noch vor 50 Jahren zogen die Sámi-Familien mit ihren Rentierherden umher und lebten das ganze Jahr über in Zelten. Heute sind sie sesshaft. Blockhütten sind an die Stelle der Zelte getreten. Nur noch im Sommer begleiten sie ihre Herden in die baumlosen Fjellgebiete, da die Tiere in der Nähe der Sámi-Dörfer auch im Winter ausreichend Futter finden. Während die Sámi das Ren früher auf vielfältigste Weise nutzten, wird es heute nur noch für die Fleischproduktion gehalten. Motor-Skooter und geländegängige Motorräder haben das Ren als Zug- und Reittier verdrängt. Neben der Tätigkeit als Viehzüchter, Jäger und Fischer finden immer mehr Sámi einen Nebenerwerb im Tourismus.

M5 Rentierrennen in Lappland

Tourismus am „Ende der Welt"

Obwohl die Arktis und Antarktis für den Menschen lebensfeindliche Räume sind, nehmen die touristischen Reisen dorthin immer mehr zu.
In die Arktis werden Expeditionen nach Grönland und Spitzbergen mit Kreuzfahrtschiffen angeboten. Mit einem Atomeisbrecher können sich die neuen „Eroberer" des Nordpols auf die Spuren von Peary oder Nansen begeben.
Auch die Antarktis, die kälteste, trockenste und windigste Region der Erde, wird bereits jährlich von Tausenden Touristen besucht. Ausgangspunkt einer Expedition auf den siebten Kontinent ist meist Feuerland. Aber auch von Südafrika und Tasmanien aus ist eine Anreise, nicht selten in stürmischer See, möglich. Umweltschützer sind sehr besorgt über die steigende Zahl von Touristen, da es bis heute so gut wie keine verbindlichen Vorschriften für den Umgang mit der hier so empfindlichen Natur gibt.
Es wird befürchtet, dass die Touristen das Ökosystem gefährdende Pflanzen und Pilze einschleppen könnten. Die modernen „Entdecker" suchen nach atemberaubenden Eislandschaften und Pinguinen, die mitunter keine Scheu vor Menschen haben.

M6 Touristen in der Antarktis

Grundbegriffe

- **Inuit**
- **Sámi**

Trotz Schutzvertrag ist die Antarktis nicht vor Gefahren sicher. Wie die Arktis ist sie massiv vom Klimawandel betroffen. Die dramatischsten Veränderungen sind auf der Antarktischen Halbinsel zu beobachten. Über 80 Prozent der Gletscher haben sich dort in den letzten 50 Jahren zurückgezogen, rund 28 000 km² Schelfeis brachen ab. [...] Das Eis ist das Fundament der polaren Ökosysteme. Schrumpft und schwindet es, hat dies erhebliche negative Folgen für alle Polbewohner. So nutzt der Krill das Wintereis als Kinderstube. Ein Rückgang des Eises führt zu einer Verringerung der Krillbestände [...], die die Basis der antarktischen Nahrungskette bilden. Wovon werden sich Wale, Robben und Pinguine in der Zukunft ernähren?

(Quelle: Antarktis – Ein Weltpark in Gefahr. www.greenpeace.de, 08/2012)

M4 Antarktis – ein Weltpark in Gefahr

Aufgaben

1 **Erstelle eine Tabelle mit den Siedlungsgebieten der arktischen Völker (M2).**

2 **Berichte vom Leben der Bewohner der Arktis und der Arbeit der Forscher in der Antarktis (M1, M3, M5, Internet).**

3 **Nenne Gefahren für die Ökosysteme der Polargebiete (M4, M6, Internet).**

1 Tier- und Pflanzenwelt Australiens

Nutze das Internet.
a) Ergänze die Tiere, die sich hinter den Aussagen verbergen (ÜF).
b) Kreise die Tiere entsprechend der Farbe ihrer Sprechblase auf der Karte ein (ÜF).
c) Markiere die Tiere schwarz, die die Europäer nach Australien brachten.
d) Erkläre mit folgenden Begriffen die Folgen dieser Erscheinung: Kaninchen – keine natürlichen Feinde – Ausbreitung – Zaun.

Ich bin ein faszinierendes Tier. Ich besitze ein braunes Fell, einen Entenschnabel und Schwimmfüße. Ich lege Eier und säuge dann meine Jungen.

Ich bin ein Beuteltier und bin auf Schildern zu bewundern. Ich sehe ein wenig wie ein Bär aus und fresse gern Gras. Mit meinen Pfoten grabe ich Gänge, in denen ich mich tagsüber verstecke.

Ich bin ein Vogel, kann aber nicht fliegen. Ich kann zwischen 1,60 und 1,90 m groß werden. Meine Gesichtshaut ist blau und schwarz.

Ich stamme vom Wolf ab, belle nicht, aber heule sehr gern. Am besten jage ich im Rudel.

2 Eisbär auf Pinguinjagd

Erläutere, warum sich der Zeichner geirrt hat.

3 Richtig oder falsch?

a) Arktis und Antarktis sind Polargebiete.
b) Eisbären leben in der Antarktis.
c) Südpol und Antarktis sind dasselbe.
d) Der Kältepol der Erde liegt in der Antarktis.
e) Der Nordpol liegt auf Inlandeis.
f) Die Antarktis ist ein Kontinent.
g) Eine Polarnacht am Nordpol dauert ein halbes Jahr.

4 Silbenrätsel aus der Eiswüste

Auf den Decken der Schlittenhunde befinden sich Silben von Begriffen, die alle mit Polargebieten zu tun haben.

1. Verkehrsmittel auf Eis und Schnee heute
2. Hütte aus Eisblöcken
3. Kontinent am Südpol
4. 24 Stunden kein Sonnenuntergang
5. mikroskopisch kleine Lebewesen im Meer
6. Eisberge aus altem Schnee

5 Lückentext

Wähle aus den folgenden Begriffen die richtigen aus und ergänze sie im Lückentext (ÜF).

Atlantik, Pazifik, Ozeaniens, Karibik, Mayonesien, Melanesien, Polynesien, Touristen, Schutz, Lagunen, Korallen, Riffs

Mit dem Kreuzfahrtschiff auf dem __________ . Immer mehr __________ machen eine Kreuzfahrt zur Inselwelt ____________, die sich in Mikronesien, _____________ und ____________ gliedert. Es gibt Vulkan- und _________inseln. Dort kann man in ___________ schnorcheln und tauchen. Durch den Tourismus sind bereits viele Korallen______ zerstört worden, weshalb Maßnahmen zu ihrem _________ notwendig sind.

6 Antarktis – Südpolargebiet

Löse das Antarktis-Rätsel (Atlas, Internet, ÜF).

1 charakteristisches Tier der Antarktis
2 erster Mensch am Südpol
3 antarktische Eisbergart
4 deutsche Forschungsstation
5 nächstgelegene Insel
6 Meeresbucht Antarktikas
7 Eisart, die an der Küste abbricht
8 Kleinkrebse im Südpolarmeer
9 russische Forschungsstation

Aborigines (Seite 167)
Als Aborigines werden heute die Ureinwohner Australiens bezeichnet. Vor etwa 50 000 Jahren besiedelten sie den Kontinent.

Angloamerika (Seite 136)
Der überwiegend englischsprachige Teil Nordamerikas wird als Angloamerika bezeichnet.

Apartheid (Seite 129)
Als Apartheid wird eine Phase in Südafrika bezeichnet, in der es eine staatlich festgelegte Rassentrennung zwischen Weißen und Nicht-Weißen gab. Die Hochphase der Apartheid war zwischen den 1940er- und 1980er-Jahren.

Arid (Seite 48)
Der Begriff arid umfasst die Besonderheiten des Klimas in Trockengebieten: Die mittlere jährliche Gesamtverdunstung übersteigt die mittlere jährliche Gesamtniederschlagssumme. Flüsse in Gebieten mit aridem Klima verdunsten häufig in ihrem Lauf oder enden in abflusslosen Seen oder Binnendeltas.

Artesischer Brunnen (Seite 166)
Ein artesischer Brunnen ist ein Brunnen in der Wüste, aus dem Grundwasser unter Druck austritt. Das Wasser tritt nach dem Anlegen eines Brunnens ohne Pumpen zur Erdoberfläche aus.

Äquatorialklima (Seite 110)
Das Äquatorialklima ist durch stetig hohe Temperaturen und große Niederschlagsmengen im Jahresverlauf charakterisiert. Da die täglichen Temperaturschwankungen höher sind als die jährlichen, herrscht Tageszeitenklima vor.

Atoll (Seite 175)
Ein ringförmiges Korallenriff im Meer nennt man Atoll. Es besteht aus einem abgesunkenen Vulkankegel, auf dem Korallen Kalk ausgeschieden haben. In der Mitte des Riffs ist eine Lagune, ein abgschlossener Meerwasserbereich.

Azonalität (Seite 140)
Zwischen der gemäßigten Klimazone Nordamerikas und der in Europa gibt es große Unterschiede hinsichtlich der Wettererscheinungen. So fehlen in Europa Trockenräume wie das Vorland der Rocky Mountains in den USA. Diese Unterschiede, die auf das Relief zurückzuführen sind, nennt man Azonalität.

Becken (Seite 102)
Ein Becken ist ein gegenüber seiner Umgebung tief liegender Raum, in dem (z. B. durch Flüsse) Gesteinsmaterial abgelagert wird. Die Last der Ablagerungen führt zur weiteren Absenkung des Beckens.

Bevölkerungsdiagramm (Seite 76)
In einem Bevölkerungsdiagramm wird die Anzahl der Einwohner einer Stadt, eines Landes oder einer Region dargestellt. Dabei wird nach Alter und Geschlecht unterschieden.

Blizzard (Seite 141)
Ein Blizzard ist ein heftiger Eis- und Schneesturm, der das Leben in den Städten stark behindert.

Breitenkreis (Seite 9)
Breitenkreise bilden zusammen mit den Längenkreisen das Gradnetz der Erde. Sie werden vom Äquator aus nach Norden und Süden von jeweils 0° bis 90° gezählt. Man unterscheidet südliche und nördliche Breite. Sie verlaufen immer parallel zum Äquator und verbinden die Punkte auf der Erde, die die gleiche geographische Breite haben.

Buddhismus (Seite 73)
Der Buddhismus ist eine in Asien weit verbreitete Religion, die vor rund 2 500 Jahren in Indien entstand. Rund die Hälfte aller Buddhisten lebt in China.

Datumsgrenze (Seite 11)
Die Datumsgrenze ist die Linie des Datumswechsels, die in etwa dem Verlauf des 180. Längengrades durch den Pazifik folgt. Beim Überschreiten der Datumsgrenze ändert sich das Datum um einen Tag.

Disparitäten (Seite 161)
Disparitäten sind Unausgeglichenheiten der Lebensbedingungen und Entwicklungsmöglichkeiten in einem definierten Raum.

Eisberg (Seite 176)
Ein Eisberg ist ein im Meer treibender Eisblock, der von Gletschern oder von einer ans Meer reichenden Inlandeiszunge abgebrochen ist.

Entwicklungsland (Seite 124)
Ein Entwicklungsland ist dadurch gekennzeichnet, dass die Grundbedürfnisse (Nahrung, Trinkwasser, Bildung, medizinische Versorgung) der meisten Menschen nicht gesichert ist. Der Lebensstandard ist, verglichen mit einem Industrieland, niedriger.

Entwicklungszusammenarbeit (Seite 121)
Entwickungszusammenarbeit umfasst gemeinsame Maßnahmen von Industrie- und Entwicklungsländern, um das wirtschaftliche Wachstum und die soziale Entwicklung in Entwicklungsländern zu unterstützen.

Felswüste (Hamada) (Seite 112)
In der Felswüste (auch Blockwüste genannt) ist die Landschaft von kantigen Steinen übersät, aus denen einzelne Berge herausragen. Durch die Temperaturgegensätze zwischen Tag und Nacht zerbrechen selbst riesige Felsbrocken.

Fließzone (Seite 25)
Die verformbare Gesteinsschicht im oberen Erdmantel, auf der sich die Platten der Lithosphäre gleitend bewegen, wird Fließzone genannt. Sie befindet sich bei etwa 100 bis 300 km Tiefe.

Fremdlingsfluss (Seite 106)
Dieser Fluss entspringt in einem niederschlagsreichen Gebiet und fließt anschließend durch einen Trockenraum (Wüste). Sein Wasser erhält er also aus einem „fremden Gebiet". Fremdlingsflüsse sind z. B. Nil und Indus.

Geburtenkontrolle (Seite 74)
Eine Maßnahme zur Kontrolle des Bevölkerungswachstums in China wird Geburtenkontrolle genannt. Hier wird versucht, die Zahl der Kinder pro Paar zu begrenzen, indem Familien mit staatlichen Repressalien rechnen müssen, wenn sie mehr Kinder haben als erlaubt.

Gesteinshülle (Seite 25)
Die Gesteinshülle (Lithosphäre) umfasst die Erdkruste und den oberen, festen Bereich des Erdmantels.

Hinduismus (Seite 65)
Der Hinduismus ist eine Weltreligion, die überwiegend in Indien verbreitet ist. Merkmale dieser Religion sind: das Kastenwesen, der Kreislauf der Wiedergeburten und die Verehrung einer Vielzahl von Göttern.

Humid (Seite 48)
Der Begriff humid beinhaltet die Besonderheiten des Klimas in Gebieten mit Niederschlagsüberschuss. Für Gebiete mit humidem Klima gilt somit, dass der Niederschlag größer ist als die Verdunstung.

Hurrikan (Seite 141)
Ein Hurrikan ist ein tropischer Wirbelsturm von großer Ausdehnung, der über warmem Wasser (> 27°C) entsteht und schwere Verwüstungen anrichten kann.

Industrieland (Seite 124)
In einem Industrieland sind die Grundbedürfnisse der meisten Menschen erfüllt. Verglichen mit einem Entwicklungsland verfügt ein Industrieland über ein hohes Pro-Kopf-Einkommen und der Großteil der Menschen arbeitet im Industrie- oder Dienstleistungssektor.

Inuit (Seite 178)
Die Inuit sind die Ureinwohner der arktischen Küstengebiete Grönlands und Nordamerikas. Sie lebten ursprünglich von der Jagd und vom Fischfang. Heute führen sie ein modernes Leben.

Kastenwesen (Seite 65)
Das Kastenwesen ist die soziale Gliederung der Bevölkerung, die in Indien durch den Hinduismus vorgegeben wird. Jeder Hindu wird in eine Kaste hineingeboren. Diese Kaste bestimmt das Wohnviertel, die Berufswahl oder die Partnerwahl.

Katarakt (Seite 106)
Ein Katarakt ist eine Stromschnelle an Gesteinsstufen und tritt häufig auf, wenn ein Fluss ein Gebiet mit wechselndem Gesteinsuntergrund durchfließt.

Kieswüste (Serir) (Seite 112)
In der Kieswüste ist die Landschaft mit kleinen Steinen (Kies) übersät. Das Gelände ist meist flach.

Klimatyp (Seite 48)
Da die Klimamerkmale innerhalb einer Klimazone nicht immer gleich sind, unterscheidet man Klimatypen. Dazu gehört z. B. arides, humides, kontinentales oder maritimes Klima.

Klimazone (Seite 48)
Klimazonen sind gürtelartig um die Erde angeordnete Gebiete mit ähnlichem Klima. Ihre Lage und Ausbreitung sind im Wesentlichen durch die unterschiedlichen Einstrahlungswinkel der Sonne bedingt.

Koralleninsel (Seite 174)
Eine Koralleninsel wird auch als Korallenriff bezeichnet. Sie besteht aus Korallenskeletten riffbildender Korallen, die in tropischen Meeren leben. Korallenriffe sind komplexe und artenreiche Ökosysteme.

Kulturraum (Seite 16)
Kulturraum ist die veraltete Bezeichnung für einen kulturell geprägten Raum in dem gleiche kulturelle Vorstellungen und Werte eine prägende Rolle spielen. Die einzelnen Kulturräume unterscheiden sich z. B. in Sprache, Religion, Kleidung oder Wohnform.

Längenkreis (Seite 9)
Längenkreise sind ein Teil des Gradnetzes der Erde. Die Längenkreise verlaufen in N-S-Richtung und schneiden die Breitenkreise im rechten Winkel. Es gibt 180 Längenkreise. Ein Längenkreis wird in zwei sich auf der Erdkugel gegenüberliegende Meridiane geteilt.

Lateinamerika (Seite 136)
Als Lateinamerika wird das Gebiet Mittel- und Südamerikas bezeichnet, in dem die spanische und portugiesische Sprache dominieren. Die Kultur ist geprägt von der Vermischung indianischer und spanisch-portugiesischer Elemente.

Meridian (Seite 9)
Der Meridian ist ein halber Längenkreis, der jeweils vom Nordpol zum Südpol verläuft. Durch Greenwich (London) verläuft der Null-Meridian. Er teilt die Erdkugel in eine östliche und eine westliche Hälfte. Meridiane werden jeweils von 0° bis 180° in östlicher bzw. westlicher Richtung gezählt.

Metropole (Seite 151)
Eine Metropole ist ein Ort, der wichtige Funktionen für eine Region besitzt. Die Funktionen können wirtschaftlicher, politischer, sozialer oder kultureller Natur sein. Die Einwohnerzahl der Metropole ist wesentlich größer als die der nächst kleineren Stadt der Region.

Monsun (Seite 62)
Monsune sind beständig wehende, halbjährlich die Richtung wechselnde Winde in den Tropen. Vor allem in Indien hat der Monsun einen starken Einfluss auf das Leben der Bevölkerung.

Northers (Seite 141)
Ein Norther ist ein arktischer Kaltlufteinbruch in Nordamerika, der weit nach Süden vordringen kann und an der Golfküste und auf Florida die Ernten gefährdet. Northers können im Winter und im Frühjahr auftreten.

Oase (Seite 123)
Einen vom Menschen genutzten Raum in der Wüste bezeichnet man als Oase. Wegen des vorhandenen Grund- oder Flusswassers ist der Anbau von Getreide, Obst und Gemüse mittels Bewässerung möglich.

Ökosystem (Seite 156)
Als Ökosystem wird ein System bezeichnet, in dem die Umweltbereiche Klima, Tiere, Pflanzen, Wasser, Boden und Menschen in enger Wechselwirkung stehen.

Ortszeit (Seite 10)
Die wahre Ortszeit unterscheidet sich von Längengrad zu Längengrad um vier Minuten. Hat die Sonne an einem Ort ihren höchsten Stand erreicht, ist es dort 12 Uhr mittags.

Packeis (Seite 176)
Packeis ist Treibeis, das durch Strömung und Wind zu mächtigen Eisschollen aufgetürmt ist.

Passat (Seite 108)
Die Passate sind großräumige richtungsbeständige Windströmungen in der Tropenzone, die durch das Luftdruckgefälle zwischen den Hochdruckgebieten der Subtropen und den Tiefdruckgebieten am Äquator entstehen. Für die Tropenzone nördlich des Äquators ist der Nordost-Passat typisch, für die Tropenzone südlich des Äquators der Südost-Passat.

Passatklima (Seite 110)
Das Passatklima wird durch die Passate geprägt.

Platten (Seite 26)
Die Lithosphäre besteht aus sieben großen und vielen kleinen Platten, die auf der Fließzone gleiten. Diesen Vorgang nennt man Plattentektonik.

Polarkreis (Seite 13)
Die Polarkreise sind die Breitenkreise auf 66,5° N und S. Es gibt den nördlichen (arktischen) und den südlichen (antarktischen) Polarkreis.

Revolution (Seite 13)
Die Erde bewegt sich innerhalb eines Jahres um die Sonne. Diese Bewegung wird Erdrevolution genannt. Da der Umlauf um die Sonne 365 Tage und 6 Stunden dauert, gibt es alle vier Jahre ein Schaltjahr.

Rotation (Seite 10)
Innerhalb von 24 Stunden dreht sich die Erde einmal um ihre eigene Achse. Diese Drehbewegung nennt man Erdrotation. Die Rotationsachse wird Erdachse genannt.

Sahel (Seite 118)
Die Sahelzone ist eine Zone am südlichen Rand der Sahara, in

der während einer kurzen Regenzeit nur geringe Niederschlagsmengen fallen. Da hier mehr Regen als in der Wüste fällt, gehört der Sahel zur Savanne.

Sámi (Seite 179)
Als Sámi bezeichnet man Viehzüchter, die im nordskandinavischen Lappland leben. Die ursprünglich umherziehenden und in Zelten wohnenden Sámi sind heute sesshaft und wohnen in Blockhütten.

Sandwüste (Erg) (Seite 112)
In der Sandwüste ist die Landschaft mit Sand bedeckt, der zum Teil zu hohen Dünen aufgetürmt ist.

Savanne (Seite 114)
Als Savanne werden tropische Grasländer zwischen der Wüste und dem tropischen Regenwald bezeichnet. Je nach Dauer der Regenzeit und Niederschlagsmenge ändert sich die Vegetation. Die Savannen werden unterteilt in Dornstrauch-, Trocken- und Feuchtsavanne.

Schalenbau (Seite 24)
Der Erdkörper besteht aus drei verschiedenen Schalen, die sich durch verschiedene Eigenschaften (Temperatur, Dichte, Aggregatzustand) unterscheiden. Die Schalen sind Erdkruste, Erdmantel und Erdkern.

Schelfeis (Seite 177)
Schelfeis ist eine große Eisplatte, die in Küstennähe (im Bereich des Schelfs) im Meer schwimmt und mit dem Inlandeis fest verbunden ist.

Schwelle (Seite 102)
Eine Schwelle ist eine rückenartige Erhebung der Erdoberfläche. Diese können ein relativ flaches Relief aufweisen, aber auch mächtige Gebirge sein.

Schwellenland (Seite 124)
Ein Schwellenland ist in seiner Entwicklung (insbesondere in der Industrie) verhältnismäßig weit fortgeschritten. Die gesellschaftliche und soziale Entwicklung im Lande hält jedoch häufig nicht mit der wirtschaftlichen Entwicklung Schritt. Schwellenländer stehen am Übergang vom Entwicklungs- zum Industrieland.

Southers (Seite 141)
Southers sind feuchtwarme Winde, die in der Karibik entstehen und weit nach Norden vordringen können. Dadurch können in den USA im Winter sehr milde Temperaturen auftreten.

Standortfaktor (Seite 144)
Wenn ein Betrieb sich an einem bestimmten Standort ansiedelt, so sind dafür bestimmte Anforderungen ausschlaggebend, z. B. vorhandene Arbeitskräfte, gute Verkehrsanbindung usw. Die Gründe, die für oder gegen den Standort sprechen, werden Standortfaktoren genannt.

Subduktionszone (Seite 27)
An einer Subduktionszone bzw. Verschluckungszone taucht eine Platte unter eine andere Platte. Dabei können Tiefseegräben, Vulkane und Erdbeben entstehen.

Tageszeitenklima (Seite 109)
Das Tageszeitenklima ist ein tropisches Klima, das viel stärker durch die Tagesschwankungen der Temperatur geprägt ist als durch jahreszeitliche Schwankungen.

Tiefseegraben (Seite 31)
Eine lang gestreckte, meist rinnenförmige Einsenkung im Meeresboden mit Tiefen bis zu 11 034 m (Witjas-Tief) nennt man Tiefseegraben.

Tornado (Seite 141)
Ein Tornado ist ein kleinräumiger Wirbelsturm auf dem Festland sowie über Wasser, der sich durch das Aufeinandertreffen warmer und kalter Luft bildet. Tornados sind nur von kurzer Lebensdauer, können aber extreme Windstärken erreichen.

Township (Seite 129)
Townships sind an den Rändern der südafrikanischen Städte gelegene Wohngebiete, in denen Schwarze, Farbige und Asiaten leben. Der Begriff stammt aus der Zeit der Apartheid.

Transamazônica (Seite 161)
Die Transamazônica ist eine große Verkehrsachse im Inneren Amazoniens und dient der wirtschaftlichen Erschließung des tropischen Regenwaldes.

Treibeis (Seite 176)
Im Meer driftende, frei schwimmende Eisschollen sind als Treibeis definiert.

Tropen (Seite 15)
Die Tropen sind eine Zone der Erde beiderseits des Äquators, bis 23,5 ° Nord und Süd, mit ganzjährig hohen Temperaturen (Klimazone zwischen den beiden Wendekreisen).

Tropischer Regenwald (Seite 116)
Der tropische Regenwald ist ein immergrüner Wald in der feuchtwarmen tropischen Klimazone beiderseits des Äquators. Hier sind die Temperatu-

ren das ganze Jahr über hoch (zwischen 23 °C und 28 °C) und es fallen große Niederschlagsmengen (über 1 500 mm im Jahr). Der Pflanzenwuchs ist üppig.

Tropisches Wechselklima (Seite 110)
Das tropische Wechselklima ist durch den Wechsel von Regen- und Trockenzeiten geprägt.

Tsunami (Seite 32)
Ein Tsunami ist eine extrem hohe Welle von großer Energie und Zerstörungskraft, die am Meeresboden durch einen Vulkanausbruch oder ein Seebeben ausgelöst wird.

Vegetationszone (Seite 52)
Große Gebiete auf der Erde, in denen ähnliche, dem Klima angepasste Pflanzen wachsen, werden als Vegetationszonen bezeichnet. Diese Gebiete ziehen sich wie Gürtel um die Erde und sind fast deckungsgleich mit den Klimazonen.

Verwerfung (Seite 29)
Eine Verwerfung ist eine Zone aus zwei zerbrochenen Gesteinsschollen. Ein Beispiel ist die San-Andreas-Verwerfung, wo sich die Pazifische Platte an der Nordamerikanischen Platte vorbeibewegt. Wenn sich die Platten verhaken, entstehen Erdbeben.

Vulkaninsel (Seite 174)
Die Landmasse einer Vulkaninsel besteht überwiegend aus mindestens einem (aktiven oder inaktiven) Vulkan. Vulkaninseln entstehen vor allem an Subduktionszonen, durch Hot Spots oder an mittelozeanischen Rücken.

Wadi (Seite 106)
Ein Wadi ist ein Flussbett in der Wüste oder der Savanne, das den größten Teil des Jahres trocken ist und nur nach starken Regenfällen Wasser führt.

Wendekreis (Seite 13)
Wendekreise nennt man die beiden Breitenkreise der Erde, über denen die Sonne einmal im Jahr im Zenit steht, danach scheinbar „wendet" und sich wieder dem Äquator nähert. Die beiden Wendekreise liegen auf den Erdhalbkugeln bei 23,5° nördlicher und südlicher Breite.

Zeitzone (Seite 10)
Eine Zeitzone ist eine von insgesamt 24 international festgelegten Zonen, die die Erde umspannen und jeweils etwa 15 Längengrade umfassen. In einer Zeitzone gilt dieselbe Uhrzeit. Von Zone zu Zone ist die Uhrzeit jeweils um eine Stunde verschieden.

Zenit (Seite 13)
Der Zenit ist ein gedachter Himmelspunkt, der sich senkrecht über einem Beobachter auf der Erde befindet. Am Äquator steht die Sonne zweimal im Jahr im Zenit, d. h. ihre Strahlen treffen senkrecht auf die Erdoberfläche.

Station	Lage		J	F	M	A	M	J	J	A	S	O	N	D	Jahr
Asien															
Aral	62 m ü. M.	°C	-12	-12	-3	10	18	24	27	24	17	8	0	2,0	8
(Kasachstan)	46° N/61° O	mm	11	8	14	17	12	11	9	7	8	17	15	12	140
Bangkok	20 m ü. M.	°C	27	28	29	30	30	29	29	29	28	28	27	26	28
(Thailand)	13° N/100° O	mm	9	31	29	65	220	149	155	200	344	248	48	10	1507
Ulan Bator	1338 m ü. M.	°C	-25	-21	-10	0	9	15	17	15	7	-1	-13	-22	-2
(Mongolei)	47° N/106° O	mm	1	2	3	8	13	42	58	52	26	6	3	3	217
Afrika															
Assuan	200 m ü. M.	°C	16	18	22	27	31	33	33	33	31	28	22	17	26
(Ägypten)	24° N/33° O	mm	0	0	0	0	0	0	0	0	0	0	0	0	0
Kapstadt	44 m ü. M.	°C	20	20	19	17	14	13	12	12	14	16	18	20	16
(Südafrika)	34° N/18° O	mm	15	18	21	41	68	94	82	77	41	33	16	17	523
Makokou	460 m ü. M.	°C	24	24	25	25	25	23	22	22	23	24	24	24	24
(Gabun)	0° N/12° O	mm	85	110	198	194	193	51	8	31	144	398	231	116	1759
Amerika															
Antofagasta	120 m ü. M.	°C	20	20	19	17	15	14	13	14	14	16	17	19	16
(Chile)	23° S/70° W	mm	0	0	0	0	0	0	0	1	1	0	0	0	2
Miami	4 m ü. M.	°C	20	20	22	24	26	27	28	28	28	26	23	21	24
(USA)	25° N/80° W	mm	34	60	68	72	23	1	6	2	2	4	19	22	312
Saskatoon	501 m ü. M.	°C	-18	-14	-7	4	12	16	19	17	11	5	-6	-15	2
(Kanada)	52° N/106° W	mm	0	1	2	8	25	71	118	131	60	10	2	1	431
Australien/Ozeanien/Polargebiete															
Brisbane	6 m ü. M.	°C	25	25	24	22	19	16	15	16	18	21	23	24	21
(Australien)	27° N/153° O	mm	169	152	146	112	104	77	64	46	33	93	107	127	1230
Pago Pago	9 m ü. M.	°C	27	27	27	27	27	27	26	26	27	27	27	27	27
(Samoa-Inseln)	14° S/170° W	mm	323	328	278	329	242	178	162	191	178	267	290	358	3124
Danmarkshavn	12 m ü. M.	°C	-23	-24	-23	-17	-7	1	4	3	-4	-13	-20	-22	-12
(Grönland)	76° N/18° W	mm	11	11	17	10	4	5	14	14	11	12	10	13	132

So findest du Objekte im Atlas

1. Schlage den gesuchten Namen im Register des Atlas nach.
2. Merke dir die Angaben hinter dem Namen. Sie verweisen
   - auf die Seite im Atlas,
   - auf eine Kartenseite des Atlas (= Kartennummer, nur bei mehreren Karten pro Seite),
   - auf das Planquadrat, in dem sich das gesuchte Objekt befindet.
3. Schlage nun die genannten Kartenseiten auf.
4. Suche das geographische Objekt im angegebenen Planquadrat.

So ermittelst du Entfernungen im Atlas

1. Miss die Entfernung auf der Karte zwischen zwei Orten (Luftlinie) mit einem Lineal.
2. Ermittle die Entfernung in der Wirklichkeit
   - mithilfe der Maßstabsleiste der entsprechenden Karte,
   - durch Berechnung.

   Beispiel: Die Entfernung zweier Orte auf der Karte beträgt 4 cm und der Maßstab ist 1:850000

   Du rechnest so:

   4 x 8,5 km = 34 km
   Die Entfernung beträgt in der Wirklichkeit 34 km.

So bestimmst du die Lage eines Ortes

1. Suche den Ort auf einer Atlaskarte
2. Bestimme die geographische Breite. Suche diese auf der Karte, verfolge sie bis zum linken Kartenrand und lies dort die Zahl ab.
3. Bestimme die geographische Länge. Verfolge den nächstliegenden Meridian bis an den oberen Rand der Karte und lies dort die Zahl ab.
4. Schreibe die Gradangaben auf.

So wertest du einen Sachtext aus

1. Lesen

   Lies den Text genau durch. Schlage im Lexikon die Wörter nach, die dir unbekannt sind.
2. Gliedern

   Finde heraus, in welche Abschnitte sich der Text gliedern lässt. Schreibe eine Zwischenüberschrift für jeden Abschnitt.
3. Zusammenfassen

   Fasse die Aussagen des Textes Abschnitt für Abschnitt kurz zusammen. So erhältst du eine Inhaltsangabe des gesamten Textes.

So liest du eine Tabelle

1. Überschrift oder Unterschrift lesen
   Sie geben dir Auskunft über das Thema.
2. Inhalte in den Zeilen und Spalten erfassen
   Stelle dabei fest, was in jeder Zeile oder Spalte ausgesagt wird. Lies jede Zeile und Spalte einzeln.
3. Ergebnisse zusammenfassen

So wertest du statistisches Material aus

1. Informiere dich zuerst über den Titel und die Art der Statistik.
2. Lies anschließend die Inhalte und Maßeinheiten (Jahr, km², t, ha, Einwohner) aus der Statistik ab.
3. Formuliere aus den Einzelwerten mögliche Entwicklungen. Vergleiche die Angaben miteinander.

So führst du ein Rollenspiel durch

1. Planung des Spiels
   Macht euch mit dem Thema vertraut.
   Legt die handelnden Personen fest. Dabei können euch Rollenkarten helfen.
   Verteilt die Rollen und versetzt euch in die Lage der zu spielenden Personen.
   Besorgt Materialien, um das Rollenspiel bühnenreif gestalten zu können.
2. Durchführung des Spiels
   Spielt jede Szene. Jeder gestaltet seine Rolle spontan und ohne Drehbuch.

   Die Schülerinnen und Schüler ohne Rolle beobachten als Zuschauer das Spiel und machen Notizen.
3. Auswertung des Spiels und nochmalige Aufführung
   Besprecht die Szene: Die Spieler erzählen, wie sie sich in ihrer Rolle gefühlt haben, die Zuschauer berichten, was ihnen aufgefallen ist.
   Diskutiert, ob das Spiel in der Wirklichkeit so hätte ablaufen können.
   Macht Vorschläge für Änderungen.
   Spielt das Spiel noch einmal. Es können auch die Rollen vertauscht und andere Lösungswege aufgezeigt werden.

So sammelst du Informationen und erstellst einen Ländersteckbrief

1. Vorbereitung (Materialbeschaffung)
   Du kannst ein Land nach unterschiedlichen Gesichtspunkten untersuchen. Informationen erhältst du aus dem Atlas, dem Lexikon, dem Internet, Reiseberichten, Magazinen oder Zeitschriften, Reiseführern, Prospekten, DVDs sowie Büchern.

2. Durchführung (Materialauswertung)
   Ordne deine Informationen und mache dir Notizen. Schlage dir unbekannte Wörter im Duden nach. Drucke wichtige Internetseiten aus, die du weiter verarbeiten möchtest. Notiere dir wichtige Informationen, während du eine DVD oder Fernsehsendung anschaust. Überprüfe, ob das von dir ausgewählte Material wirklich zu deinem Thema passt.
3. So gestaltest du einen Ländersteckbrief

- Name des Landes, Fläche, Bevölkerung, Bevölkerungsdichte, Hauptstadt und Einwohnerzahl (Vergleich mit Deutschland)
- Lage, Grenzen
- wichtige Städte, Flüsse, dazugehörende Inseln
- Sprache(n), Mitglied der EU, Währung, Autokennzeichen, Internetkürzel
- nationale Besonderheiten

Ergänze deinen Steckbrief mit einer Karte des Landes, trage wichtige Informationen ein, suche passende Fotos für eine schöne Gestaltung.

So zeichnest du ein Klimadiagramm

1. Schritt: Zeichnen der Temperaturkurve

- Zeichne mit Bleistift eine waagerechte Achse (sogenannte Null-Linie), die 12 cm breit ist. Teile sie in 1-cm-Abschnitte ein. Beschrifte diese zwölf Abschnitte mit Bleistift mit den Anfangsbuchstaben der Monate.
  Hinweis: Wenn ein Ort Minus-Temperaturen hat, werden die Monats-Buchstaben unter der Abschluss-Linie eingetragen (siehe 3. Schritt).
- Zeichne mit Bleistift links eine senkrechte Achse (Temperaturachse) und markiere 1-cm-Abschnitte. Beschrifte diese Temperaturachse mit rotem Buntstift: bei 1 cm mit 10, bei 2 cm mit 20 und so weiter. Notiere darüber in Rot: °C.
- Markiere die Werte für die Monatsmitteltemperaturen durch rote Punkte in der Mitte der Monate. Verbinde sie zu einer roten Temperaturkurve.

2. Schritt: Zeichnen der Niederschlagssäulen

- Zeichne mit Bleistift rechts eine senkrechte Achse (Niederschlagsachse) und markiere 1-cm-Abschnitte. Beschrifte diese Niederschlagsachse mit blauem Buntstift: bei 1 cm mit 20, bei 2 cm mit 40, bei 3 cm mit 60, bei 4 cm mit 80 und so weiter.
  Notiere darüber in Blau: mm.
  Hinweis: Bei dieser Einteilung steht 1 mm auf dem Papier für 2 mm Niederschlag.
- Markiere die monatlichen Niederschlagswerte durch blaue Querstriche über dem Monatsnamen und zeichne in Blau die Niederschlagssäulen.

3. Schritt: Beschriften des Klimadiagramms

- Trage mit Bleistift oben über dem Klimadiagramm den Namen des Ortes, die Höhenangabe und die genaue Lage der Station ein.
- Ergänze Jahresmitteltemperatur (rot) und Jahresniederschlag (blau).

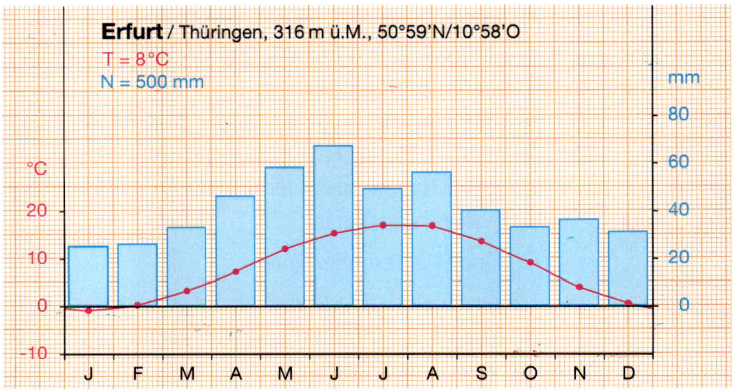

So wertest du ein Klimadiagramm aus

Ablesen der Temperatur

1. Schritt: Beginne mit dem Januar (J). Lege deinen Finger auf den Buchstaben J.
2. Schritt: Fahre mit dem Finger senkrecht nach oben, bis du auf die rote Temperaturkurve triffst.
3. Schritt: Lies die Zahl waagerecht am linken Rand ab. Das ist die Monatsmitteltemperatur des Januar.
4. Schritt: Lies die Jahresdurchschnittstemperatur ab. Das ist die rote Zahl oben links im Diagramm.

Hinweis: Zur Vereinfachung werden die Monatstemperaturen in einem Liniendiagramm dargestellt.

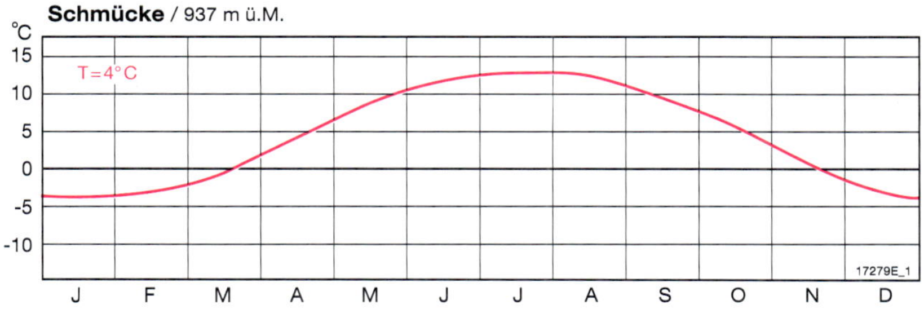

Ablesen der Niederschlagswerte

1. Schritt: Beginne mit dem Januar (J). Lege deinen Finger auf den Buchstaben J.
2. Schritt: Fahre mit dem Finger senkrecht nach oben, bis du auf das obere Ende der blauen Säule triffst.
3. Schritt: Lies die Zahl waagerecht am linken Rand ab. Das ist der Monatsniederschlag des Januar.
4. Schritt: Lies den Jahresniederschlag ab. Das ist die blaue Zahl oben links im Diagramm.

Hinweis: Zur Vereinfachung werden die Monatsniederschläge in einem Säulendiagramm dargestellt.

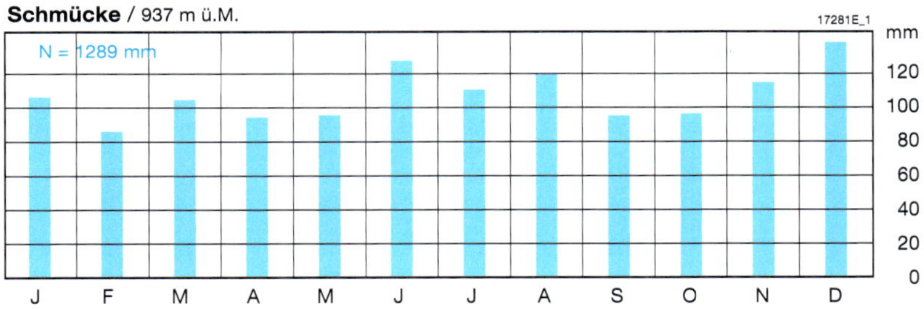

Bildquellenverzeichnis

|123RF.com, Hong Kong: Achim Prill 117 M5; Aleksander Stanisavljevic 175 M3 Foto; belikova 100 M1; Ben Goode 169 M4 Adelaide; byrdyak 102 M2; Dave Everitt 95.6 re.; Dennis Jacobsen 169 M4 Bär; dummit 156 M1; Eddie Toro 141 M6; Fedor Selivanov 19 li.m.; handmadepictures 13 M3 re.; hshoken 91 M5; Inge Hogenbijl 169 M4 Salzsee; Jürgen Schonnop 110 M1; Kampee Patisena 34 M2; Miroslav Liska 119 M7; Morley Read 155 M2 li.; Nico Smit 113 M5 re.; Patrick Poendl 123 M6; phaitoon 37.3; Pierre-Yves Babelon 114 M2; Qi Feng 125 M3; ssviluppa 120 M3 groß; Vadim Nefedov 136 M1; Yulia Zhukova 73 M6. |afronline.org, I-Mailand: GLEZ 81 M5. |akg-images GmbH, Berlin: 100 M2, 142 M1, 143. |Alfred-Wegener-Institut für Polar- und Meeresforschung, Bremerhaven: Ude Cieluch 177 M4 groß. |ANDIA, Pacé: Barthe 126 M1. |APA-PictureDesk GmbH, Wien: David Parker/Contrast 29 M5. |Berghahn, Matthias, Bielefeld: 190. |Berthelmann, Rainer, Halle: 169. |Binter, P.: 15 u.. |Blickwinkel, Witten: 169 M4 Schnabeltier. |BMW Group /Press Club USA: 146 M2. |Bolesch, Sebastian, Berlin: 118 M3. |bpk–Bildagentur, Berlin: 101 M4. |Bräuer, Kerstin, Leipzig: 105 M3. |Canon Deutschland GmbH, Krefeld: 86 M2. |Colourbox.com, Odense: 7 o., 54 M1 m., 179 M6. |Demmrich, André, Berlin: 52 Tundra, 138 M2, 158 M1. |dreamstime.com, Brentwood: Angela Ostafichuk 18 re.u.; Anne Power 137 M4 d; Art33art 54 M1 li.; Chu-wen Lin 5, 5.3 und 164/165; dgstudio 57 M5; Digbyross 112 M1 o.re.; Dmitry Pichugin 136 M3; James Wheeler 152 M1; Joachim Eckel 144 M1.3; JoeRavi 68 M1; Juan Manuel Robledo 147 M3 li.; Kochergin 43 c; Larry Gevert 148 M2; Liqiang Wang 46 M1; Marek Uliarz 139 M5; Mark Vandyke 139 M6; Markha40 93 M3 o.li.; Natalia Bratslavsky 153 M6; Nilanjan Bhattacharya 65 M4 re.; Pawel Opaska 65 M4 li.; Rufous 93 M3 u.li.; Sam D'cruz 19 li.u.; Samrat35 62 M1, 63 M3 o., 64 M3, 66 M1, 67 M4; Senkyrikova, Nikol 19 re.u.; Sonya Etchison 19 re.o.; Stephen Coburn 88 M2 re.o.; Stephenallen 170 M1 re.; Steve Allen 49 M6; Tiziano Casalta 18 re.m.; Vladimir Grigorev 73 M4. |Emil-Schulthess-Archiv Fotostiftung Schweiz, Winterthur: 14/15 M1. |Emmler, C., Simonswald: 168 M3. |esa - European Space Agency, Paris: 4, 13 7 Illu o.re. ff, 17. |Fiedler, Güglingen: 117 M7. |Focus Photo- u. Presseagentur GmbH, Hamburg: R. Azzi/ Woodfin Camp 92 M1; S. Maze/Woodfin Camp 157 M3 m.re.; Yasuhiko Ishii/PPS 87 M5. |fotolia.com, New York: A. Edelmann 106 M1; Alexander 48 M2; Alx_Yago 52; by-studio 10 M2; byrdyak 53; cannll 45 M4; Carsten Krüger 99 M4 e; Christian Musat - 114 M1 o.m.; Claus Schlüter 63 M3 u.; cunico 125 M4 u. 126 M2; Dalmatin.o 120 M3 Nüsse; Dan Breckwoldt 100 M3; Daniel Fleck 17 u.; Dark Vectorangel 16 M2 und 89 M2 Symbole; Darrin Henry 159 M7; derejeb 131 M5; Eric Isselée 169 M4 Koala; eyetronic 18 re.o., 43 e; ferkelraggae 52 Laubwald; forcdan 99 M4 d; fotozick 49 M5; Franz Pfluegl 16 M1; Frida&Diego 98 M1; gaelj 154 M2 li.; hecke71 55 M1 re.; Ilia Torlin 123 M4; iofoto 137 M4 c; Jan Will 181.6; JFL Photography 41 M3.1; Johann Ertl 49 M7; Juulijs 40 M1; K. Heidemann 154 M2 m.; kalypso0 157 M3 o.re.; kentauros 168 M2; Kushnirov Avraham 42 b; L.Klauser 95.5 Kürbis; leestat 64 M2 u. 72 M2, 82; Light Impression 122 M1; lily 72 M3; Living Legend 124 M1; lucaar 102 M1; Luiz Gustavo Conte F - 177 M4 Pinguin; MAXFX Titel Erde; Maygutyak 30 M1; Minverva Studio 140 M1; mystock 93 M3 u.re.; Natalia Bratslavsky 138 M4; Omika 117 M6; oriwo 48 M3; OrpheusXL 24 M2 li.u.; Patrick Poendl 53; paylessimages 169 M4 Ayers; Phimak 81 M4; Pixeltheater 59.5; Renate Wefers 119 M6; SeanPavonePhoto 72 M1, 78 M1; sfmthd 130 M1; shirophoto 84 M1; Stringer Image 171 M4 li.; Thomas Leonhardy 155 M2 re.; Tilo Grellmann 115 M4; Tyler Olson 149 M3; Urbanhearts 160 M1 re.; Uwe Kantz 15 m.; Vasilius 148 u.re.; wiw 115 M5; wrobel 172 M1; wrobel27 114 M1 o.li.; wyssu 114 M1 u.re.; ykumsri 178 M1. |FTI Touristik, München: 175 M2 Foto. |Getty Images, München: Buddy Mays 157 M3 u.; David Turnley 129 M3; Frank & Helen Schreider/National Geographic 90 M2; George Steinmetz 79 M3; Hamilton Smith 148 M1; Image Source Titel Jugendl.; Phil Walter 173 M5; Stringer/AFP 33 M4; Viviane Moos 64 M1. |GFZ Deutsches GeoForschungsZentrum, Potsdam: 24 M2 re.o.. |Glawion, Rainer, Freiburg: 49 M8. |Glow Images GmbH c/o Regus, München: The Print Collector 144 M1.2. |GoodWeave Deutschland, Konstanz: 67 M5. |Grabowski, H., Münster: 57 M7. |Griese, Dietmar, Laatzen: 21.5 Illus, 121 M5. |GTZ, Eschborn: 121 M4. |Hild, Claudia, Angelburg: 95. |Hinzmann, Bettina, Bochum: 114 M1 o.re., 114 M1 u.li.. |Huber Images, Garmisch-Partenkirchen: 5.1 und 96/97. |IISG/Stefan R. Landsberger Collection/www.iisg.nl/~landsberger, NL-Amsterdam: de Jong 75 M5. |iStockphoto.com, Calgary: Achim Prill 13 M3 li.; ajlber 41 M3.4; Andersen Øystein 19 re.m.; antb 7 u.; Aurelie1 137 M4 b; ava09 127 M6; ayzek 178 u.re.; Beboy_ltd 4.2 und 22/23; borgogniels 18 li.m.; brittak 98 M3; CEFutcher 128 M1; CelsoDiniz 147 M3 groß; celsopupo 160 M1 li.; christophe_cerisier 112 M1 o.m.; cristiani 18 li.u.; Darryl Peroni 171 M4 re.; deduhin 44 M3; dell640 Titel Stadt; EcoPic 113 M5 li.; Guenter Guni 120 M1; guenterguni 59.1; IcerOck 37.2; jameslee999 80 M1; jgroup 88 M2 li.u.; Johan Sjolander 45 M5; John Carnemolia 169 M4 Farm; KatarzynaBialasiewicz 83 M5; laughingmango 137 M4 a; Lena Zajchikova 12 M1; leungchopan 4.4 und 60/61; LICreate 169 M4 Farm; maryTR 93 M3 o.re.; MattGush 151 M5; Missing35mm 173 M4; Mtain 43 f; namibelephant 115 M6; Nicolas McComber 41 M3.7; Oleg Babich 88 M1; Peter Malsbury 99 M4 f; photosbyjim 147 M3 re.; pixzzle 15 o.; pop_jop 152 M2, 166 M1; Pro-syanov 19 li.o.; Ron Thomas 113 M4; rssfhs 31 M4; ruchos 37.1; Ryerson Clark 178 M3; sihasakprachum 55 M1 li.; Smileus 169 M4 Känguru; Steve Corrigan 128 M2, 144 M2; Sze Fei Wong 4.3 und 38/39; Teka77 149 M4; venturecx 59.4; victor zastol'skiy 45 M6; visual7 158 M2; Vladimir Melnikov 44 M2; Vold77 175 M4 Foto; zbindere 167 M3; zstockphotos 169 M4 Feuchtwald. |Japan-Photo-Archiv, Heilbronn: Hartmut Pohling 82 M1. |juniors@wildlife Bildagentur GmbH, Hamburg: 157 M3 m.li.. |K. und U. Schuster, Oberursel: 80 M3. |Kirch, Peter, Koblenz: 18 li.o.. |Klaer, W., Mainz: 53 Dornstrauch, 53 Feuchtsavanne. |Kuhli, Martin, Oerlingshausen: 59.2. |Lachmeyer, Karl-Heinz, München: 99 M4 c. |laif, Köln: Ulutuncok 157 M3 o.li.. |Langer, Marco, Bremen: 56 M3. |Langner & Partner Werbeagentur GmbH, Hemmingen: 190. |Leiner, Roger, L-Rollingen-Mersch: 3 Illu o.. |Liebmann, Ute, Leipzig: 36.3. |mauritius images GmbH, Mittenwald: alamy 176 M2; Glöckner 30 M3. |Milimo, Britta, Nairobi: 121 o.. |Müller, Bodo, Bartensleben: 5, 165 Koala o.re. ff. |NASA, Washington: 107 M2, 141 M4; Visible Earth, Stockli/Nelson/Hasler 4.1 und 6/7. |Naturfoto-Online, Steinburg: G. Nowak 174 u.. |Nebel, Jürgen, Muggensturm: 42 a. |Nintendo Europe, München: 86 M2. |Nußbaum, Dennis, Koblenz: 5, 165 Fisch o.re. ff. |Oase Reisen/Werner Gartung, Neckargemünd: 89 M2 li.u.. |Panther Media GmbH (panthermedia.net), München: Ingrid H. 99 M4 a; Thomas Kakalik 28 M1. |Pflügner, Matthias, Berlin: 188 m.. |Picture-Alliance GmbH, Frankfurt/M.: 161 M5; dpa-ZB/Jens Büttner 35 M4; dpa/epa/Jon Hrusa 129 M5; dpa/Google GeoEye 32 M2; dpa/hotoreporters 141 M5; Geisler-Fotopress 8 M2; Globus 67, 145 M6; Imaginechina/Jia Bailie 74 M1; Jens Wolf 34 M1; Landov NNS 1511259 Times-Picayune 140 M3; Lissac, Godong 67 M6; m69/ZUMA Press 167 M4; Photoshot 32 M1; Rainer Hackenberg 69 M4; Ton Koene 119 M4, 126 M3. |Pott, Eckart, Stuttgart: 179 M5. |Richter, Karin, Greifswald: 29 M3. |Richter, Ulrike, Malsch: 59.3. |Riou, Édouard/wikimedia.commons: Voyage au centre de la Terre 24 M1. |Rother, Klaus, Passau: 52 Hartlaub, 52 Steppe. |Ruthe, Oda, Braunschweig: 5, 165 Eisbär o.re. ff. |Schönauer-Kornek, Sabine, Wolfenbüttel: 4, 5, 10 M4 Illus, 20.1, 21.5 Illus, 23 Illu o.re. ff, 39 Illu o.re. ff, 61 Illu o.re. ff, 95 Illu Pipeline , 95.4 Illu, 95.6 Illus, 97 Illu o.re. ff, 132 Illus, 135 Illu o.re. ff. |Schwarzstein, Yaroslav, Hannover: 20 m.re., 133.2, 180.2, 181.4. |Shutterstock.com, New York: Alexander Demyanenko 150 M1; Alexey Kamenskiy 174 M1; Baciu 66 M3; catwalker 144 M1.4; Everett Historical 8 M1; La Nau de Fotografia 176 M3; LaiQuocAnh 5.2 und 134/135; Maciej Bledowski 116 M1; Pal Teravagimov 103 M4; robert cicchetti 170 M1 li.; Robert F. Balazik 10 M1; RZ Design 24 M2 re.u.; spirit of america 151 M7; Thongseedary 55 M1 m.; Vlad Galenko 17 m.. |Simper, Manfred, Wennigsen: 147 Silizium. |Stark, Friedrich, Dortmund: 127 M1. |stock.adobe.com, Dublin: Jan 53; TheFinalMiracle 124. |Stonjek, Diether, Georgsmarienhütte: 43 d. |Taubert, K., Springe: 112 M1 o.li.. |The Washington Post Writers Group, Washington, D.C.: Chikwendiu, Jahi 99 M4 b. |Thomson Reuters (Markets) Deutschland GmbH, Berlin: KYODO 35 M3. |Toyota Deutschland GmbH, Köln: 86. |Übersee-Museum Bremen: 101. |ullstein bild, Berlin: 177 M5; JT Vintage/Glasshouse Images 144 M1.1. |Volkmann, H., Bochum: 152 M5. |Volkswagen Media Services, Wolfsburg: 159 M5. |Wikimedia.org: 41 M3.2. |Wostok Verlag, Berlin: Kawer/RIA Nowosti 56 M1.

Dieser Band enthält Beiträge von:

Matthias Baumann, Franz Bösl, Edgar Brants, Kerstin Bräuer, Thomas Brühne, Margit Colditz, Hans Dimpfl, Thomas Eck, Dieter Engelmann, Helmut Fiedler, Roland Frenzel, Martin Freytag, Anette Gerlach, Katrin Götz, Horst Gräning, Gerhild Haller, Uwe Hofemeister, Wilfried Hoppe, Sieglinde Innerbichler, Peter Kirch, Peter Köhler, Gudrun Kort, Karin Kortschakowski, Rainer Lacler, Karin Leditznig, Ute Liebmann, Anja Mevs, Frank Müller, Eva Munzinger-Basch, Jürgen Nebel, Friedrich Pauly, Notburga Protze, Simone Reutemann, Dieter Sajak, Carola Schön, Bärbel Schönherr, Birgit Schreier, Michael Schulz, Ilona Schramm, Christian Seeber, Doris Steinberg, Elke Stock, Dietrich Strohbach, Rita Tekülve, Grit Töppner, Sylvia Trauzold, Walter Weidner, Christoph Weigert, Monika Wendorf, Dorothea Wiktorin, Michael Witzel, Matthias Wolf, Thomas Zehrer und Heike Zehrfeld.

Erde – physisch

Landhöhen und Meerestiefen (in Meter)